ILLUMINATION

ILLUMINATION

Le cheminement du chaman vers la guérison

Alberto Villoldo, Ph.D.

Traduit de l'anglais par
Renée Thivierge

Syntonisez Radio Hay House à hayhouseradio.com

Éditeur : François Doucet
Traduction : Renée Thivierge
Révision linguistique : Féminin Pluriel
Correction d'épreuves : Nancy Coulombe, Carine Paradis
Conception de la couverture : Tho Quan
Photo de la couverture : © Thinkstock
Mise en pages : Sébastien Michaud
ISBN papier 978-2-89667-228-8
ISBN numérique 978-2-89683-017-6
Première impression : 2010
Dépôt légal : 2010
Bibliothèque et Archives nationales du Québec
Bibliothèque Nationale du Canada

Éditions AdA Inc.
1385, boul. Lionel-Boulet
Varennes, Québec, Canada, J3X 1P7
Téléphone : 450-929-0296
Télécopieur : 450-929-0220
www.ada-inc.com
info@ada-inc.com

Diffusion
Canada :   Éditions AdA Inc.
France :   D.G. Diffusion
                Z.I. des Bogues
                31750 Escalquens — France
                Téléphone : 05.61.00.09.99
Suisse :   Transat — 23.42.77.40
Belgique :   D.G. Diffusion — 05.61.00.09.99

Imprimé au Canada

Participation de la SODEC.
Nous reconnaissons l'aide financière du gouvernement du Canada par l'entremise du Programme d'aide au développement de l'industrie de
l'édition (PADIÉ) pour nos activités d'édition.
Gouvernement du Québec — Programme de crédit d'impôt pour l'édition de livres — Gestion SODEC.

À Marcela Lobos.
Tu m'as montré la voie.

TABLE DES MATIÈRES

PRÉFACE

Un avant-goût de l'infini

J'ai passé plusieurs années dans les montagnes des Andes et dans la forêt tropicale amazonienne à étudier les gardiens de la sagesse indigène et à documenter leurs pratiques de guérison. Même si ces hommes et ces femmes sont aussi des chamans, je me servirai du nom plus traditionnel de « Laika » pour parler de ces gardiens de la sagesse afin de les différencier des herboristes, des sages-femmes et des guérisseurs ordinaires. Au départ, je cherchais à comprendre comment leur médecine spirituelle pouvait aider à soulager la foule de maux dont souffre l'humanité d'aujourd'hui. Il m'a fallu de nombreuses années pour comprendre que les chamans n'adhèrent pas au modèle de maladie répandu dans le monde occidental. Pour eux, toutes les maladies sont d'origine spirituelle, et la maladie se manifeste à travers les corps subtils — l'aura, nos émotions, et nos pensées — et finalement dans le corps physique. Pour les chamans, les problèmes physiques et émotionnels fournissent l'occasion d'une initiation et d'une renaissance spirituelle vers une nouvelle façon d'être. Si nous ratons cette occasion d'initiation, un second appel d'éveil peut se présenter sous la forme d'une maladie plus grave.

Dans ce livre, vous découvrirez que la façon la plus puissante d'affronter avec succès les problèmes physiques et émotionnels est de subir une initiation sacrée qui mène à la mort de votre ancien moi, vers la renaissance et vers votre illumination. L'illumination n'est pas une réalisation lointaine que l'on atteint après avoir passé des années assis sur un coussin de méditation. Ce n'est pas non plus quelque chose qui se produit soudainement.

La plupart des chamans rejettent ces idées, les caractérisant d'envols religieux imaginaires ou de volonté de remettre à un avenir lointain ce qui est aisément accessible aujourd'hui. L'illumination n'est pas non plus qu'une simple compréhension de la nature du bien et du mal, et de la manière par laquelle, dans un sens métaphysique, ni l'un ni l'autre n'existe. Pour les chamans, il s'agit d'une série d'éveils et de réalisations que nous traversons à plusieurs reprises. Ces illuminations font partie de notre voyage de perfectionnement et, lors de notre cheminement vers les niveaux supérieurs, nous ne rejetons aucune de ces illuminations. Nous les transcendons et nous les englobons et nous grandissons au-delà de nos niveaux précédents de compréhension, tout en incluant chaque illumination comme faisant partie d'un moi intégré.

L'illumination vous aide à atteindre une compréhension élevée du voyage de votre vie ; elle vous libère de la souffrance émotionnelle et elle vous fait prendre conscience de la véritable nature de la réalité. En chemin, une guérison émotionnelle et physique peut se produire et, comme de nombreux grands chamans, vous pouvez développer le pouvoir de guérir les autres, de lire les signes du destin dans la nature et de faire face à la mort courageusement. Pour le chaman, l'illumination n'est pas simplement un état intérieur de conscience. Vous devez apporter vos dons au monde sous forme de compassion, de courage et d'humilité —, des attributs que l'on voit rarement de nos jours. Au sein des sociétés post-chamaniques, l'illumination a reçu plusieurs appellations — « *samadhi* », félicité, éclaircissement. Il s'agit d'une notion nettement similaire au concept chrétien de la grâce. Plusieurs religions enseignent que seul Dieu peut accorder la grâce, comme cela s'est produit pour saint Paul lorsqu'il s'est converti sur le chemin de Damas, ou pour le prophète Mahomet lorsqu'il a reçu le Coran des mains de l'ange Gabriel. Traditionnellement, nous avons cru qu'il nous était impossible d'obtenir la grâce par nos efforts individuels. Mais est-ce vrai?

Les Laikas ont su intuitivement ce que les chercheurs en neuroscience découvrent aujourd'hui : l'illumination est une faculté inhérente au cerveau; ce n'est pas simplement un don qui nous est accordé par une puissance supérieure. Et bien que, effectivement, il soit possible de recevoir la vérité et la connaissance directement de l'Esprit par de mystérieux moyens, ils ont découvert qu'ils pouvaient atteindre l'illumination en réussissant à compléter certaines initiations dans les mystères de la vie. Au cours de notre vie, chacun de nous fait l'expérience de sept passages : la naissance, la vie adulte, le premier amour, le mariage, la paternité ou la maternité, l'état de sagesse, et la mort. Pour que ces passages soient vécus comme des initiations, nous devons faire face à nos démons intérieurs et les vaincre, comprendre notre unité avec la Création, et comprendre notre devoir en tant que gardiens et protecteurs de toute vie.

Seule l'illumination permet une guérison complète. Dans leur cosmologie, les guérisseurs chamaniques ne font aucune distinction entre le cancer, le diabète ou la maladie cardiaque. Ils voient ces conditions, et plusieurs autres, comme des symptômes d'une maladie spirituelle — la perte d'un sens sacré d'unité avec l'Univers et la négligence de notre rôle comme participant à la Création. Pour un Laika, il n'y a pas de différence entre se faire tuer par un jaguar ou mourir à cause d'un microbe tandis que, pour les Occidentaux, se faire tuer par un microbe est une maladie et se faire tuer par un jaguar est un accident, une pure malchance. Un Laika sait qu'il doit être en relation sacrée tant avec les jaguars qu'avec les microbes, sinon les deux le verront comme leur prochain repas. De plus, le Laika sait qu'en tant que participant à la Création, il doit prendre part à la naissance du monde par le rêve, sinon il devra vivre dans un monde rêvé par les autres et continuer à répéter le cauchemar de l'histoire.

Les religions ont décrit l'illumination comme un état presque impossible à atteindre pour les humains ordinaires. Les Laikas croient que l'illumination est possible pour tous ceux qui sont prêts à se lancer courageusement dans leur voyage d'initiation. Les cartes nécessaires à la navigation dans ce territoire ont été dessinées par les plus grands maîtres, dont le Christ et Bouddha, mais nous devons être prêts à suivre nous-mêmes le chemin de l'initiation, comme l'ont fait tous les grands maîtres. Nous devenons alors des explorateurs et des pionniers. Nous nous libérons des legs génétiques et psychologiques dont nous avons hérité — les traits qui nous prédisposent à vivre et à mourir d'une certaine manière. Ce n'est qu'à cette condition que nous pouvons commencer à nous bâtir une vie vraiment saine, authentique, et originale. Nous sommes capables de faire grandir de nouveaux corps qui vieillissent et guérissent et meurent avec grâce. Nous sommes illuminés.

Nos cerveaux sont-ils programmés pour l'illumination ? Le voyage évolutionnaire qui mène de la matière au cerveau, à l'âme, et à l'esprit — où chacune des étapes transcende et inclut l'étape précédente — me fait croire que l'illumination pourrait être une force dirigeante inhérente de la nature. Au début, il y a l'individu solitaire qui essaie d'atteindre les cieux et de toucher l'infini. Puis, de plus en plus d'individus lui emboîtent le pas jusqu'à ce que toute l'humanité découvre notre nature transcendante.

Il s'agit peut-être du produit de rêves éveillés. Ma formation scientifique m'a enseigné que la matière a jailli du néant durant le Big Bang, et que la vie s'avance sombrement et en silence vers une mort froide à la fin des temps. Pendant de nombreuses années, j'ai cru que l'explication du matérialisme scientifique était vraiment la seule vérité. Mais, après ma propre initiation, et après avoir goûté à l'infini, j'ai découvert que je préfère la compagnie de visionnaires, d'hommes et de femmes qui savent que le destin est de rêver à faire naître le monde. J'espère que vous vous joindrez à nous.

Alberto Villoldo, Ph.D.
www.thefourwinds.com

CHAPITRE 1

L'initiation à l'illumination

Troisième semaine en Amazonie. Tout est humide. J'ai mis de côté mon stylo-plume préféré et j'ai commencé à écrire avec un crayon. J'ai essayé de lire les notations d'hier, mais il n'y avait qu'une traînée de bleu sur la page.

Le soleil perce le couvert forestier et, devant moi, les gouttes de rosée sur la toile d'araignée scintillent comme des joyaux. La nature m'enseigne ce matin à quel point la mort est essentielle à la vie, puisqu'elle lui procure sa nourriture. En Amazonie vit une araignée qui file un cocon de soie autour de sa proie pendant que la créature lutte en vain pour se libérer. Ce matin, elle a capturé un papillon de nuit. L'araignée s'élance d'un côté et de l'autre, tissant et ligotant sa victime, comme les Lilliputiens se hâtant de piéger Gulliver avec leurs cordes minuscules. Une fois que la créature est fermement attachée, l'araignée lui injecte un venin qui décompose tous ses tissus et qui liquéfie ses entrailles ; puis, elle aspire la vie de sa prise. L'araignée dispose de plusieurs « repas » semblables entreposés sur sa toile. Chaque fois qu'il lui faut se nourrir, elle perce la coquille de l'une de ses proies avec une pièce buccale qui ressemble à une aiguille et elle se régale des protéines en fermentation à l'intérieur. Une fois qu'elle a festoyé, il ne reste que des coquilles vides, jadis des papillons de nuit aux ailes bleues et des bourdons jaunes.

— L'araignée est la seule qui ne se fait pas attraper sur la toile, me dit don Antonio.

En levant les yeux, mon regard rencontre celui du vieil Indien qui est mon guide et mon mentor.

— C'est le monde où vous vivez, mon ami — un monde de prédateurs et de proies, où les gens s'aspirent les uns les autres jusqu'à la *moelle. Il existe un autre monde, le monde des créateurs, dont vous ne connaissez rien.*

Je vis dans un monde de prédateurs ? Ou est-ce un monde de proies, dans lequel je suis captif, consumé, impuissant ?

Don Antonio savait que j'avais l'impression de vivre un combat épuisant contre la vie et que j'espérais trouver des réponses ici, dans l'Amazone.

— Vous voulez vous enfuir pour un moment, puis retourner dans votre monde et conquérir vos ennemis, dit-il. Mais vous devez les conquérir ici, car ils sont en vous.

Journal
Rio Marañon, Pérou

Chaque être humain doit subir sept grandes initiations. Ce sont les initiations de la naissance, de la vie adulte, du premier amour, du mariage (et parfois du divorce), de la paternité ou de la maternité, de l'état de sagesse et de la mort. Il est possible que vous ne viviez pas tous ces passages sur un plan biologique ou au moment où ils devraient normalement se produire dans une vie. Par exemple, certaines personnes ne se marient jamais, ou n'ont jamais d'enfant. Pourtant, chacun de nous, indépendamment de son sexe ou de sa culture, doit traverser au moins une fois ces étapes sur un plan *mythique*. Si vous n'avez pas de fils ou de fille, vous pouvez écrire un livre ou produire quelque autre projet créatif qui sera votre « bébé » et duquel vous devrez apprendre à prendre soin. Vous « naîtrez » une seconde fois, tandis que vous commencerez une nouvelle vie dans une autre ville ou que vous changerez de carrière ; et des parties de vous « mourront » — métaphoriquement parlant — par les pertes et les changements que la vie apporte. Les initiations sont inévitables. Si vous résistez à l'initiation, l'Univers conspirera pour vous mettre face à face avec la fin d'une étape de votre vie, d'une façon ou d'une autre. La résistance est futile.

Chaque initiation vous offre une occasion d'atteindre l'illumination, pour éveiller votre nature divine, vous identifier au royaume des créateurs, faire l'expérience de la grâce, et vous libérer du royaume de la rareté et de la brutalité — cette existence de prédateur que la majorité de l'humanité endure. Si vous manquez l'une de vos initiations, votre santé et votre bien-être émotionnel seront compromis. Par exemple, si vous ne complétez pas l'initiation du mariage, il se peut que vous ne puissiez pas créer une véritable intimité avec un partenaire lorsque la période romantique est terminée. Si vous échouez votre initiation à la vie adulte, vous deviendrez peut-être un « *puer aeternus* », un éternel enfant, collectionnant des « jouets » toute votre vie. La psychologie nous apprend que, pour réparer ces situations, nous devons comprendre la nature des traumatismes dont nous avons souffert durant notre enfance et les comportements malsains que nos parents dysfonctionnels nous ont enseignés. Mais la dissection du passé est un piège. Le chaman sait qu'en nous concentrant sur nos blessures, nous ne ferons que les renforcer tandis que nous commencerons à croire que les histoires personnelles dramatiques — tragiques ou héroïques — que nous nous racontons sur notre passé créent ce que nous sommes aujourd'hui.

Vous ne pouvez guérir complètement que lorsque vous complétez avec succès les initiations que la vie vous présente. Dans les prochains chapitres de cet ouvrage, vous serez en mesure d'identifier les initiations que vous avez peut-être manquées et de vous préparer à y faire face courageusement, de sorte que la prochaine fois que la roue de la Fortune s'arrêtera sur votre nom, vous serez prêt à répondre à son appel caché.

Nos émotions non guéries

L'initiation nous offre l'occasion de guérir nos émotions. Tous les drames et toutes les souffrances de notre vie sont provoqués par nos émotions non guéries, ce qui engendre nos croyances sur la façon dont fonctionne l'Univers. Le chaman comprend que, quelles que soient vos croyances sur la nature de la réalité, l'Univers vous prouvera que vous avez raison. Si vous vous promenez le soir dans les bois et que vous vous sentez inquiet, vous entendrez des branches craquer sinistrement tout autour de vous. Si vous croyez que chacune de vos relations se terminera par un désastre, c'est probablement ce qui se passera. Si vous êtes convaincu que vous ne réussirez jamais au travail, vous ne réussirez pas. À l'inverse, des croyances positives vous aideront à toujours voir le verre à moitié plein. Si vous croyez que vous méritez d'être heureux, le bonheur vous trouvera, même lorsque les circonstances sont éprouvantes. Si vous croyez que les bois sont un endroit sécuritaire et magnifique, ils le seront.

Nos émotions non guéries sont la source de nos croyances profondément enracinées qui nous convainquent qu'une situation particulière est un problème que nous sommes impuissants à changer. Nous pouvons résoudre toute difficulté dans notre vie — de la découverte de l'amour jusqu'à la réalisation de la paix dans notre monde — si nous guérissons nos émotions et changeons nos croyances. Mais nous ne pouvons pas simplement changer notre esprit et transformer le monde par magie, car nos croyances sont profondément gravées dans les réseaux nerveux de notre cerveau. Ces croyances sont cryptées sous forme de programmes chargés d'émotions, qui ont évolué durant l'époque préhistorique pour assurer la survie et pour supporter la violence et la peur. Il ne suffit pas de parler à un thérapeute pour reprogrammer ces réseaux nerveux. Avoir des pensées positives est un début, mais vous ne pouvez pas modifier vos croyances sur l'amour ou l'abondance en vous contentant d'apposer une nouvelle affirmation sur la porte de votre réfrigérateur. Vous devez refaire le filage de votre cerveau.

Les sept passages

Chaque culture sur Terre reconnaît les sept passages — ou initiations — que les êtres humains ont subis depuis la nuit des temps. Chaque initiation marque une rupture avec le passé, vous invitant à embrasser celui que vous êtes en train de devenir et, ainsi, atteindre l'illumination.

Ces initiations peuvent être vécues par de simples changements hormonaux et physiologiques qui accompagnent chaque passage, ou il est aussi possible de les vivre sur un plan mythique, en prêtant totalement attention aux paysages émotionnels et intellectuels qu'elles nous permettent d'atteindre. Une initiation mythique exige la mort d'une histoire personnelle et une renaissance archétypale dans un mythe personnel nouveau et plus important.[1] Le développement de ce concept dans le contexte de la psychologie de l'inconscient est attribué à Carl Jung. Les archétypes se manifestent dans le symbolisme, ou par l'imagerie dans les rêves et les fantasmes, l'art et la littérature, la mythologie et la religion. Il peut s'agir de personnages incarnés, comme la Grande déesse, ou le Vieux sage, ou de processus comme la mort, la renaissance et le mariage des opposés. À chaque passage, vous découvrez que vous ne mourez pas, même lorsque vous croyez que la profondeur de votre chagrin vous tuera, ou que la perte de votre jeunesse vous anéantira. Un jour, votre initiation vous mène à la découverte de la paix, de la générosité, de la compassion et à l'illumination.

Si vous êtes capable de reconnaître que vous vous trouvez sur le seuil et que vous vous abandonnez courageusement au

---

1. Un archétype est un modèle d'expérience ou de comportement commun à tous les êtres humains.

processus de l'initiation, vous survivrez à la douleur et vous cesserez d'avoir l'impression que la vie est quelque chose qui vous est imposé. Lorsque vous vivez l'expérience de votre initiation, vos sentiments d'impuissance et de peur se dissipent, et ils sont remplacés par le courage, la curiosité et la créativité. Vous pouvez finalement briser le sort qui a fait en sorte que vous avez été épuisé par tous les événements dramatiques de votre passé.

Durant l'initiation, nous devons affronter sept émotions toxiques ; et ces émotions donnent naissance à chacune de nos croyances limitatives. Pour des raisons étranges, la nature a programmé ces émotions dans le cerveau humain. À une certaine époque, on en parlait comme des sept péchés capitaux, et on les a même personnifiés sous la forme de démons, à cause de leur extraordinaire pouvoir.

- Colère
- Avarice
- Luxure
- Paresse
- Envie
- Orgueil
- Gourmandise

Lorsque nous nous libérons de ces émotions mortelles et des croyances qu'elles créent sur la rareté, l'impuissance, l'intimité et la peur, nous découvrons que, même si la violence existe dans le monde, nous pouvons vivre sans violence dans notre maison et dans nos relations. Nous apprenons que, même si l'avarice et la gourmandise sont endémiques, nous pouvons vivre dans l'abondance sans développer un corps obèse ou des styles de vie teintés par l'avarice. Nous découvrons que, même s'il est très difficile de changer le monde, il n'est pas difficile de changer notre propre monde.

L'initiation est le processus par lequel le chaman guérit les émotions toxiques et les transforme en fontaines de pouvoir et de grâce. Un rite d'initiation vous donne la possibilité de grandir sans vous laisser embourber dans l'adversité et la souffrance. Il vous permet de guérir grâce à votre propre pouvoir, au lieu de recruter les autres pour jouer des rôles médiocres dans vos drames émotionnels. Un jour, j'ai entendu un vieux sage dire que si nous ne découvrons pas les leçons que les émotions toxiques ont à nous enseigner, nous finissons par épouser quelqu'un qui s'assure de nous en faire faire l'apprentissage. Tant que nous n'aurons pas guéri ces émotions mortelles, nous continuerons à attirer des gens qui partagent les mêmes blessures et les mêmes histoires émotionnelles. Les contraires s'attirent peut-être dans l'univers de la physique, mais, dans les relations humaines, la peur engendre la terreur, et la générosité attire la plénitude.

L'initiation apporte des bénédictions encore plus importantes que la guérison des émotions négatives. Elle nous conduit à l'illumination, qui nous permet de connaître notre nature divine et de rencontrer l'Esprit en action au terrain de jeu extraordinaire de la Création. Nous avons fini par échapper à la toile des prédateurs et des proies, et nous sommes entrés dans le monde des créateurs — un monde unifié où nous sommes à la fois le canevas et l'artiste, le paysage et le pinceau.

Même si toutes les cultures ont des rites de passage élaborés destinés aux jeunes hommes et aux jeunes femmes, il s'agit rarement d'initiations profondes. La naissance est trop souvent une simple occasion pour une cérémonie sociale ou une vidéo maison, tandis que la mort est quelque chose à laquelle il faut éviter de se confronter à tout prix. De façon similaire, l'union profonde de deux âmes ne se réalise pas par une fête élaborée de mariage ; le passage à la vie adulte d'un homme ne s'accomplit pas en chassant un animal, pas plus que celui d'une femme ne se produit à l'arrivée des menstruations ; et la conception d'un enfant ne fait pas de vous un parent. Aucun événement en soi ne peut vous préparer aux problèmes auxquels vous vous heurterez dans une nouvelle étape significative de la vie. La véritable initiation est une réponse à un appel intérieur; elle exige que vous affrontiez héroïquement des défis personnels et que vous expérimentiez une renaissance sincère dans une nouvelle façon d'être.

Les initiations vous obligent souvent à défier les conventions, comme dans l'aventure amoureuse historique entre le général romain Marc Antoine et la reine d'Égypte Cléopâtre — une relation qui a embarrassé l'Empire romain et qui a inspiré de nombreux amoureux comme ceux mis de l'avant dans la dramatisation qu'en a faite Shakespeare dans sa tragédie *Antoine et Cléopâtre*. Comme Marc Antoine, il arrive parfois que même des gens ordinaires risquent tout ce à quoi ils ont un jour tenu pour suivre l'amour, pour réussir dans une carrière, ou même pour être de bons parents. L'initiation est une invitation à découvrir la véritable signification de l'existence et à jouer le jeu de la vie à un niveau nouveau et plus élevé.

Une fois que votre initiation est enclenchée, vos émotions toxiques pourront guérir tandis que vous les transformerez jusqu'à ce qu'elles deviennent les sept vertus — aussi nommées «anges» au Moyen-Âge.

- Paix
- Générosité
- Pureté d'intention
- Courage
- Compassion
- Humilité
- Tempérance

Initiation traditionnelle	Expérience émotionnelle si vous manquez votre initiation	Démons et anges
Naissance	Vous luttez avec l'appartenance, la confiance en vous et la colère. Vous avez l'impression de ne pas appartenir à ce monde.	Colère, guérie par la paix
Vie adulte	Vous êtes narcissique, vous éprouvez du ressentiment par rapport à ce qui vous manque, et vous êtes obsédé par le matérialisme et le pouvoir	Avarice, guérie par la générosité
Premier amour	Vous recherchez en vain le partenaire parfait, vous vous sentez seul et incomplet. Vous êtes incapable de vivre une relation sexuelle dans laquelle vous vous abandonnez à l'intimité.	Luxure, guérie par la pureté d'intention
Mariage	Vous êtes l'éternel célibataire, ambivalent à propos de vos relations. Vous vous attendez à ce que votre partenaire satisfasse tous vos besoins et vous n'êtes pas prêt à investir pour créer un partenariat véritable.	Paresse, guérie par le courage

Paternité/ Maternité	Vous vivez par l'intermédiaire de votre enfant ou de vos projets, en étant obsédé par les résultats. Vous êtes envieux de ceux qui semblent avoir plus de choix — et même des horizons grands ouverts de votre propre enfant.	Envie, guérie par le courage
Sagesse	Vous êtes handicapé par un sentiment de manque et de perte, et par le désir de retrouver ce qui n'existe plus. Vous consommez plus que vous en avez besoin pour vous sentir mieux dans votre peau.	Gourman-dise, guérie par la tempérance
La grande traversée	Vous vous attachez à ce qui n'est pas terminé. Vous devenez arrogant et suffisant et vous êtes terrifié par votre propre mortalité.	Orgueil, guéri par l'humilité

La vie nous invite à nous faire initier de nombreuses façons : par l'amour naissant, la mort d'un parent ou d'un ami, la naissance d'un enfant ou une grave maladie. Lorsque nous réussissons notre initiation, nous sommes illuminés par la lumière de la sagesse et de la compréhension. Nous pouvons percevoir la réalité telle qu'elle est vraiment, sans qu'elle soit obscurcie par nos blessures émotionnelles. Mais lorsque nous refusons l'appel à l'initiation, nous devenons captifs, comme un papillon de nuit dans la toile d'araignée, nous efforçant d'échapper à une situation difficile où règnent souffrance et drame. Ne serait-il pas préférable d'entrer volontairement et gracieusement dans le paysage du changement inévitable? Si nous réussissons, l'initiation peut être la porte que nous passerons pour emprunter le chemin qui mène à une vie de passion, d'authenticité et de grâce. Mais cela requiert que nous acceptions à plusieurs reprises nos initiations et que nous explorions audacieusement des territoires inconnus.

L'initiation de Jonas

Un de mes contes d'initiation préférés est l'histoire biblique de Jonas que Dieu appelle à se rendre à Ninive afin d'aller porter la bonne parole aux gens du pays. Jonas est bien dans sa maison, à élever ses enfants et à s'occuper des affaires domestiques quotidiennes. Lorsqu'il reçoit l'appel divin, il réagit en s'enfuyant aussi rapidement qu'il le peut dans la direction opposée. Jonas ne souhaite pas tenir compte de cet appel; en fait, il est horrifié à la pensée qu'il pourrait être plus qu'un simple pêcheur. Il croit qu'il n'a pas ce qu'il faut pour devenir un messager d'espoir, et il doute qu'il puisse devenir bien plus qu'un homme simple qui vide du poisson chaque matin. Terrifié à l'idée d'échouer à la tâche qui lui est confiée, Jonas embarque dans un bateau pour s'enfuir le plus loin possible de son appel. Lorsque le vaisseau rencontre de violentes tempêtes dans la Méditerranée, les marins soupçonnent que quelqu'un a défié Dieu, et ils jettent Jonas à la mer, où il se fait rapidement avaler par une baleine. Il demeure dans le ventre de la baleine jusqu'à ce qu'elle finisse enfin par le cracher — sur les rives de Ninive.

La morale de l'histoire est que, si nous essayons d'éviter notre destin, la vie nous y traînera, pendant que nous ruons et hurlons. Nous pouvons choisir d'être livrés dans la grâce et la beauté, ce qui se produit lorsque nous acceptons notre initiation, ou de nous retrouver couverts de crachat de baleine, ce qui se produit quand nous rejetons l'initiation. La baleine de l'histoire représente nos émotions, un pouvoir énorme et irrésistible qui menace de nous avaler et de nous enfermer pendant des jours ou des années. Songez au temps où vous êtes demeuré pris dans une relation douloureuse, en colère contre vous-même et contre votre partenaire, longtemps après avoir pris conscience qu'il était temps de partir. Nous pouvons passer de nombreuses années dans le ventre de la baleine à alimenter notre rage, ou notre sentiment de ne pas avoir le bon partenaire ou la bonne vie, ou notre envie de la jeunesse, du succès ou de la richesse dont bénéficient les autres et qui nous manque peut-être. Mais, un jour, la baleine nous crache sur les rives que nous devions atteindre. Lorsque Jonas arrive sur les rives de Ninive, il est prêt à suivre son appel intérieur, sans hésiter, et tout à fait capable d'accéder à son pouvoir et de comprendre sa mission. Le chaman comprend qu'il existe des moyens plus élégants d'arriver à Ninive que dans le ventre d'une baleine.

Durant mes voyages en Amazonie comme anthropologue, j'ai été témoin de nombreux rituels d'initiation à la vie adulte de jeunes hommes et au mariage ou à la maternité de jeunes femmes. Mais, tout comme nos propres cérémonies occidentales, ils n'étaient souvent que des festivités chorégraphiées déconnectées de leur signification plus profonde. En revanche, l'initiation n'est rien de moins qu'une invitation à un destin inimaginable. Elle présente des dangers et des occasions. Le résultat n'est pas garanti. Elle requiert une réponse courageuse et nous invite à devenir le héros de notre propre voyage. L'initiation peut avoir lieu dans les confins secrets de votre cœur, où vous allez rencontrer le Divin à l'intérieur de vous-même, ou dans le royaume extérieur, n'importe où dans le monde. Peu importe s'il s'agit d'un voyage intérieur ou extérieur, si vous le réussissez, vous serez béni et vous recevrez la grâce. Si vous échouez, vous pouvez le regretter et mourir de la mort lente qu'apporte une vie vide et creuse.

Les quatre étapes du voyage de Bouddha

Lorsque nous réussissons notre initiation, nous atteignons l'illumination. Pour les bouddhistes, l'illumination est un état dans lequel nous sommes libérés de la souffrance et où nous connaissons une renaissance appelée « *bodhi* », qui signifie littéralement « éveil ». Dans une école de bouddhisme, l'idéal consiste à devenir un « *bodhisattva* », un homme ou une femme dévoué à l'éveil de tous les êtres vivants.

Le Bouddha, qui avait vécu à l'abri des soucis et dans le luxe lorsqu'il était le jeune prince Siddhartha, a reçu son appel d'initiation à l'âge de vingt-neuf ans, lorsqu'il a quitté le palais pour explorer la campagne. En chemin, il a vu un vieil homme courbé ; il a demandé au conducteur de son char si tous les gens devenaient vieux. Lorsque le conducteur lui a répondu par l'affirmative, le prince a été troublé. En continuant son voyage, il a été témoin de la maladie, de la faim et de la mort sous la forme d'un cadavre en décomposition. Siddhartha était déconcerté et affolé, car l'aspect « hideux » de la vie lui avait été caché pendant sa jeunesse. Maintenant, son innocence était brisée par la réalité à l'extérieur des murs du palais, et il se rendait compte qu'il partagerait inévitablement le destin de ses sujets. Dans ce qu'on appelle le « grand départ » de Bouddha, le jeune prince renonce à sa vie aisée, se rase la tête comme un moine et descend dans les rues pour quêter sa nourriture. Le grand départ représente un élément essentiel de toute initiation — laisser derrière soi le confort du familier, une renonciation difficile, même lorsque le familier est douloureux, comme dans le cas d'un emploi ou d'une relation désagréable.

Le Bouddha n'aurait pu atteindre son illumination en savourant lentement du thé dans les jardins du palais. Il lui a fallu pénétrer dans le monde inconnu hors du palais. Le roi a envoyé des serviteurs pour attirer le prince avec de la nourriture et des boissons, mais le jeune homme, qui deviendrait plus tard le

Bouddha, a refusé de rentrer chez lui. Il ne s'est pas permis de se laisser séduire par sa vie précédente. Il s'est plutôt assis en silence, sous un figuier, et a tourné son attention vers son moi intérieur en méditant jusqu'à ce qu'il trouve les réponses qu'il cherchait : « Pourquoi devons-nous souffrir ? Y a-t-il une façon de s'en sortir ? » Imaginez être assis à l'ombre d'un arbre dans la chaleur torride indienne — ce n'est pas une tâche facile quand les mouches atterrissent sur votre visage, quand de séduisantes jeunes femmes se promènent nonchalamment tout près de vous, quand les lépreux dorment à côté de vous, et quand les enfants crient et jouent autour de vous, sans mentionner la faim qui tenaille vos entrailles. Siddhartha a affronté tous ces problèmes intérieurement. Il lui a fallu confronter chaque peur et chaque démon concevable à l'homme.

À la fin, Bouddha a découvert qu'il était possible d'éliminer complètement la souffrance. Après son illumination, il est retourné avec un don de sagesse qu'il a partagé avec tous ceux qui voulaient l'écouter. Les quatre nobles vérités qu'il a présentées demeurent l'essence même du bouddhisme aujourd'hui. Elles sont :

- La vie est souffrance ; la naissance est souffrance ; la vieillesse est souffrance ; la maladie est souffrance ; la mort est souffrance ; le chagrin, le deuil et le désespoir sont souffrance.

- La souffrance est causée par un désir intense et insatiable.

- En abandonnant l'avidité et le désir, vous vous libérez de la souffrance.

- Ce cheminement s'accomplit par la vision juste, l'intention juste, la parole juste, l'action juste, le gagne-pain juste, l'effort juste, l'attention juste et la concentration juste.

Les enseignements du bouddhisme se sont propagés dans le monde entier, car les quatre nobles vérités sont empreintes d'une sagesse universelle. Mais tout aussi important est le voyage d'initiation de Bouddha — une invitation à passer à l'action à laquelle nous devons tous répondre, car nous apprendrons ainsi à dépasser la souffrance dans notre propre vie. Devrions-nous nous satisfaire de simplement écouter les enseignements de Bouddha au lieu d'aller nous-mêmes méditer sous un arbre? Est-ce suffisant de lire le récit des quarante jours que Jésus a passés dans le désert au lieu d'entreprendre notre propre quête de vision? Ma réponse est que nous devons trouver par nous-mêmes ce que les maîtres ont découvert, de façon à atteindre notre propre illumination. Nous accomplirons ceci en entreprenant un voyage d'initiation.

L'illumination du Bouddha illustre parfaitement les quatre étapes du voyage d'illumination :

1. L'éveil : reconnaître votre dilemme (« La mort et la maladie existent, et je suis enfermé dans un palais »).

2. Le grand départ : embarquer dans votre voyage (« Je suis un moine et je me rase la tête. »)

3. Les épreuves : affronter les défis et l'adversité (« Je m'assois dans l'immobilité. »)

4. L'illumination : revenir pour apporter les dons de la connaissance aux autres (« Nous pouvons tous nous libérer de la souffrance. »)

Nous poursuivrons notre discussion sur ces étapes au chapitre 4.

L'initiation de Psyché

Le mythe d'Éros et de Psyché peut être vu comme un voyage d'initiation féminin. Psyché est la plus magnifique des filles d'un roi puissant. Ses sœurs n'ont eu aucune difficulté à se trouver des maris, mais la beauté de Psyché est intimidante et aucun homme n'ose s'approcher d'elle pour lui demander de l'épouser. En fait, sa beauté est si extraordinaire qu'on se met à la vénérer comme l'incarnation mortelle d'Aphrodite — la déesse de la beauté. Cette fausse perception met en colère Aphrodite, qui envoie son fils Éros (aussi connu sous le nom de Cupidon) pour atteindre Psyché avec l'une de ses flèches enchantées afin de la faire tomber irréversiblement amoureuse d'un monstre hideux. Éros exécute sa mission avec beaucoup de passion, mais, à la fin, il tombe follement amoureux de Psyché. Il l'emmène dans un superbe palais, en fait son épouse, et comble chacun de ses désirs, avec la seule condition qu'elle ne regarde jamais son visage à la clarté. Par conséquent, il ne lui rend visite que la nuit, lorsqu'ils partagent leur compagnie et leur passion.

Psyché dispose de toutes les possessions matérielles que son cœur désire, et elle est heureuse pendant un certain temps. Cependant, vient un moment où sa vie ne la satisfait plus. Le jour, lorsqu'Éros n'est pas près d'elle, elle se sent seule. Sa famille et ses amis lui manquent. Ressentant de la pitié pour sa tristesse, Éros emmène les sœurs de Psyché au palais pour qu'elles lui rendent visite. Dans son état d'insatisfaction, Psyché est convaincue par ses méchantes sœurs qu'elle a épousé un monstre. Et elle devient déterminée à connaître son époux pour tout ce qu'il est. Une nuit, pendant qu'Éros dort, Psyché tient une lampe au-dessus du visage de son époux pour connaître sa véritable identité, et elle est stupéfaite de voir le magnifique dieu de l'amour. Dans sa stupéfaction, une goutte d'huile chaude tombe de la lampe, ébouillantant l'épaule d'Éros, et le réveillant. Sur ce, il s'enfuit, la laissant dévastée.

L'histoire de Psyché illustre l'importance de la première étape de l'initiation, l'éveil — la reconnaissance de votre dilemme et à quel point il vous confine. Siddhartha a dû être témoin de la vie réelle à l'extérieur du palais. Pour ne plus être qu'une épouse de nuit, Psyché a dû essayer de voir le véritable visage de son mari. L'éveil de Psyché est le premier appel vers l'initiation.

Le grand départ de Psyché a été la révélation de la véritable identité de son époux. Elle s'écarte de ce qu'elle a connu — le palais magnifique, le confort matériel, l'entente qui la forçait à demeurer dans le noir — et elle entreprend son voyage. C'est un voyage d'un amour véritable et épanouissant.

Le voyage se poursuit avec la troisième étape de l'initiation : les épreuves. Psyché se rend au temple d'Aphrodite et demande le retour de son bien-aimé. La déesse accepte, mais seulement si Psyché exécute quatre tâches qui sont, Aphrodite le sait, pratiquement impossibles à accomplir. Pourtant, Psyché les accepte avec joie, bien qu'elle soit consciente qu'elle risque de perdre la vie dans n'importe laquelle de ces entreprises. Elle commence sa mission, qui inclut un dangereux voyage aux Enfers, où elle rencontre Cerbère, le chien à plusieurs têtes qui garde les portes de l'Enfer, le royaume de la mort.

Au moment où Psyché revient de sa dernière tâche — la récupération d'une potion de beauté des enfers —, elle tombe dans un sommeil semblable à la mort, représentant la mort symbolique de l'initiation. La mort archétypale et la résurrection sont des aspects importants de toutes les grandes initiations — la mort symbolique de l'ancien moi et la renaissance dans un nouveau moi.

Éros la réveille de son sommeil et la présente comme son épouse désirée à Zeus, son grand-père et le père des dieux. La mort et la renaissance symboliques de Psyché marquent l'heureuse conclusion de son initiation. Elle atteint son illumination et gagne sa place parmi les dieux comme déesse et épouse d'Éros.

Le cerveau primitif

Lorsque vous échouez l'une de vos initiations, une des sept émotions mortelles commence à s'activer dans les régions primitives de votre cerveau. Par exemple, la luxure est attisée, et votre esprit enrobe cette émotion d'une histoire mélodramatique, lui insufflant sa substance et lui donnant une vie propre. Pour comprendre le rôle des émotions, il est utile de les distinguer des sentiments. Par exemple, lorsque quelqu'un vous fait une queue de poisson sur l'autoroute, vous êtes fâché contre ce conducteur. Votre réaction spontanée de colère est un *sentiment* qui peut disparaître quand votre système nerveux se remet à zéro. Des neurobiologistes du Duke University Medical Center ont découvert des « mécanisme de remise à zéro » qui permettent aux neurones du cerveau de s'adapter aux changements dans l'environnement[2] et de se réajuster.

Les sentiments sont authentiques. Par contre, les émotions peuvent se comparer à des virus qui infectent notre ordinateur neuronal primitif. Si vous êtes toujours en colère des jours ou des années après un incident contrariant, ce que vous vivez n'est pas un sentiment, mais une *émotion* entreposée dans un réseau neuronal. Vous rationalisez cette émotion et vous arrivez à croire, par exemple, que votre comportement rancunier envers votre employeur est justifié et vous avez l'impression que vous avez le droit d'être fâché et en colère.

Aussi destructives et handicapantes que puissent être nos émotions, elles nous ont un jour servi de moyens importants de

---

2. « Reset switch for brain cells discovered », Pain & Central Nervous System Week, 17 novembre 2003.

survie. À l'époque préhistorique, la survie exigeait souvent des comportements qui dictaient de s'emparer de quelque chose qui appartenait à un voisin, de trahir un ami et d'accumuler de la nourriture. La tribu Sawi, en Indonésie, valorisait la tricherie et la trahison comme l'un des actes les plus admirables qu'il était possible d'accomplir ; on entretenait même la notion de « gaver d'amitié » les personnes que l'on se préparait à manger dans une fête cannibale. Lorsque les missionnaires chrétiens sont arrivés dans les années 1950, apportant le récit de la passion du Christ, ils ont découvert que les villageois étaient tout à fait ennuyés par la narration jusqu'à la partie où l'on parle de Judas ; à ce point, ils prêtaient tous une attention dévouée.[3]

De nos jours, nos émotions archaïques ne nous sont plus utiles, et chaque religion enseigne que nous devons leur résister. La chrétienté nous apprend à pratiquer la tempérance, ou la maîtrise de soi ; lorsque quelqu'un nous frappe, nous devrions « tendre l'autre joue » (plutôt que de chercher à nous venger) et nous devons aimer non seulement nos voisins, mais aussi nos ennemis. L'islam enseigne le contrôle de la colère et de l'agressivité, et l'abstention de querelles. Le bouddhisme commande la compassion et la bonté. L'hindouisme prône la non-violence et la paix. Pourtant, l'histoire a démontré que ces enseignements de sagesse ont eu très peu d'influence pour réprimer les instincts brutaux de l'humanité. Ils n'ont pas empêché les brutales croisades où l'on a fait la guerre à tous ceux qui n'étaient pas chrétiens, les efforts atroces déployés par les nazis pour exterminer les Juifs, la violence entre les musulmans et les hindous ou entre les Israélites et les Arabes, ou la torture de combattants ennemis par des soldats des armées d'un monde soi-disant civilisé.

Les chamans croient que vous ne pouvez expérimenter la paix extérieurement sans d'abord reconnaître comment la violence peut s'élever en vous-même. On a dit que Mère Teresa est allée servir les pauvres de Calcutta non à la suite d'un grand

---

3. RICHARDSON, Don. *Peace Child*, Seattle, WA, YWAM Publishing, 2007

appel spirituel, mais parce qu'elle avait découvert le Hitler en elle. Le chaman sait que vous ne serez pas capable de tendre l'autre joue simplement parce que vous avez entendu le commandement de Jésus, ou de pratiquer la compassion parce que vous avez lu un livre du Dalaï-Lama. Ce n'est que par l'initiation, en affrontant vos démons et en leur retirant leur pouvoir, que vous pouvez apprendre les leçons que ces émotions primitives ont à vous enseigner, et transformer leur pouvoir négatif en combustible que le cerveau supérieur pourra ensuite utiliser.

Durant son initiation, Jésus s'est rendu dans le désert pour affronter ses démons. Au cours de votre initiation, vous rencontrez votre obscurité, puis vous secouez ces émotions confuses, comme une antilope secoue sa peur après avoir échappé de près au lion. Ensuite, vous pouvez récolter les sept vertus du cerveau supérieur.

Immersion

Un jour, tandis que j'effectuais des recherches dans la forêt pluviale d'Amérique du Sud, le chaman que j'accompagnais a suggéré que je passe une nuit seul sur les rives sablonneuses d'un affluent du fleuve Amazone. Sa seule directive était de ne pas faire de feu ; parce que cela éloignerait les animaux et m'empêcherait d'être complètement immergé dans l'expérience de la forêt fluviale dans l'obscurité.

Cette nuit-là, j'ai fait l'expérience de la jungle comme une boîte à musique terrifiante. Les bruits se transportaient sur des kilomètres. Après le coucher du soleil, la mélodie des oiseaux chanteurs du soir fut remplacée par les grognements des singes hurleurs. Bientôt, la nuit se fit noire comme du charbon. Le couvert forestier empêchait de voir les étoiles et il n'y avait pas de lune. Je ne pouvais même pas voir ma main devant mon visage.

Puis, je commençai à entendre des branches qui craquaient tout près. J'étais convaincu qu'un jaguar s'approchait et ferait de moi son repas du soir. Je pouvais sentir mon cœur battre, mes paumes transpirer et mon corps se tendre pour courir aveuglément dans la nuit. J'ai essayé d'allumer ma lampe de poche, mais les piles n'étaient plus là. Le vieil Indien les avait prises! Une éternité paralysante s'écoula pendant que j'écoutais le bruissement des branches tout près. Puis, je tendis le bras dans ma poche pour prendre le paquet d'allumettes que je portais toujours sur moi. Mes mains tremblaient tellement que je ne réussis pas en allumer une. Je crus que je pouvais sentir l'odeur de la créature qui me poursuivait, jusqu'à ce que je prenne conscience que c'était l'odeur de ma propre peur. Finalement, quand la tête de l'allumette s'enflamma enfin, je vis un singe dans un arbre, effarouché et effrayé, qui me regardait fixement à quelques mètres de là.

J'ai passé toute la nuit à imaginer toutes les horribles façons de mourir dans la jungle et, chaque fois que je m'assoupissais, j'étais réveillé par des rêves de serpents géants. Le matin suivant, lorsque mon mentor m'a rejoint, j'étais en colère et épuisé, et je l'ai accusé de m'avoir mis en danger de façon irresponsable. Il m'a regardé avec un sourire et m'a dit : «Les créatures les plus dérangeantes ici sont les moustiques.»

La fois suivante où je suis allé seul dans la forêt pluviale la nuit, je me suis permis de vivre l'anxiété dans chacune des cellules de mon corps, pour complètement m'immerger en elle. J'ai pu remarquer le moment où mes paumes commençaient à transpirer et mon cœur, à battre. J'ai fixé mon attention sur mon corps, au lieu de m'imaginer ce qui pourrait se trouver autour de moi. J'ai été surpris qu'après un moment, au lieu d'être consumé par mon désespoir, une partie de ma conscience fût capable de s'en séparer et d'être le témoin de mon expérience. Je sentais le calme m'envahir. Des images de mon enfance sont apparues dans mon esprit, me rappelant les moments passés où j'avais vécu la peur, et j'ai inondé ces images du sentiment de sécurité que je ressentais. Finalement, une profonde paix s'est installée en moi, et j'ai pu profiter de la symphonie de la forêt pluviale.

L'initiation

Toutes les émotions sont des programmes viraux qui se meuvent dans les replis subconscients de notre cerveau. Chaque émotion crée de la souffrance pour nous-mêmes et de la douleur pour les autres. Les *sentiments* sont nouveaux ; ils sont frais et font partie du moment. Les *émotions* sont anciennes et fatiguées ; elles sont programmées dans les réseaux neuronaux du cerveau archaïque. Nous croyons que nous pleurons parce que nous sommes tristes ou que nous attaquons parce que nous sommes en colère, mais, en réalité, ces émotions proviennent des profondeurs et nous empoignent ; nous sommes tristes parce que nous pleurons, nous avons peur parce que nous fuyons, et nous sommes en colère parce que nous nous battons. Le fait de croire que nous pleurons parce que nous sommes tristes provient du fait que nous avons enveloppé une fausse histoire sentimentale autour de cette émotion. Une fois que nous reconnaissons nos émotions comme des virus ayant infecté notre ordinateur neuronal primitif, nous pouvons choisir de ne pas les utiliser comme réaction principale à des situations déconcertantes. Alors, nous pleurerons quand nous sommes heureux, quand nous sommes tristes, ou sans raison.

Malheureusement, nous apprenons à tenir très fort à nos émotions sombres et aux comportements qu'elles génèrent, trouvant des moyens de les justifier et même de les ennoblir. En Occident, l'avidité est une bonne chose, la luxure est essentielle à la publicité et la peur vend de l'assurance vie et met des politiciens au pouvoir. Même avec tous nos livres d'aide personnelle, nous n'avons pas appris à nous libérer des émotions qui nous privent de pouvoir, ni à accéder aux sept qualités angéliques de notre cerveau supérieur.

EXERCICE : **Dissoudre nos émotions**

Reconnaissant que ses véritables démons sont à l'intérieur, le chaman sait ce qu'il faut faire quand ses émotions prennent le dessus. Il entre dans un état de conscience dans lequel il fait l'expérience de l'émotion brute et pure, puis il lui permet de se détacher de l'emprise de son histoire. Une fois que l'émotion est dissipée, il n'y a plus de « tristesse », il ne reste que des pleurs. Il n'y a plus d'« effroi », il ne reste que la course. En séparant l'émotion de l'histoire, il transforme les forces destructrices qui, s'il n'y voyait pas, le dévoreraient. Faites l'essai de cette pratique la prochaine fois que vous ressentirez de la colère contre quelqu'un ou quelque chose, ou lorsque vous convoiterez quelque chose que vous aimeriez posséder. Faites l'expérience de la colère pure, détachée de l'histoire qui vous rend furieux ou de la personne contre qui vous êtes en colère. Expérimentez le désir pur sans le diriger vers quelqu'un ou vers quelque chose. Lorsque vous faites l'expérience de la colère pure ou du désir pur, ils disparaissent peu après. Éprouvez l'envie pure et le désir pur sans l'associer à la raison pour laquelle cette personne, ou cette robe, ou cette maison vous rendrait heureux. Lorsque vous vivez l'envie pure, dépourvue de l'histoire qui y est attachée, l'émotion disparaît peu après. Dès que l'émotion disparaît, appelez l'ange de la paix, du courage ou de la compassion et permettez à ce sentiment de vous inonder.

Emportant les voies neurales établies depuis longtemps dans votre cerveau primitif comme un déluge emporte les routes, le processus de l'initiation démantèle les anciennes émotions, de même que les habitudes et les comportements qui s'y rattachent. Vous vous libérez de la poigne démobilisatrice des émotions et vous êtes en mesure de vivre à nouveau le *sentiment* à l'état pur. Vous créez de nouveaux itinéraires dans votre cerveau — cette fois-ci pour la compassion, la paix et la générosité. Les chamans parlent métaphoriquement de cette pratique comme de l'acquisition de vos ailes d'aigles. Vous pouvez survoler les situations sans vous y empêtrer. Après que vous avez implanté l'une des sept qualités supérieures, vous repensez au souvenir d'une expérience douloureuse, et vous le voyez autrement, et vous découvrez les leçons que cette expérience vous a enseignées. Chaque fois que vous décidez consciemment de remplacer votre colère par de la compassion envers vous-mêmes et envers les autres, chaque fois que vous remplacez votre blessure et votre orgueil par la force puissante de l'humilité, vous créez de nouveaux sentiers dans votre cerveau. Vous y faites entrer les anges du moi supérieur.

Après avoir commencé à refaire les circuits de votre cerveau émotionnel primitif, vous cessez de nier vos émotions sombres ou de vous faire consumer par elles, et vous vous permettez simplement de ressentir leur force imposante, dépourvue de toute histoire qui cherche à expliquer la raison pour laquelle vous avez le droit de vous sentir de cette manière. Vous observez le changement en vous à mesure que cette énergie vous transforme et vous conduit aux rives de votre destination.

Pour que cette initiation soit authentique, vous ne pouvez pas écarter vos émotions en les rationalisant. Bien qu'essayer de vous convaincre de ne pas être en colère à un moment donné puisse être efficace, cela ne vous guérit pas. Vous devez expérimenter de quelle façon ce démon de la colère peut posséder chaque cellule de votre corps. Ressentez son pouvoir. Au moment où vous discernez la colère pure en vous, vous remarquerez qu'elle commence à se dissiper. Puis, chaque fois que vous apercevrez l'ancien chemin à travers les bois que vous aviez l'habitude d'emprunter, vous vous souviendrez de ce qui s'est passé sur cette route, mais vous ne revivrez pas le passé. Les souvenirs referont brièvement surface, puis vos émotions seront emportées par le vent. Vous avancerez sur un nouveau chemin, un chemin de grâce et de découvertes. Vous évoluerez sur le chemin des créateurs.

EXERCICE : **Déterrer vos histoires**

Si vous découvrez qu'une émotion puissante et sombre ne se dissipe pas lorsque vous la maintenez dans votre conscience, c'est qu'une histoire plus profonde y est attachée et que vous devez la déterrer. Assoyez-vous avec votre désir ou votre rage, et vous observerez comment cette énergie se dissipe quand vous ne vous accrochez plus à l'histoire que vous y avez associée. Ce sentiment se transforme plutôt en sensation pure. Si cela ne se produit pas après une minute ou deux, vous devez chercher plus profondément l'histoire ou l'idée qui se cache derrière l'émotion. Puis, comme Mère Teresa, vous découvrirez que cela vous mène à votre Calcutta, à votre appel et à votre expression créatrice. Vous prendrez ce qui vivait dans l'ombre et vous l'apporterez dans la lumière où vous pourrez le recruter comme un allié. La paix, la générosité et les qualités supérieures du cerveau s'élèveront naturellement en vous, allégeant votre charge et vous inspirant. Vous vous sentirez heureux sans aucune raison particulière.

Afin d'implanter solidement une des sept nouvelles qualités dans votre vie, vous devrez les pratiquer. Par conséquent, une partie essentielle de l'initiation consiste à mettre cette qualité en pratique immédiatement, renforçant vos nouveaux réseaux neuronaux. Vous ne faites pas de plans pour changer ; vous changez.

Dans l'un des contes du légendaire roi Arthur, les chevaliers sont assis à leur fameuse Table ronde lorsque, dans une vision, le saint Graal leur apparaît, recouvert d'un linceul. Puisque ce sont des guerriers spirituels, les chevaliers reconnaissent que cette vision est un appel de l'Esprit. Ils font le vœu de trouver le saint Graal dévoilé, et acceptent de partir à sa quête. Ils pénètrent dans la forêt, chaque chevalier posté à un emplacement de son choix, où tout est obscur et où il n'y a pas de sentier. Ce conte nous parle des présents que nous recevons après avoir vaincu nos émotions négatives. Le Graal nous apparaît et nous appelle en mission. Nous ne sommes plus effrayés d'entrer dans la forêt obscure, même si nous devons le faire à partir d'un endroit où il n'existe pas de sentier — s'il y avait eu un chemin, les chevaliers auraient suivi les pas de quelqu'un d'autre, et n'auraient certainement pas trouvé le saint Graal.

Les maîtres qui ont acquis du pouvoir par des initiations

Même durant les périodes les plus sombres et les plus sinistres de l'histoire de l'humanité, des hommes et des femmes ont courageusement réussi à vivre leur vie dans l'illumination. Ils ont paisiblement habité des terres qui étaient souvent gérées par des seigneurs de la guerre qui brandissaient leur lame sans merci. Mais, au lieu de se lancer en guerre, ces individus ont fait campagne pour la paix. Lorsque leurs villes étaient ravagées, ils demeuraient invisibles pour ceux qui vivaient par l'épée, et confectionnaient un monde de beauté et de sérénité, même au milieu de conflits. En Asie, il y avait les moines qui pratiquaient des disciplines intérieures — les maîtres Chi Kung et Shaolin qui ont vécu avec pouvoir et grâce. Dans les Amériques, il y a eu les Laikas, des sorciers et des sorcières qui ont échappé aux Conquistadors qui ont ravagé leur terre.

Les Laikas ont vécu libres d'un système de croyances européen construit sur des concepts de prédateurs et de proies, de perte du paradis et de chute de la grâce. Après la Conquête, plusieurs peuples indigènes d'Amérique ont commencé à se voir pris dans une toile de souffrance inévitable. Pourtant, après leur initiation, ils ne ressentaient plus le besoin de pleurer leur destin ou de pointer un doigt accusateur vers les dieux, ou autour d'eux, vers leurs oppresseurs. Ils reconnaissaient qu'il était inévitable de connaître des souffrances, et même des épreuves aussi importantes que la perte d'une culture et l'esclavage d'un peuple. Mais ils savaient aussi que nous avons la capacité d'orchestrer une réalité différente dès que nous comprenons que l'ordre divin dirige la symphonie de la création et que nous jouons d'un instrument indispensable quand nous jouons avec les cieux. L'initiation leur a permis de s'aligner avec cet ordre pour manifester l'harmonie dans leur vie, et cela, malgré des circonstances extérieures opprimantes. Ils ont connu l'illumination, comme Siddhartha, et ont joint le royaume divin, comme Psyché.

Un chaman a appris que, s'il réagissait à la douleur en cherchant la source responsable — que ce soit pour obtenir revanche ou pour demander justice —, il ne faisait que causer plus de douleur pour tous. Au lieu de gaspiller sa précieuse énergie en contemplant perpétuellement la nature de ses blessures ou en brandissant une épée dans les ombres environnantes, il a repéré la blessure, en a reconnu la source, a tenté de se guérir lui-même, et est demeuré alerte au danger de glisser de nouveau dans le royaume des prédateurs et des proies. Il l'a fait en se défaisant de l'histoire de la Conquête qui l'avait un jour défini, lui et tous ses «problèmes», et en découvrant la toute nouvelle peau qui reposait sous l'ancienne. Chaque matin, il se renouvelait lorsqu'il contemplait son reflet dans le lac.

Beaucoup d'entre nous prennent conscience que, malgré tout le counseling, les ateliers et le travail personnel que nous avons accompli, nous nous sentons toujours épuisés par l'interminable combat contre des forces qui nous paraissent extérieures à nous-mêmes. Nous nous apercevons que nous ne pouvons combattre la colère ou l'avidité ou la gourmandise, à moins de consacrer chaque parcelle de notre âme à l'éradiquer. La « lutte » contre les drogues, le cancer, ou la cupidité de Wall Street est condamnée à échouer si, comme les Britanniques qui ne se sont pas adaptés au nouveau type de guerre pendant la Révolution américaine, nous adhérons à un mode de combat désuet. Nous avons découvert que, pour gagner la guerre, il nous faut utiliser l'acceptation et la conscience d'un ordre supérieur plutôt que la résistance.

Le chaman démonte lui-même ses boutons de panique plutôt que de se démener pour que le monde cesse de les pousser. Son courage et sa force grandissent — altérant son état de dureté, pour le rendre comme l'acier — jusqu'à ce qu'il soit capable de dire un jour : « Si j'ai réussi à traverser cela, je peux traverser n'importe quoi. » Il a vaincu sa peur de la mort — la grande traversée finale. Il a été initié.

Points d'initiation

Au lieu de déraciner notre colère, notre envie, notre gourmandise ou notre paresse, la plupart d'entre nous vivent dans le déni ou ennoblissent ces démons émotionnels jusqu'à ce qu'ils deviennent si puissants qu'ils se manifestent comme maladie physique, dépression, perte d'une relation ou quelque autre désastre. En réalité, ces crises sont des appels d'éveil à être enfin initiés : à élever notre niveau de conscience et à faire face à notre obscurité — et à notre grandeur — les yeux grands ouverts.

Il est probable que vous vous immergerez dans le processus de l'initiation quand vous vous sentirez poussé aux extrêmes. Mais pourquoi attendre qu'un désastre vous frappe pour accepter cette transformation sacrée? Au lieu de cela, vous pouvez confronter vos démons et faire appel aux anges de votre moi supérieur chaque fois que vous reconnaissez que vous êtes enfermé dans une réaction émotionnelle qui ne vous apporte aucun bénéfice. Lorsque vous vous demandez «Pourquoi suis-je si en colère? Je croyais que j'avais assumé cette rage il y a long-temps,» ou «Pourquoi ne puis-je être heureux pour lui au lieu de constamment l'envier parce que tout lui vient si facilement?», cela signifie que vous êtes appelé à l'initiation. Le choix vous appartient. Évitez d'être tenté d'écarter la prise de conscience qui vous pousse à reconnaître qu'il est temps de changer.

Rites de passage

Dans toutes les cultures, les passages biologiques, comme la puberté et la maternité ou la paternité, ont toujours été enve-loppés dans la cérémonie et les rituels. Ces rites ont fourni un contenant pour les sentiments qui se déchaînent quand nous abandonnons l'enfance et que nous prenons le chemin de la vie adulte; ou que nous disons adieu à nos années les plus dynami-ques et les plus productives et que nous passons à l'étape plus paisible de personne âgée. Pourtant, aujourd'hui, les rites de pas-sage ne servent plus à souligner ces moments de transformations sacrées pour lesquels ils avaient été créés. Nous quittons l'en-fance en ruant et en hurlant, et nous prenons notre retraite quand nous sommes remplacés par des collègues plus jeunes et plus dynamiques.

Le désir d'éviter l'inconfort du changement peut faire en sorte que nous nous hâtons de traverser ces points d'initiation, effleurant la surface de leur signification et les réduisant à un prétexte pour faire la fête. Par conséquent, l'âme, dans son désir ardent de grandir, nous poussera vers des points de crise, nous présentant une situation qui nous obligera à laisser derrière les anciens jouets et les modes de fonctionnement désuets. Notre âme nous apporte ces crises pour nous rappeler que nous ne sommes pas obligés de demeurer enfermés au pays des chasseurs et des chassés. Nous sommes appelés à nous redresser pour démontrer notre taille complète et notre confiance en nous-mêmes, même si nous sommes terrifiés à la perspective de l'inconnu.

Dans les prochains chapitres, vous apprendrez à connaître les outils dont se sert le chaman pour identifier et pour guérir les émotions qui vous épuisent, pour que même les moments les plus difficiles ne vous plongent pas dans le désespoir. Vous apprendrez comment trouver les occasions cachées dans les moments de crises, comment découvrir le flot d'eau pure à partir de la source en amont, et comment explorer avec l'émerveillement et la curiosité d'un créateur. Vous reconnaîtrez que, peu importe à quel point votre vie peut vous paraître écrasante, vous traverserez les bois sombres et vous trouverez votre saint Graal, ce lieu de grâce, de sagesse et de pouvoir que vous avez cherché. Mais, comme Siddhartha et Psyché, vous devrez accomplir le grand départ et abandonner le familier pour plonger dans l'inconnu. Vous serez mis au défi, et les autres tenteront de vous séduire pour que vous retourniez aux anciennes façons, au confort du palais ou au rôle familier de l'amoureux abandonné. Votre résolution sera mise à l'épreuve, et il se peut que vous perdiez tout ce que vous croyez aimer, même votre ancienne vie. Mais si vous réussissez à émerger, vous récolterez la récompense du grand éveil et vous entrerez dans les royaumes célestes raffinés, comme l'a fait Psyché.

Pour modifier vos modèles émotionnels, vous devez commencer par reconnaître que vous vivez dans un monde que vous avez vous-même créé. Vous êtes l'auteur du rêve ou du cauchemar que vous vivez. Ce n'est qu'en reconnaissant cette fausse réalité, inventée et perpétuée par votre cerveau primitif, que vous pourrez commencer à vous libérer de la toile de l'araignée pour vous éveiller aux qualités supérieures de la pureté, de l'amour, de la compassion, et de la charité. Autrement, ces démons mortels s'implanteront dans vos cellules et dans vos tissus, créant la maladie physique et psychique, et vous empêchant de voir votre route.

CHAPITRE 2

Le chasseur et le chassé

J'occupe un emploi dans une prestigieuse université. Je dirige mon propre laboratoire de recherche où j'analyse la façon par laquelle l'esprit crée la santé ou la maladie psychosomatique. Je suis fasciné par ce travail — ce devrait donc être la vie idéale, mais je suis plutôt malheureux. Aujourd'hui, le doyen du Département de biologie veut voir tous les travaux corrigés de l'un de mes cours. Il semble que j'aie donné trop de A et de B et pas suffisamment de D. Je suis censé suivre la courbe de Gauss.

Le doyen n'aime pas le type de recherches que je poursuis, et il met sur mon chemin tous les obstacles possibles. « La recherche sur l'esprit-corps relève du département de psychologie, non du département de biologie, dit-il. De plus, votre travail sent la spiritualité. » Son dédain est palpable. Mais il a besoin des subventions de recherche que je rapporte, parce que cela lui permet de justifier les dépenses de son département à ses supérieurs.

Je vais changer l'orientation de cette rencontre. Je le mettrai sur la défensive. Je menacerai de déplacer mon laboratoire au département de psychologie. Les menaces sont le seul langage que comprend son cerveau primitif.

Journal
San Francisco

Les sept péchés capitaux qui ont toujours empoisonné l'humanité font partie de notre ancien arsenal de survie qui interprète le monde comme un lieu hostile et rempli de prédateurs.

Dans ce monde, seuls deux choix contradictoires s'offrent à nous : manger ou être mangé.

Chaque fois que nous ouvrons un journal ou allumons le téléviseur, nous pouvons constater que nous vivons dans un monde où le gros poisson avale le petit, les grandes entreprises et structures de pouvoir achètent les plus petits joueurs et la douleur écrase l'intention d'être gentil. C'est un univers de « nous » contre « eux », où tout le monde chasse ou est chassé. C'est la version popularisée de la théorie évolutionniste présentée par Charles Darwin dans son livre qui a fait date *De l'origine des espèces*.

Darwin avait proposé que, puisque plus d'individus naissent dans un écosystème que celui-ci ne peut en supporter, les plus faibles seront éliminés dans le combat pour l'existence. Les plus aptes survivront, et les survivants transmettront leurs caractéristiques à leur progéniture. L'idée de la lutte pour l'existence remonte aussi loin qu'aux travaux de l'érudit afro-arabe du VIIIe siècle, Al-Jahiz. Ses observations, soigneusement enregistrées, sur la nature et le comportement humains semblaient devancer le concept de sélection naturelle. Cependant, de nouvelles recherches en biologie évolutionniste suggèrent l'existence d'une autre stratégie fructueuse pour assurer la survie — une stratégie basée sur la sagesse et la collaboration. Simon Conway Morris, un paléontologiste de la Cambridge University, a observé comment des espèces entièrement différentes ont développé des moyens similaires pour résoudre des problèmes semblables, et il a conclu que l'évolution présente deux tendances : la quête pour la complexité et la recherche de l'intelligence. Afin d'assurer que la race humaine ait la plus grande intelligence, les plus sages et les plus collaboratifs devront survivre. La force brute et la compétition féroce ne sont plus les seules clés de la survie.

Contrairement aux concepts darwiniens de l'évolution, pour les organismes supérieurs, l'évolution favorise ceux qui collaborent le plus. Prenez l'exemple des colonies d'abeilles domestiques, où les travailleuses collaborent pour le bien commun. Le corps humain fonctionne sensiblement de la même façon. Il existe plus de cent billions de cellules dans le corps qui survivent sans entrer en concurrence les unes avec les autres pour la nourriture disponible dans le système sanguin, mais en travaillant en collaboration, à l'exemple d'une colonie. Pourtant, les humains comme espèce ont encore à découvrir ce que savent déjà les abeilles : la survie de l'individu dépend du bien-être de la ruche.

Lorsque nous percevons le monde comme un endroit uniquement compétitif et hostile, nous ne pouvons nous empêcher de nous sentir nerveux. Ceux à qui on a enseigné une lecture littérale de la Bible ont appris qu'il existe un Dieu de l'Ancien Testament qu'il faut apaiser par le sacrifice, et qui détruit continuellement ses propres créatures, comme ce fut le cas pour les pêcheurs de Sodome et Gomorrhe. Le chercheur Phil Zuckerman a découvert que, dans les pays où la nourriture est abondante et où les services de santé sont largement disponibles, beaucoup moins de gens croient en ce type de déité exigeante que dans les pays où les gens se sentent moins en sécurité et où l'existence est plus précaire.[4] Cette recherche suggère que la croyance religieuse en un être suprême et le rejet de la théorie évolutionniste se retrouvent plus souvent dans les sociétés qui sont les plus sujettes aux forces darwiniennes de survie par la compétition. Nombreux sont ceux qui croient toujours à la notion médiévale selon laquelle, si nous déplaisons à ce Dieu tout-puissant, il nous jettera dans les feux des enfers, ou nous apportera des fléaux, de la malchance, et de la maladie. Cette perception de Dieu comme déité courroucée est le produit du cerveau limbique primitif.

4. Phil Zuckerman du Pitzer College à Claremont, en Californie, se réfère aux recherches de Gregory Paul dans « Why the Gods are not Winning » dans *The Edge*, édition Internet #209, mai 2007 (Voir aussi le livre de Phil Zuckerman *Society without God : What the Least Religious Nations Can Tell Us About Contentment.*)

Lorsque nous croyons qu'une telle déité est notre Seigneur, nous mettons l'accent sur l'obtention du pouvoir dans le monde matériel, devenant nous-mêmes de petits dieux de notre propre cru. Nous imaginons que si nous amassons suffisamment de richesse et de réputation, nous pourrons conjurer la damnation et trouver une certaine sécurité.

Mais une fois que nous comprenons comment nous sommes liés à une vie de dissensions par les réseaux neuronaux du cerveau, nous ne sommes plus sujets aux caprices d'un maître céleste capricieux et de ses démons ou de ses sorts, et nous sommes plutôt en mesure de découvrir la spiritualité pour nous-mêmes. Nous pouvons trouver notre pouvoir, tout comme l'ont fait Psyché et Siddhartha, comme co-créateurs dans le royaume de la création — la solution de rechange au monde de prédateurs où vivent la plupart des gens. Et tout comme l'Amérique a été le premier endroit moderne où régnait la liberté de religion, peut-être deviendra-t-il un jour l'endroit où nous serons libérés *de la* religion, et où nous découvrirons la véritable spiritualité par l'éveil des fonctions supérieures de notre cerveau.

Deux royaumes ou réalités

La croyance en deux royaumes très différents — le royaume de l'esprit et le royaume de la chair — a été présente dans toute l'histoire. Les philosophes, les théologiens, les chefs spirituels et les scientifiques ont suggéré qu'il existe peut-être plusieurs réalités simultanées adjacentes que nous sommes en mesure d'expérimenter. Même Einstein, dans son équation révolutionnaire $E = mc^2$, divisait l'univers physique en deux parties, celle de l'énergie et celle de la matière. Les physiciens ont découvert que des univers parallèles aux nôtres peuvent, d'une certaine manière, influencer et informer le nôtre, même si le passage pour y accéder peut se trouver dans des trous noirs, d'où rien, pas même la lumière, ne peut s'échapper. Le chaman reconnaît que ce que la plupart des gens nomment la réalité, le monde darwinien du chasseur et du chassé, des maîtres et des esclaves, et le principe économique keynésien de rareté n'est pas le seul royaume de l'existence. À côté de cet univers, il y a l'endroit où habitent les créateurs — des hommes et des femmes qui vivent dans l'abondance et dans la paix, une demeure que nous avons nommée le paradis ou les cieux. Ces deux univers parallèles sont séparés par le plus minuscule des voiles. En neuroscience, ce voile est connu sous le nom de « corps calleux », une structure dans le cerveau qui facilite la communication entre notre cerveau limbique plus primitif et notre néocortex, aussi bien qu'entre nos hémisphères gauche et droit.

Le « paradis » ne doit pas être un état idyllique que nous ne pouvons atteindre qu'après la mort ou qui ne nous sera octroyé que par la faveur des dieux. Le Nirvana, les Champs Élysées et le Walhalla de la légende scandinave sont tout près. Lorsque le Christ a dit que le « royaume de Dieu est en vous », il suggérait qu'il est à notre portée immédiatement. Nous pouvons connaître le paradis une fois que nous effectuons un changement simple et crucial qui éveille les facultés de notre cerveau supérieur et qui nous fait prendre conscience que nous sommes une étincelle du divin, toujours de concert avec l'Esprit. Nous ne pouvons être autre chose. Cette prise de conscience ne se réalise qu'au moyen de l'illumination, et non par des études, la pénitence et la prière. Il doit s'agir d'une expérience spirituelle, et pas simplement d'une compréhension intellectuelle du fonctionnement du cerveau ou de la possibilité de connaître la paix.

Le paradis se trouve là où nous voyons la beauté alors que les autres n'y voient que laideur ; là où nous apportons la vérité dans les lieux où les autres ne font que l'expérience de la déception ; là où nous nous comportons avec intégrité alors que les autres se sentent appelés au compromis et là où nous prenons notre place comme co-créateurs parmi les œuvres exquises de l'Univers. Cela ne signifie pas que la maladie, la mort ou la guerre cessent d'exister, mais que la colère, la peur et la maladie ne sont plus perçues comme les constantes de notre vie. Le soupçon, la compétition et la violence dont nous témoignons quotidiennement résultent du fait que nous sommes attachés à un univers où la bonté et la gentillesse sont bafouées par la cupidité et la colère, et où nous luttons les uns contre les autres pour obtenir un siège dans l'autobus. Cependant, le paradis n'est pas séparé du « monde réel » par un mur impénétrable, mais plutôt par une membrane fluide et fine — un groupe important d'axones plats sous le néocortex. Nous pouvons permettre au paradis de s'y infiltrer et d'offrir une nouvelle perception, caractérisée par le courage, l'intuition, la joie et la créativité. Après tout, le paradis est un état du cerveau et non un emplacement dans le cerveau. Lorsque nos émotions essentielles sont transformées en qualités néocorticales supérieures, un sentiment d'expansivité et de possibilités est créé. Nous commençons à reconnaître que nous pouvons transformer le monde avec chacune de nos pensées et chacune de nos paroles. Nous recevons alors instantanément une rétroaction de l'Univers.

Lorsque l'on observe le monde naturel, la loi de la griffe et de la dent semble dominer, et nous devenons convaincus qu'il n'existe qu'une réalité — celle des prédateurs. Richard Dawkins, un célèbre biologiste évolutionniste, affirme : « La quantité totale de souffrance annuelle dans le monde naturel est au-delà de toute contemplation décente. Durant la minute nécessaire pour composer cette phrase, des milliers d'animaux sont avalés vivants ; d'autres, gémissants de peur, essaient de s'échapper pour demeurer en vie ; d'autres sont lentement dévorés de l'intérieur par des parasites ; des milliers de toutes sortes meurent de faim, de soif et de maladie. Il doit en être ainsi. Advenant une période d'abondance, ce fait lui-même conduirait à une augmentation de la population jusqu'à ce que l'état naturel de famine et de souffrance soit restauré. »[5] À vrai dire, dans la nature, la relation entre prédateur et proie trouve un juste milieu délicat. Même les animaux au sommet de la chaîne alimentaire deviennent une nourriture pour les plus humbles bactéries. Rien ne demeure intouché : des créatures naissent, vieillissent et meurent, et les fleurs fleurissent et fanent jusqu'à ce qu'elles finissent par pourrir, pendant que leur pollen fait germer d'autres fleurs ou devient le miel qui nourrit la ruche.

Tout cela est vrai. L'univers des créateurs n'est pas un pays imaginaire à la Camelot où les lions sont végétariens et les humains toujours gentils. La vie continue à se nourrir d'elle-même, mais votre vie n'est pas une conjugaison du verbe « manger », mais une conjugaison du verbe « créer ».

Marginalisés du paradis

Quand avons-nous commencé à percevoir l'univers des prédateurs et toutes ses limites comme seule réalité, et le monde des possibilités créatives comme une fantaisie ? D'après la Bible, les premiers humains vivaient au paradis. Sans jamais regretter le passé ni craindre le lendemain, ils se promenaient nonchalamment dans l'Éden, explorant ses richesses, mangeant ses fruits et vivant en harmonie avec toutes les créatures —, du plus minuscule microbe jusqu'au plus redoutable carnivore. Puis, ils se sont fait chasser du pays de l'abondance et projetés dans un monde de rareté où le chasseur et la proie luttaient sans cesse pour la domination et la survie. Après la Chute, l'homme a dû vivre à la sueur de son front, cueillant les épines et les chardons que produisait la terre, tandis que la femme était condamnée à enfanter dans la douleur. Après avoir passé plusieurs années dans la forêt amazonienne, je m'émerveille toujours de l'abondance de notre

---

5. Dawkins, Richard. *River Out of Eden : A Darwinian View of Life*, New York, Basic Books, 1995, p. 131-132.

jardin terrestre. Il m'est rarement arrivé de rencontrer des épines et des chardons ; mais quand cela s'est produit, les mangues et les papayes leur faisaient amplement contrepoids.

Le Livre de la Genèse décrit la première grande initiation à laquelle les humains ont fait face et comment, hélas, nous avons échoué à répondre au défi que Dieu nous a présenté. Suivant les conseils du serpent — qui les avait assurés que ce fruit leur transmettrait la connaissance et non la mort comme Dieu les en avait prévenus —, Adam et Ève ont mangé le fruit défendu. Alors que la théologie chrétienne met le serpent et Satan sur le même pied, des traditions anciennes voient le serpent comme un symbole de fertilité et de renouveau, ou comme un escroc ; le conseil du serpent semble donc contenir un certain potentiel positif. En fait, une fois qu'ils ont pris cette bouchée, Adam et Ève se sont échappés de leur identité d'enfants naïfs et ils ont commencé leur voyage d'initiation dans la vie adulte. Ils ont eu l'occasion de devenir des adultes puissants, et de se joindre au Créateur pour modeler un monde dynamique de beauté et de grâce. En fait, dans le verset suivant, le Seigneur admet : « Voici que l'homme est devenu comme l'un de nous, par la connaissance de ce qui est bon ou mauvais. »

Au lieu d'avancer avec confiance dans leur nouvelle identité, Adam et Ève ont hésité, craignant la colère de Dieu et le changement qu'ils avaient provoqué. En même temps qu'ils s'éveillaient à la conscience néocorticale du bien et du mal, leur cerveau primitif les a rendus honteux de leur nudité, de leur vulnérabilité, et de leur désir sexuel. Ils se sont cachés du Seigneur, qui certainement les punirait, croyaient-ils. Au lieu de tendre le bras pour « prendre aussi de l'arbre de vie, en manger et vivre à jamais », ils se sont effondrés dans les émotions de la colère, de l'envie et de l'orgueil du cerveau inférieur. Contrairement à Psyché et Siddhartha, qui ont atteint leur immortalité, nos ancêtres mythiques ont échoué à atteindre l'illumination. Ils ont été bannis le l'Éden et se sont sentis profondément honteux ; ils ont accepté la souffrance et la mort comme leur lot, et le lot de leurs enfants jusqu'à la fin des temps.

Dans certains mythes amérindiens, l'histoire de la création est expliquée différemment. Les Autochtones ne sont pas bannis de l'Éden ; le jardin leur est offert pour qu'ils en deviennent les gardiens et protecteurs. L'Esprit invite les humains à profiter de leurs attributs de créateur, et dit : « Car j'ai créé les papillons et le saumon et le cerf... Ne sont-ils pas magnifiques ? Maintenant, c'est à vous de terminer le travail de création. » Le chaman est honoré d'avoir reçu le privilège de terminer le travail en assumant le rôle de co-créateur.

Une histoire d'initiation incomplète

L'histoire d'Adam et Ève est un mythe d'initiation qui a mal tourné, et il est partiellement responsable de notre fixation sur les « problèmes psychologiques liés à la paternité ». Dans l'histoire, nos premiers parents ont été séparés de leur « père » lorsqu'il les a bannis du paradis. Les psychologues diraient que tout enfant doit traverser une telle séparation et perte d'innocence afin de devenir un individu indépendant, mais c'est un mythe qui nous a retiré le pouvoir et qui nous a asservis. Contrairement au héros qui s'engage volontairement dans un grand et difficile voyage, Adam et Ève ont été chassés dans la honte.

La mythologie occidentale est fondée sur une histoire d'initiation manquée et nous a dépossédés d'un modèle sur lequel nous appuyer pour atteindre notre illumination, comme l'ont fait le Bouddha ou Psyché. Le mythe montre aussi le prix que nous devons payer si nous échouons l'initiation. Adam et Ève n'ont pas mangé le fruit du deuxième arbre, celui de la vie éternelle, qui leur aurait permis d'être libérés de la mort, comme les dieux. Ils ont raté leur récompense, et cette initiation avortée continue de nous hanter à ce jour. D'après les théologiens chrétiens, chaque enfant nait avec la marque du «péché originel» héritée d'Adam et Ève, et cela les rend vulnérables aux sept démons, c'est-à-dire à la colère, la cupidité, la luxure, la paresse, l'envie, la gourmandise et l'orgueil.

Les épreuves de l'initiation qui définissent l'aventure humaine occidentale étant illustrées par une telle histoire mythique, il n'est pas surprenant que nous soyons pessimistes envers la vie et que nous en arrivions à la conclusion que nous vivons dans un monde où l'homme est un loup pour l'homme. Mais l'histoire biblique de la Genèse nous transmet un message d'espoir de salut et de retour éventuel au paradis. Pourtant, beaucoup d'entre nous se résignent à la vision cynique qu'il est difficile d'atteindre le bonheur et la paix sur Terre et que l'Univers manœuvre contre nous. Nous désespérons de ne jamais trouver de solutions pour une pléthore sans fin de problèmes.

Certains se tournent vers un être surnaturel pour trouver le salut, pendant que d'autres s'accrochent à toute sécurité pouvant être acquise dans le monde matériel, que ce soit l'argent, la réputation ou le pouvoir. D'autres ont recours au déni ou à la force de leur volonté, ils deviennent des bourreaux de travail et s'adonnent à de multiples distractions pour apaiser leur souffrance. Ils oublient que nous avons peut-être le pouvoir de découvrir le paradis grâce au processus de l'illumination; celui-ci étant disponible à tous ceux qui subissent leurs initiations d'une façon mythique et sacrée.

Découvrir notre pouvoir authentique

Dans un monde de prédateurs, les sept émotions du cerveau primitif peuvent sembler nous donner du pouvoir. Lorsque nous accumulons les objets matériels, nous avons une impression de stabilité. L'excès de nourriture nous donne un sentiment de satiété. Lorsque nous paraissons être à toute épreuve, nous réussissons à obtenir ce que nous désirons. Convoiter un meilleur partenaire ou un meilleur emploi nous donne l'impression d'avoir un but dans la vie. Mais bientôt, il nous semble que notre relation de confrontation avec la vie nous saigne à blanc. Ces émotions lessivent notre vitalité, et le combat en vue d'atteindre une sécurité psychologique, financière et physique ne fait que nous épuiser. Nous nous engageons dans des activités variées dans le but de nous déstresser, ou nous méditons —, mais nous avons trop de choses en tête. Nous sommes laissés avec une profonde envie de paix pour nous-mêmes, et de compréhension de la part des autres.

Le chaman sait qu'il existe un moyen de conquérir ces démons. Son arme est une épée de lumière, qui représente le pouvoir d'une raison supérieure et d'une intuition profonde, et qui expose ces démons comme des parties archaïques de nous-mêmes que nous désavouons et projetons sur les autres. Ce contre quoi nous nous débattons extérieurement — en luttant contre notre conjoint, ou en blâmant et en critiquant les gens que nous abhorrons — n'est qu'un reflet de nos démons intérieurs, l'« aspect sombre » enterré profondément dans notre inconscient. Carl Jung, le créateur de la psychologie archétypale, croyait que la confrontation de nos ténèbres personnelles est un défi moral comparable au fait de faire face au problème du mal humain lui-même. Le chaman a confiance qu'en retirant nos projections, en reconnaissant consciemment nos ténèbres et en faisant l'expérience des émotions toxiques sans agir sur elles, nous transformons leur énergie en combustible qui sert à nous transformer pour le mieux. Par conséquent, d'après l'expression attribuée à Gandhi, nous *devenons* le changement que nous voulons voir dans le monde.

Purifier les émotions

Durant l'initiation, vous confrontez des émotions mortelles au moment même où elles dressent leur tête hideuse. Vous leur permettez de traverser chaque cellule de votre corps dans leur forme la plus pure, sans projeter cette histoire sur les autres. Vous expérimentez la colère à l'état pur, non la rage dirigée sur quelqu'un parce que vous croyez que cette personne vous a fait du tort. Vous faites l'expérience du désir pur, plutôt que de la luxure dirigée vers une personne ou un objet que vous convoitez. Lorsque vous cessez de dénier ces émotions, vous pouvez commencer à comprendre la sagesse qu'elles ont à vous offrir, puisque lorsqu'elles ne sont pas rattachées à des gens ou à des objets, elles ne font que vous traverser rapidement. Lorsque vous vous libérez de l'attachement à l'objet de la colère ou du désir, la souffrance disparaît. Cette expérience retissera vos réseaux neuronaux et vous permettra de vivre les qualités supérieures qui constituent les contreparties des émotions mortelles. À moins que vous ne possédiez le pouvoir extraordinaire de vos émotions, de même que les histoires que vous créez et projetez sur les autres, et que vous vous en fassiez des alliés, vous ne pourrez modifier les connexions de votre cerveau. Vous lisez des livres sur la spiritualité et vous vous croyez incapable de blesser une mouche, alors qu'en réalité vous êtes assis, une épée sur vos genoux, prêt à trancher des têtes. Mais lorsque vous apprenez à maîtriser ce pouvoir, vous émergez du monde rapace des émotions inconscientes et vous retournez au paradis.

Une réalité, deux cerveaux

Les deux univers — celui du chasseur et du chassé, et le monde du paradis — sont des versions différentes de la même réalité telle qu'elle est perçue par deux structures très différentes du cerveau. Le cerveau primitif — que nous partageons avec tous les mammifères, avec les grands singes (chimpanzés, orang-outang, gorilles), et avec nos ancêtres disparus, les Néanderthaliens — s'occupe exclusivement de la survie physique et émotionnelle et perçoit le monde comme un univers de prédateurs. Ce cerveau voit le danger et la menace partout, et il croit que de bonnes clôtures font de bons voisins; il accumule les pierres au cas où le voisin détruirait la clôture. Ce cerveau a confectionné notre politique de dissuasion nucléaire surnommée MAD, ou « destruction mutuelle assurée », qui a récemment été rejetée.

Le néocortex, plus récemment évolué (« le nouveau cerveau »), a la capacité de percevoir un monde où nous démolissons les clôtures et réduisons les réserves nucléaires, et où les gens collaborent pour connaître la paix et des styles de vie renouvelables. Notre nouveau cerveau est même en mesure d'expérimenter des royaumes qui transcendent les sens ordinaires, par des idées comme la démocratie, la science, l'art, et la spiritualité, et la compréhension que notre conscience ne peut jamais être anéantie.

Plus nous apprenons de choses sur la façon dont le cerveau perçoit le monde, plus nous comprenons la notion selon laquelle le ciel est à portée de main, et plus il est facile pour nous d'imaginer la fin de la souffrance que le Bouddha a décrite. En retirant le revêtement religieux enveloppant ces enseignements de sagesse, nous pouvons les voir sous la perspective de la neuroscience et commencer à comprendre pourquoi il nous est si difficile de nous abandonner à notre nature divine supérieure. Tandis que notre néocortex nous invite à raisonner, à faire l'amour, et à écrire de la musique et de la poésie, nous sommes toujours dominés par notre cerveau plus instinctif. Lorsque l'enseignant demande à la petite Suzy de lire à voix haute devant la classe, il se peut que son cerveau limbique soit incapable de faire la différence entre cette perspective effrayante et le fait d'être harcelée par les autres enfants sur les marches de l'école. Quand le cerveau préhistorique est responsable de la conscience, nous avançons avec difficulté, comme des créatures à fourrure qui rivalisent entre elles selon les lois de la jungle.

Quand je travaillais comme psychologue durant mes études de doctorat, j'ai traité un jeune garçon de huit ans prénommé Tristan. Cet enfant se mettait facilement en colère et se servait de ses poings au lieu de parler. Je lui ai expliqué les notions de « cerveau qui ressent » et de « cerveau qui pense », et il a immédiatement compris. Un jour, il m'a dit : « Mon cerveau qui ressent est comme mon père qui se lève rapidement du lit le matin. Mais mon cerveau qui pense ressemble à ma mère qui aime dormir et qui est parfois difficile à réveiller. »

Le cerveau primitif se concentre sur les quatre actions assurant la survie — se nourrir, se reproduire, se battre et fuir. Dans ce cerveau se trouve l'amygdale, une structure en forme d'amande, responsable de la réaction instantanée à une menace perçue. L'amygdale déclenche le système nerveux sympathique qui nous procure l'énergie nécessaire pour faire face à nos adversaires ou pour les distancer, bloquant la fonction corticale supérieure. Lorsque le professeur de Tristan l'a appelé, il s'est figé sur place et il a voulu sortir de la pièce en courant. Les fonctions de son cerveau supérieur ont été momentanément mises hors service, et il ne pouvait penser qu'à se battre ou à fuir. Près de l'amygdale se trouve l'hippocampe qui joue un rôle dans l'enregistrement et l'accès aux souvenirs émotionnellement riches. Notre cerveau attribue ensuite une signification à ces émotions, où nous transformons « Je me sens seul » en « Pourquoi mon père m'a-t-il abandonné ? » L'hippocampe ressemble à un stade rempli de partisans qui s'excitent devant chaque jeu de l'amygdale. Pourtant, il n'y a pas de vrais spectateurs dans le stade, personne avec un sens impartial de la réalité, seulement des partisans qui cherchent avec impatience quelque chose à crier sur les toits.

La manière par laquelle nos réseaux neuronaux déterminent notre expérience de la réalité

Pour les jeunes enfants, chaque nouvelle expérience est vraiment originale, car elle fixe les coordonnées qui établissent les grandes lignes de leur réalité. À cette étape du développement humain, nos esprits sont si malléables que les Jésuites avaient l'habitude de dire «Donnez-moi l'enfant jusqu'à ses sept ans, et je vous donnerai l'homme.» À l'âge de sept ans, nos voies neuronales commencent à associer chaque expérience à un événement passé. Une voie créée pour «l'abandon», «l'irrespect» ou la «trahison» s'éclaire dès le moment qu'un événement semble être assorti à une expérience précédente. Nous voyons ce que nous nous attendons à voir : voilà la preuve que les émotions générées par nos réseaux neuronaux sont justifiées. Comme dans l'histoire des deux voyageurs qui se rencontrent sur la route, où le premier demande au second quel type de personnes il peut s'attendre à rencontrer dans la prochaine ville. Le second voyageur lui demande à quoi ressemblaient les gens dans la ville qu'il vient tout juste de quitter. «La place était remplie de voleurs, et il n'y avait pas un seul honnête homme en ville.» Le second voyageur le regarde et dit : «Bien, c'est exactement le type de gens que vous croiserez dans la prochaine ville.»

Il est évident que nos expériences précoces ne sont pas toutes chargées d'émotions. En fait, tous les événements sont neutres — c'est nous qui leur assignons une qualité émotionnelle. Lorsque nous voyons des gens qui souffrent, nous pouvons choisir d'entrer en contact avec notre humanité et ressentir un fort désir de faire une différence dans le monde, ou nous pouvons observer la scène en disant «N'est-ce pas toujours ainsi ? La vie est nulle !» En théorie, tandis que les circuits du plaisir et de la douleur sont disponibles dès la naissance, le système d'exploitation qui nous permet de ressentir de la joie n'est pas disponible avant que le néocortex ne soit complètement actif. Avec cette conscience, nous pourrions vivre une vie vraiment originale et percevoir que le monde est bien tel qu'il est à tout moment. Malheureusement, c'est là un privilège qu'il nous faut gagner.

Comme parents, nous amenons inévitablement nos enfants à se conformer aux valeurs sociales de notre groupe. Nous savons instinctivement qu'ils ont besoin du soutien des autres pour survivre, et que les autres le leur donneront s'ils sont vus comme des joueurs d'équipe « non menaçants ». Puisqu'on enseigne aux enfants à façonner leur comportement selon les attentes de ceux qui les entourent, le cerveau commence à élaguer les voies neuronales qui ne sont pas nécessaires pour bien se développer dans une culture donnée. Un bébé chinois n'a pas besoin des synapses qui lui permettent de distinguer les phonèmes des lettres anglaises L et R tandis qu'un bébé américain n'a pas besoin de ceux qui l'aident à distinguer un P explosif et un P non explosif (un son qui n'apparaît pas dans l'anglais parlé). Une enfant de cinq ans qui apprend de sa mère qu'elle ne peut se fier à ce que son père soit disponible pour elle développera éventuellement des réseaux neuronaux qui soutiendront la croyance qu'elle ne peut faire confiance aux hommes.

À cause de ce processus, connu sous le nom d'élagage synaptique, l'habileté de l'enfant d'avoir des expériences pures et originales diminue graduellement. Entre sept ans et quinze ans, nous perdons quatre-vingts pour cent de nos connexions synaptiques — en même temps qu'une multitude de façons différentes de percevoir le monde et la créativité que cela inspirerait. Plus l'amour des parents pour un enfant est conditionnel, plus la créativité de sa réponse face au monde sera limitée. Lorsque mes enfants étaient jeunes et que je les emmenais au parc, je me souviens d'avoir entendu des parents bien intentionnés appeler leurs enfants, et les récompenser d'un large sourire et d'un commentaire qui voulait dire « tu es un bon garçon ». L'enfant reçoit alors le message que l'affection de ses parents est liée à un bon comportement. En grandissant, mes enfants ont appris que le fait d'obtenir de bonnes notes et de bien se comporter signifiait qu'ils faisaient de leur mieux — non pour que je les approuve, mais pour leur propre sentiment de fierté.

Le néocortex peut comprendre les événements de façon consciente et transformer nos sentiments à leur sujet. Nous sommes capables de vivre une expérience et de choisir de ne pas l'associer avec l'émotion imprécise qui est soudainement soulevée. Nous pouvons dire « Ah, voici que je recommence, me voilà irrité parce que quelqu'un ignore mes besoins. » Par contre, les éruptions émotionnelles instantanées détourneront notre raisonnement de niveau supérieur chaque fois qu'une circonstance semblable se présente.

La méditation est un moyen d'obtenir que nos neurones créent des liens mutuels pour former de nouveaux réseaux ; elle nous procure un état de calme à partir duquel nous pouvons observer l'esprit émotionnel tandis qu'il est en train de bavarder ou témoigner de cette activité. Un autre moyen consiste à pratiquer les sept vertus du néocortex. Toutefois, il n'est pas aussi facile que nous le voudrions de modifier nos habitudes émotionnelles. Un événement vécu par une autre personne comme étant bénin peut se connecter chez nous à un souvenir où l'on a été blessé, faussement accusé ou trahi. L'amygdale fait des associations rapides comme l'éclair, catégorisant un nouvel événement comme une dangereuse répétition d'un ancien traumatisme. Chaque fois que nous vivons un événement qui ressemble à un cas d'abandon, de trahison, ou de manipulation, l'amygdale crie « Je sais de quoi il est question ! », et déclenche automatiquement les alarmes et assigne une signification actuelle au souvenir avant que nous n'ayons la chance d'y réfléchir à fond. La réflexion consciente est une pensée après-coup, une tentative pour comprendre une réaction rapide comme l'éclair dans les régions primitives de notre cerveau.

Chaque fois que nous faisons l'expérience de la colère, de la douleur, de la peur, de l'envie et de la tristesse, les anciens réseaux neuronaux se renforcent comme un chemin bien fréquenté à travers un champ. Nous devenons aveugles à toutes les autres possibilités et nous nous attachons à la même vieille route qui conduit aux chagrins. Incapable de prendre en main notre façon d'interpréter nos expériences, le nouveau cerveau renonce au contrôle, ne revenant en ligne qu'un peu plus tard pour essayer de trouver un sens à ce qui vient de se produire. Je me souviens qu'un jour j'étais tellement en colère contre mon fils que j'avais eu l'impression de pouvoir comprendre pourquoi les lions mangeaient parfois leurs petits! Quelques minutes plus tard, j'étais stupéfait et troublé de constater que j'avais pu ressentir une telle rage contre la personne que j'aimais le plus au monde.

Lorsque nos émotions meurtrières nous dirigent, nous ne voyons qu'à travers la lentille du soupçon et de la méfiance. Les facultés du néocortex sont alors engagées à dominer les autres de façon à demeurer à l'avant-plan, au lieu d'être utilisées pour faire de la musique ou une découverte scientifique. Même si le néocortex comprend le pouvoir de la logique et de la raison, il est tellement occupé à trier les données émotionnelles apportées à la conscience par le cerveau limbique qu'il consacre presque toute son énergie à imaginer comment faire cesser toute la souffrance. Nos vies se consacrent à chercher des explications à nos problèmes et à élaborer des stratégies pour les régler, afin d'éviter plus de souffrance.

L'homme, un chasseur

Lorsque l'odeur d'un jaguar rôdant dans les parages atteint les narines d'un singe, ses instincts le poussent à grimper dans un arbre à toute vitesse. Heureusement, il n'est pas dans sa nature de rester assis sur ces branches à réfléchir inlassablement au pourquoi il doit mettre tant d'efforts pour survivre dans un monde où la sécurité ne peut jamais être prise pour acquis. Contrairement aux singes et aux grands singes, nous disposons d'un « nouveau » cerveau très développé qui peut planifier, prédire, communiquer des idées et créer de la poésie, de l'art et de la musique — et cela nous a permis de nous élever au sommet de la chaîne alimentaire. Pourtant, ce même cerveau complexe succombe volontiers à la croyance que la vie est une série interminable et déprimante de problèmes à résoudre. Le singe qui a déjoué les plans du jaguar se repose, puis il se concentre sur la prochaine tâche, que ce soit de faire sa toilette ou de manger. Sa peur est de courte durée, un sentiment qui se dissipe à mesure que le danger disparaît. En revanche, lorsque nous l'échappons belle, nous réagissons en rangeant ce sentiment dans les réserves d'une ancienne voie neuronale. Nous nous rongeons les sangs en pensant à quel point il est accablant de devoir poursuivre et nous enfuir, nous nourrir, et chasser. Nous insufflons la vie à notre peur et nous écrivons des poèmes à ce sujet. Le malheur devient notre muse.

Tandis que nous analysons nos difficultés, nous commençons à nous sentir malmenés par un univers qui ne semble pas beaucoup s'intéresser à nous. Les parties de notre cerveau qui ont évolué plus récemment, les lobes frontaux, restent habituellement endormies tout au long de ce malheur que nous nous imposons. C'est la région du cerveau qui peut imaginer et manifester une réalité différente. Si elle ne se réveille pas accidentellement, il peut en résulter une expérience de psychose, où nous

nous demandons lequel de ces mondes est réel «Suis-je en train de prendre un repas avec ma bien-aimée, ou est-ce moi qui servirai de repas?» Ce cerveau et son habileté à rêver notre monde différemment sont offerts à chacun, mais pour qu'il soit en santé, nous devons nous être libérés du pouvoir que les sept émotions mortelles peuvent avoir sur nous.

Tandis que nous contemplons l'existence d'un Être suprême, nous imaginons qu'il surveille ce jeu interactif du chasseur et du chassé, et qu'il doit avoir d'excellents trucs pour gagner ce jeu dangereux de la survie. Après tout, il est vraiment au sommet de la chaîne alimentaire. Nous plaidons et négocions avec lui pour qu'il nous donne une longueur d'avance sur la compétition, mais il demeure silencieux. Frustrés, nous mettons de côté notre intégrité, et nous admettons que ce compromis est le prix à payer pour gagner. Nous aspirons à émuler le dieu céleste en colère qui lance des éclairs et châtie ses ennemis, et qui insiste pour que nous fassions la même chose si nous voulons avoir le moindre espoir d'acquérir du pouvoir sur le monde.

Mais, à la fin de la journée, quand l'obscurité envahit le ciel, nous regardons le feu et nous nous questionnons. L'interminable combat et la chasse perpétuelle pour nous nourrir nous retirent notre joie, notre passion et notre espoir. La simple pensée de devoir préparer un nouveau curriculum vitae, d'ouvrir le courrier pour y trouver une autre facture de carte de crédit, de souffrir une autre interaction douloureuse avec le frère ou la sœur avec qui nous nous querellons depuis l'enfance, ou de passer une autre soirée inconfortable avec notre épouse à essayer de résoudre nos problèmes de couple, nous donne l'impression d'être la coquille vide d'un insecte, abandonné sur la toile, après que l'araignée en a dévoré les entrailles.

Découvrez votre pouvoir

Vous avez le pouvoir de vous libérer de la programmation du cerveau primitif qui vous fait penser qu'il pleut uniquement pour que vous vous retrouviez tout trempé, ou que la raison de votre grande colère est que quelqu'un a pris votre espace de stationnement, ou que votre enfance est la source de vos problèmes. La seule personne qui peut vous servir de programmeur, c'est vous. Mais d'abord, vous devez modifier votre notion de Dieu, selon laquelle il est le sauveteur par excellence que l'on peut courtiser, apaiser et cajoler afin d'être épargné de la souffrance. En fait, il vous faut entièrement abandonner le concept de Dieu, car il s'agit uniquement d'une création humaine. Les humains seraient-ils à ce point privilégiés qu'ils soient les seules créatures capables de percevoir Dieu? Nous sommes aussi capables de comprendre la Création qu'un groupe de babouins est en mesure de comprendre la théorie quantique. Vous êtes le seul à pouvoir vous élever de cette sombre réalité.

Le chaman reconnaît que, comme tout le monde, il possède une étincelle divine, mais qu'il n'est pas le feu lui-même. Pourtant, il prend conscience qu'il est possible de comprendre la vaste beauté de l'Univers par l'expérience directe, ce qui à la fois le rend humble et lui donne la capacité de corriger la dure réalité perçue par le cerveau limbique. Il participe volontiers à confectionner une réalité de confiance plutôt que de peur, une réalité de joie plutôt que de colère et de chagrin.

La plupart d'entre nous ont été élevés à croire en une force surnaturelle, et on nous a enseigné que la foi sans preuve était particulièrement noble. Nous apprenons que ceux qui croient sans voir sont bénis. Les religions occidentales enseignent qu'il est du rôle des prêtres et des autorités religieuses d'interpréter la volonté de Dieu et de nous transmettre ses intentions. Certains qu'ils comprennent la révélation divine, ils nous instruisent sur la façon de demeurer dans les bonnes grâces divines et d'éviter les fléaux et les calamités qui arrivent aux autres. Les commandements qu'ils enseignent peuvent nous aider à éviter les pires souffrances causées par une vie vécue dans un univers de prédateurs, mais ils ne nous éveillent pas nécessairement à une conscience de notre rôle dans la Création. Trop souvent, la religion renforce la soumission du néocortex au cerveau limbique primitif et à ses comportements dirigés par les émotions. Après tout, la majorité des guerres qui ravagent cette planète aujourd'hui sont de nature religieuse.

La principale tâche du chaman, et la plus difficile est de briser le charme qui nous pousse à croire sans voir. Il ouvre ses yeux et il voit que le palais est une prison, ou que la prison est un palais. C'est l'étape de l'éveil. Il doit rechercher sa propre initiation. Après son initiation, Jésus a dit « Même les plus grandes choses que j'ai accomplies, vous devez les faire. » Le chaman se défait des notions d'un dieu surnaturel, et s'installe dans l'univers des créateurs, tout en reconnaissant la présence de l'Esprit tout autour de lui.

Comme chaman, vous avez la capacité de créer vos propres miracles quotidiens et de puiser dans votre réservoir de pouvoir personnel, qui vous soutiendra dans les défis imprévus de la vie. La perte d'un emploi, une faillite, ou toute autre crise est une occasion de vous reconnecter avec votre passion et votre objectif, d'être surpris et même enchanté de ce que vous trouvez. Vous abandonnant aux possibilités qui se trouvent de l'autre côté du passage, vous pouvez même vous servir de cette occasion pour prendre conscience que la vie malheureuse n'est qu'une seule version de la réalité —, et c'est une version fort désolante.

Après avoir reçu le diagnostic de cancer du sein, une de mes clientes a trouvé le courage d'entreprendre son initiation à différents niveaux. Lorsque ses cheveux sont tombés à la suite des traitements de chimiothérapie, elle s'est acheté des perruques rousses, blondes et brunes amusantes à porter. Elle a pris conscience que ses réactions intenses au stress d'un travail éreintant et le départ de la maison de ses enfants adultes avaient pu contribuer à sa vulnérabilité à la maladie. Tout ceci était assez difficile, mais alors, elle a aussi eu le courage de voir le cancer comme une occasion de s'élever du calvaire qu'elle avait enduré dans une relation à long terme qui venait juste de se terminer difficilement. Elle était prête à guérir non seulement physiquement, mais aussi dans son âme ; elle est retournée aux études, tout en commençant à se confectionner une nouvelle vie. Deux ans plus tard, elle était libérée du cancer et avait un nouveau diplôme en main. Alors qu'une de ses amies lui demandait si elle avait peur de devoir tout recommencer et d'entreprendre une nouvelle carrière à 50 ans, elle a souri et a répondu qu'elle était aussi heureuse qu'une jeune collégienne diplômée. Mais comme Psyché, elle a dû accomplir son propre voyage dans les enfers, croiser ses nombreuses peurs et ses nombreux démons, pour récupérer la splendide potion qui l'aiderait à ressentir la beauté en elle et autour d'elle.

Reconnaissant que nous pouvons habiter le monde des innovateurs, nous vivons avec audace. La maladie n'est plus une ennemie, mais une occasion. Nous pouvons abandonner l'instinct primitif qui nous fait imaginer que toute situation qui nous surprend ou nous dérange est un signe de danger. Si nous agissons ainsi, nous découvrirons que nous avons pris la route de l'initiation et que nous nous sommes abandonnés au vaste et sombre abysse de l'inconnu. Notre réservoir de pouvoir nous permet de nous ouvrir à tout ce qui sera, de prendre une grande gorgée de la gamelle et de nous dire « Bien, je ne sais pas trop où je vais, mais ça devrait être un voyage intéressant ! »

Les bois dans lesquels nous marchons dans notre voyage vers l'initiation peuvent paraître sombres et dangereux, et les récits de chats sauvages et de serpents venimeux résonneront dans nos oreilles. Mais lorsque nous nous souvenons que nous sommes ceux qui ont fait circuler ces histoires effrayantes devant le feu de camp, alors nous pouvons cesser de courir de peur et nous souvenir que nous sommes courageux, puissants et inventifs.

CHAPITRE 3

Apprivoiser le cerveau préhistorique

J'ai toujours été fasciné par le principe scientifique selon lequel le cerveau limbique ne peut faire la différence entre un événement réel et un événement perçu. C'est ainsi que, par exemple, si vous vous visualisez étendu au soleil sur une plage magnifique, vous pouvez vous sentir aussi détendu que si vous y étiez vraiment. Cette constatation explique aussi pourquoi les rituels publics permettent à une communauté d'amener à la surface et de guérir les sentiments cachés de blessure ou d'agression. Par exemple, la messe catholique romaine, avec sa transformation symbolique de l'angoisse et du tourment en la joie de la résurrection du Christ, peut procurer un soulagement des souffrances personnelles intérieures de l'individu qui assiste au sacrement. Le théâtre kabuki au Japon est un autre type de rituel public. J'ai lu que le kabuki avait pris naissance au début des années 1600 comme une forme de comédie, mais, après la disgrâce essuyée par les Japonais à la suite de leur défaite lors de la Seconde Guerre mondiale, le style des artistes kabuki est devenu rigide, contraint et raide, avec des mouvements tronqués qui exprimaient la douloureuse perte de dignité de la nation. De même, les rituels chamaniques permettent au cerveau de reconnaître les émotions douloureuses et de les traiter sur un plan archétypal.

Journal

Le cerveau humain est composé de quatre sous-ordinateurs anatomiquement différents qui se sont développés pendant des millions d'années d'évolution. Le plus ancien de ces ordinateurs est le *cerveau reptilien*, que nous partageons avec les lézards et les dinosaures. Ce cerveau est programmé pour respirer, manger et se reproduire. L'enveloppant et lui transmettant de l'information, il y a le *cerveau limbique*, que j'appelle parfois le cerveau mammalien, et le cerveau inférieur, ou primitif. Nous partageons le système limbique avec les hommes de Neandertal, nos parents préhistoriques maintenant disparus, de même qu'avec les autres primates et tous les mammifères. Le cerveau limbique nous aide à faire un travail encore plus sophistiqué de survie, nous permettant de faire une réserve de noix ou de racines pour l'hiver, de reconnaître les prédateurs et de nous lier avec d'autres individus pour former des familles et des tribus. C'est le cerveau limbique qui nous pousse à vouloir abriter et protéger nos êtres chers, qui nous permet d'apprendre des choses par cœur, et qui nous pousse à flairer la nourriture gâtée ou à « sentir » le danger.

Le cerveau limbique est le cerveau des croyances et des émotions. Un serpent, qui ne possède pas de cerveau limbique, ne démontre aucun plaisir sous nos caresses, mais un chiot, capable de réagir aux sensations et aux émotions, est tout à fait adorable. Ce cerveau primitif se gonfle pour le combat, convoite l'épouse de votre voisin, ne montre aucune pitié pour un opposant plus faible, et flatte ceux que vous considérez comme étant plus riches ou plus puissants que vous. Les programmes du cerveau limbique influencent si profondément notre comportement que cinq des Dix commandements ont pour mandat de contenir nos instincts primitifs — meurtre, adultère, vol, faux témoignage, et convoitise. Étant la source de toutes les croyances sur la nature de la vie, le cerveau limbique nous a permis d'inventer la religion. Il génère aussi toutes nos croyances limitées sur nous-mêmes, incluant la faible estime de soi, l'insécurité, la culpabilité au sujet de la sexualité, et la crainte de la pénurie.

Le *néocortex* est notre nouveau cerveau — la partie du cerveau qui a le plus récemment évolué. C'est le cerveau de la connaissance et de la science qui se moque des croyances, insistant plutôt sur les hypothèses qui peuvent être testées par rapport à la réalité. J'aime cette vieille plaisanterie sur la différence entre la science et la religion : avec la science, vous développez une hypothèse et vous la testez par rapport aux faits. S'il est prouvé que les faits sont erronés, vous rejetez l'hypothèse et vous en trouvez une meilleure. Avec la religion, vous prenez une hypothèse et vous la testez par rapport aux faits — s'il est prouvé que les faits sont erronés, vous rejetez les faits ! C'est pourquoi, lorsque vous vous querellez avec quelqu'un, tous les faits qui soutiennent votre position ne pourront vous aider à gagner. Le cerveau primitif donne plus de poids à la preuve circonstancielle et à ce que quelqu'un croit être vrai qu'à la vérité elle-même.

Nous partageons le néocortex avec d'autres mammifères, mais, chez les humains, ses nombreux replis offrent plus de volume et plus d'habiletés cognitives supérieures. Le néocortex humain a ainsi ajouté le langage et le discours à notre répertoire de survie. Ce cerveau comprend le temps et les saisons, de même que le passé et le futur, nous donnant la capacité de prévoyance. Il est aussi responsable de la poésie et de la musique qui, même si elles n'ont pas une grande valeur de survie dans la savane africaine, ont constitué les ingrédients d'une future société de sagesse et participé à la survie des plus sages — les marchands, les artisans, les architectes de pyramide, les scientifiques, et les scribes. Avec le développement du néocortex, ce n'était plus le chasseur le plus habile qui réussissait à obtenir les femmes les plus fertiles, la plus grande terre ou le plus d'argent, c'était l'individu le plus intelligent.

Chacun de ces trois sous-cerveaux — le cerveau reptilien, le cerveau limbique et le néocortex — peut se comparer à un holon (du mot grec « *holos* », signifiant « tout »), une unité qui est complète par elle-même tout en faisant partie d'une structure biologique plus grande. Tous ces cerveaux exécutent leurs fonctions programmées biologiquement, pourtant ils se soumettent à la guidance du cerveau supérieur, de la même façon que notre estomac exécute ses propres tâches, mais ne fixe pas le programme de notre journée. Le terme « hiérarchie » n'est pas très exact pour décrire l'interrelation entre les parties du cerveau, parce qu'il ne reflète pas la rétroaction qui se produit dans un système vivant; le terme « *holarchie* » exprime mieux ce fait par lequel les cerveaux inférieurs informent souvent les cerveaux supérieurs, plutôt que de simplement leur obéir. Les holons sont des unités autonomes et autosuffisantes qui s'occupent de la prise de décision locale sans demander d'instructions aux autorités supérieures. Le cerveau reptilien doit continuer à réguler la respiration et la température corporelle automatiquement, tandis que le cerveau mammalien doit rechercher des partenariats sans faire de la recherche de relations notre unique objectif. De même, le néocortex nous offre l'habileté de raisonner, de penser logiquement et de découvrir la musique et la science, sans faire tourner nos vies autour de la technologie, ni nous laisser limiter par notre intellect. Tous ces cerveaux servent les priorités supérieures du quatrième cerveau, le *lobe frontal* du néocortex, l'intégrateur du système de notre superordinateur biologique.

Lorsque l'un de ces cerveaux est traumatisé par des facteurs émotionnels ou environnementaux, son programme annule les priorités des cerveaux supérieurs. Si vous avez connu la faim pendant votre jeunesse, et s'il vous est parfois arrivé d'aller au lit avec un estomac vide et gargouillant, il est probable que votre cerveau limbique instinctif jouera un rôle important dans l'établissement de vos priorités.

Supposons qu'un enfant n'a pas créé de lien avec sa mère pendant la première année de sa vie; l'holarchie sera compromise et ses sept démons seront libérés de leur repaire. Les quatre actions assurant la survie — fuir, se nourrir, se battre et se reproduire — prendront le contrôle du réseau neuronal et se déchaîneront. Dans une étude sur les cultures tribales, James W. Prescott, Ph.D., de l'Institute of Humanistic Science, a découvert qu'il est possible de prédire avec une exactitude de quatre-vingts pour cent les tendances pacifiques ou homicides de toutes les sociétés en se basant sur un unique facteur : le lien mère-enfant[6]. Plus précisément, ce lien suppose que la mère (ou une substitut) porte continuellement le bébé contre elle pendant la première année de la vie. Les sociétés primitives l'avaient compris instinctivement et, de nos jours, dans les montagnes du Pérou ou dans les rizières de la Thaïlande, vous pouvez encore voir des mères travaillant dans les champs, leurs bébés accrochés à leur dos ou attachés à leur poitrine. Dans le monde moderne, la vie ne nous permet plus ce degré de contact intime et d'attachement entre une mère et son enfant. Ainsi, notre cerveau limbique ne nous donne plus l'impression que nous sommes en sécurité, que nous sommes désirés ou que nous sommes méritants.

Lorsque les lobes frontaux sont responsables de l'holarchie, nous pouvons expérimenter à quel point nous sommes interreliés et inséparables du reste de l'Univers. Avec ce cerveau, nous comprenons que la vie est plus que le simple fait de survivre et d'exister, plus que la simple consommation, l'accumulation et les jouets technologiques. Nous ne pouvons comprendre ces choses que si le cerveau qui a le plus récemment évolué occupe le siège du conducteur de la machinerie neuronale. Sans comprendre le mode de fonctionnement du cerveau, les chamans du passé avaient compris ce processus intuitivement. Ils avaient conçu des moyens pour atteindre les fonctions cérébrales supérieures par le processus de l'initiation.

L'initiation nous aide à tenir compte de l'appel des lobes frontaux pour la beauté et la créativité. Cet appel est trop facilement noyé par les exigences quotidiennes des cerveaux inférieurs. Lorsqu'il se préoccupe de survie, le cerveau primitif protège ses priorités —, inconscient du fait que ses sept démons

---

6. PRESCOTT, James, Ph.D. « Prevention or therapy and the politics of trust : inspiring a new human agenda. » *Psychotherapy and Politics International*, New York, John Wiley & Sons, Ltd., 2009 publiée en ligne le 10 janvier 2006.

résidants pourraient se retourner contre nous et nous dévorer. Notre cupidité devient dévorante, la colère nous ronge, et la fierté entraîne notre chute à moins que nous ne puissions établir la bonne holarchie de conscience, permettant au cerveau supérieur de guider nos pensées, nos sentiments et nos actions.

Les psychologues du début des années 1900 ont développé des théories complexes pour expliquer les origines de la dépression, de la psychose et d'autres maladies mentales. Pourtant, la valeur des psychothérapies s'est avérée douteuse. Nos blessures parentales précoces nous ont mis en contact avec notre enfant intérieur, un enfant dont nous avons cru pouvoir nous occuper, mais qui s'est bientôt transformé en un mesquin dictateur. Une pensée d'ordre supérieur ne peut prévaloir lorsque nous ne percevons que la pénurie et le danger, et que nous croyons que notre objectif dans la vie consiste à résoudre nos problèmes et à apaiser notre souffrance. Nous oublions d'explorer l'amour et la liberté, et de nous ouvrir à la joie, à l'émerveillement et au mystère, même lorsque nous continuons à travailler à améliorer notre vie.

Reprogrammer les réseaux neuronaux

Si les histoires d'anges et de démons combattant pour votre âme ne vous disent rien, vous pourriez penser de manière moins poétique à leurs forces opposées, en utilisant le langage de la science du cerveau. Notre cerveau possède des voies neuronales — des neurones connectés fonctionnellement et chimiquement — qui sont constituées lorsque les neurones qui travaillent ensemble finissent par se connecter. Ces réseaux servent d'autoroutes où circule l'information qui renforce les croyances qui nous font agir avec cupidité, colère et luxure, de façon à nous protéger contre ce que nous percevons comme étant menaçant pour notre survie. Souvenez-vous que les fonctions du cerveau limbique se basent sur les croyances par rapport à la réalité, tandis que le nouveau cerveau fonctionne avec les théories qu'il teste par rapport à la réalité.

Pour reprogrammer ces autoroutes de l'information, nous devons éjecter le cerveau limbique du siège du conducteur de notre neurophysiologie. Nous devons commencer à utiliser le nouveau matériel sophistiqué du néocortex pour développer de nouvelles voies qui annuleront l'ancienne programmation. Ensuite, le néocortex pourra intervenir afin que le cerveau primitif cesse d'envoyer automatiquement les signaux chimiques qui font en sorte que nous nous sentons comme des animaux acculés et que nous agissons comme eux. Notre cerveau plus évolué peut commencer à faire fonctionner le logiciel qui rendra habituelle l'expérience de la bonté, de la joie et de la paix. Jusqu'à tout récemment, ce nouveau cerveau était un ordinateur neuronal qui ne fonctionnait que pour les saints, les scientifiques et les sages. Pourtant, nous pouvons activer ses facultés durant notre initiation. Les sociétés indigènes qui pratiquent la méditation, la joie, la charité et la compassion — toutes des fonctions du cerveau supérieur — sont beaucoup moins violentes et disent connaître l'épanouissement et la satisfaction dans leur vie bien plus souvent que celles qui ne s'engagent pas régulièrement dans ces pratiques. Les IRM fonctionnelles (imagerie par résonance magnétique) montrent une augmentation mesurable de l'activité du cortex préfrontal chez les moines bouddhistes qui ont médité pendant des années. Andrew Newbert a mené des expériences d'où il rapporte que, lorsque les moines tibétains voient une photographie où il y a de la violence, ils réagissent avec les centres cérébraux associés à la communion et à la compassion, contrairement au reste d'entre nous qui réagissons à partir des centres associés à la peur ou à la colère.[7] Chez ces

---

7. Andrew Newbert, comme rapporté dans son lire *Why God Won't Go Away : Brain Science & the Biology of Belief.* ~~livre~~

moines, le cerveau limbique ne prend plus instantanément le contrôle.

S'il est activé convenablement par la méditation ou par la pratique des sept vertus, notre néocortex nous permettra de transcender la crainte de la mort, même si nous ne croyons pas à une vie après la mort. Cela peut nous libérer des exigences du tic-tac de l'horloge et nous permettre de faire l'expérience de notre connexion à tout ce qui est et sera toujours. Le néocortex est programmé pour l'exploration, la vérité et l'innovation scientifique. Donc, lorsque nous réussissons à traverser une initiation, nous activons les circuits neuronaux qui nous permettent de nous débarrasser de la superstition, du dogme et des croyances religieuses endurcies et d'entrer dans une vie de découverte. Nous pouvons finalement reconnaître quelle vie vide et insignifiante nous avons vécue dans le monde des prédateurs et entrer dans le rôle beaucoup plus nourrissant des créateurs.

L'appel pour devenir un créateur est un appel à l'action et au service, libre de fantasmes grandioses qui nous fait protéger notre héritage en sauvant le monde. Une fois que vous vous libérez des perceptions limitatives de votre cerveau primitif concernant ce que vous pouvez accomplir, vous découvrez votre grandeur. Vous prenez conscience que vous êtes à la fois une poussière immatérielle et un élément capital de l'Univers. Si vous n'avez plus de maison, vous prenez conscience que vous êtes un voyageur, et non une personne sans abri. Si vous perdez votre emploi, vous découvrez que vous êtes un entrepreneur, non une personne en chômage. Quand vos parents meurent, vous comprenez que la terre et le ciel sont vos parents et que l'humanité est votre famille.

L'initiation vous permet d'expérimenter la force pure de vos émotions, non altérées par le souvenir et séparées de toute histoire. Cette force puise l'énergie du réseau neuronal, et vous êtes capable de remplacer les émotions négatives par des fonctions cérébrales supérieures. Vous pouvez décider que la conscience créative néocorticale est le chef de bande. Mais, pour y arriver, vous devez comprendre les formes de perception uniques associées à chacun de nos quatre sous-cerveaux. Vous pouvez ensuite examiner les habitudes du cerveau préhistorique qui s'est attribué tellement de pouvoir sur vous.

Les quatre niveaux de conscience

Chacun des cerveaux — le cerveau reptilien, le cerveau limbique, le néocortex, et les lobes frontaux — est associé avec une forme particulière de conscience qui s'est développée au cours de leur évolution. Le cerveau reptilien perçoit le monde physique sans penser, ressentir, analyser ou essayer de trouver un contexte pour un événement. Vous vous contentez de l'expérimenter et de vous en occuper. Si vous vous faites une entorse en escaladant un sentier de montagne, vous avez mal, vous vous reposez pendant quelques minutes, vous faites un pas avec précaution, et vous avancez en boitant. La conscience reptilienne prend tout littéralement : une entorse n'est qu'une entorse, ce n'est pas un tremplin pour vous sentir désolé pour vous-même ou une métaphore pour décrire un voyage difficile. De même, si vous êtes au combat, vous vous contentez d'écraser la tête de votre ennemi et vous vous dirigez vers le prochain adversaire avant qu'il ne vous défonce le crâne ; vous ne ressentez aucune sympathie. Le mandat principal de ce cerveau est de procurer l'instinct de survie : *Je mange et je tue ; donc, je suis.* Pendant plusieurs milliers d'années, la conscience reptilienne a prédominé et a forcé la majorité de l'humanité à construire des pyramides en tant qu'ouvriers et à tuer en tant que guerriers ; d'ailleurs, il n'était guère utile de percevoir le monde autrement.

Le cerveau limbique a commencé à affirmer son autorité il y a près de 200 000 ans avec la découverte de la cuisson. Nos ancêtres employaient déjà le feu depuis de nombreuses années, mais, à ce stade du développement humain, ils ont commencé à cuisiner des aliments de façon régulière, ce qui rendait les fibres et les protéines plus digestibles. Notre cerveau, qui consomme près de 25 pour cent du combustible que nous consommons, était ainsi mieux nourri. Les principales préoccupations du cerveau limbique sont la nourriture, la maternité, la sécurité, l'estime de soi, l'établissement et le maintien de l'ordre hiérarchique, et l'accouplement : *J'amasse et je m'accouple, donc je suis.* Ce cerveau nous pousse à établir des liens avec notre mère et à chercher des partenaires avec lesquels nous pouvons avoir des relations sexuelles ou avoir des enfants. Nous expérimentons la jalousie, la trahison, la colère et le ressentiment. Nous accumulons des jouets et de l'argent. Le cerveau limbique pense en termes de superstition, de religion, de moralité, et du pouvoir de la foi. Si nous regardons autour de nous, parmi nos connaissances, nous sommes certains de trouver des gens dont les priorités sont simplement de manger et d'être confortables — comme des reptiles qui se prélassent au soleil.

Puis, il y a près de 50 000 ans, nos ancêtres se sont éveillés au potentiel du néocortex, et un sentiment d'esthétique et de beauté a émergé. Le cerveau limbique, tout comme le néocortex, est apparu comme structure anatomique beaucoup plus tôt, mais ces structures n'ont pas servi d'ordinateur neuronal fonctionnel avant la date mentionnée ci-dessus. Ces dates sont toujours au centre d'un intense débat aujourd'hui. Après avoir subi très peu de changements pendant le million d'années qui avait précédé, la fabrication d'outils a soudainement atteint un nouveau niveau de sophistication. Et dans les profondes cavernes du sud de la France et de l'Espagne, un art très élaboré a commencé à poindre.

Au cours du paléolithique supérieur, des artistes et des sages ont bravé l'obscurité et le froid pour ramper sur des milliers de mètres dans des cavernes anciennes dans le but d'orner les murs et les plafonds d'images de chevaux, de cerfs, de formes féminines et de figures géométriques —, le tout dessiné de façon exquise. Ces silhouettes ont probablement été dessinées à la lueur du feu et devaient avoir une signification mystique. La principale force motrice de la conscience néocorticale est de comprendre comment fonctionnent les choses et pourquoi elles se produisent; permettant à la science, à l'éthique, et à la philosophie d'émerger : *Je pense, donc je suis.*

Il y a environ 6 000 ans, dans des régions du monde apparemment sans lien entre elles, la civilisation telle que nous la connaissons a surgi, et l'écriture alphabétique, les mathématiques et l'apparition des cités ont transformé le paysage humain. Les architectes ont conçu les grandes pyramides le long du Nil, les astronomes du Yucatán ont déchiffré les mouvements des étoiles et les solstices, et les philosophes ont développé des idées révolutionnaires le long des rives des fleuves Gange, Sarasvatî, Tigre et Euphrate. Un nouveau niveau de conscience fut atteint par quelques-uns parmi les masses d'esclaves équarrissant des pierres le long des rives du Nil. Ces hommes et ces femmes s'établirent eux-mêmes comme l'intelligentsia. Le langage était utilisé pour communiquer non seulement les détails de la chasse, et les sentiments et émotions nouvellement découverts, mais aussi des idées sous forme de texte écrit. Les premiers livres de la Bible, l'Upanisad, et l'*Épopée de Gilgamesh* ont tous été écrits après cette époque. La force motrice de ce tout nouveau cerveau est de créer et de découvrir. Son pouvoir était si extraordinaire que nous avons dû attribuer sa principale qualité à un dieu, Yahvé : *JE SUIS; donc je suis.*

Ce niveau de conscience est associé au cortex préfrontal, où vous percevez que la vie est remplie de métaphores qui vous aident à comprendre vos expériences et à les placer dans un contexte plus large. Par exemple, quand vous rejoignez vos amis après votre randonnée, vous pouvez raconter l'histoire de l'entorse comme un récit de défi héroïque, un sacrifice apprécié qui permet d'embrasser les horizons extraordinaires qu'offre le sommet de la montagne. Tandis que votre cerveau reptilien se concentre entièrement sur la prochaine étape, vous êtes arrivés à un niveau où vous remarquez des éléments universels dans cette randonnée. Il ne s'agit plus que d'une simple promenade ; c'est devenu un *voyage* ; et comme tel, il égale chaque voyage extraordinaire déjà entrepris.

Il est fort probable que vos sentiments se modifient lorsque vous adoptez cette perspective. Au lieu de jurer contre la personne qui vous a encouragé à emprunter le sentier, ou de marmonner contre la stupide racine qui vous a fait trébucher, vous reconnaissez que tous les chemins comportent des virages et des tournants et des obstacles inattendus. Vous savez qu'une expérience qui apporte de la sagesse ou de l'intuition a toujours de la valeur, même s'il vous faut investir des efforts. À ce stade, vous approchez la vie comme un poète, voyant partout la beauté et le mystère et ressentant un sentiment de respect mêlé d'admiration.

Ce cerveau vous aide à perdre votre sentiment de séparation, alors que votre identité se fond avec la montagne et les nuages au-dessus de vous. La douleur dans votre cheville s'estompe tandis que vous vous attardez sur la beauté du chemin. Même si l'expérience de la communion peut être brève, ses effets durent toute une vie et modifient pour toujours votre perception de vous-même et du monde. C'est l'extraordinaire illumination souvent associée à l'initiation. Les chamans l'appellent le second éveil —, le premier éveil étant relié à la prise de conscience du fait que vous mourrez un jour.

Perceptions déformées

L'une des raisons pour lesquelles il est si difficile de modifier les sept émotions toxiques est que nous aimons croire que nous sommes rationnels et logiques, que nous reconnaissons la différence entre les faits et la fiction, et que nous avons une poigne ferme sur la vérité. Nous admettons que notre raisonnement puisse être quelque peu coloré par nos expériences, mais le cerveau qui cherche le pouvoir, la réputation et la sécurité aime croire que nous sommes « trop intelligents » pour laisser nos émotions dominer.

Comme des sentiments imprécis, les sept émotions toxiques demeurent au repos, chantonnant comme un ordinateur en veille, prêtes à bondir à l'action chaque fois que nous interprétons une situation neutre pour la transformer en une histoire qui semble valider les expériences du début de notre vie. Notre esprit scrute les faits pour trouver ceux qui conviennent à notre narration, et il les apparie aux émotions que nous venons tout juste de faire éclore. Nous évoquons un souvenir de désespoir et nous disons « La vie n'est-elle pas toujours ainsi ? » La croyance qui veut que « la vie soit une lutte » a été gravée dans les réseaux neuronaux de notre cerveau il y a très longtemps. Les chercheurs croient que des caractéristiques biologiques, dont la résistance à la maladie, ont pu être gravées dans les blocs de mémoire génétique de nos arrière-grands-parents qui nous les ont ensuite transmis. Le chercheur Marcus Pembrey a noté que les petits-fils, du côté paternel, de garçons suédois qui avaient été exposés à la famine du XIXe siècle avaient moins de risques de mourir de maladie cardiovasculaire.[8] Mais les caractéristiques biologiques ne sont pas les seuls éléments qui sont transmis de génération en génération. Les attitudes, les traits de caractère, et les croyances

---

8. Marcus E. Pembrey, Lars Olob Brygren, Gunaar Kaati, et al. « Sex-specific, male-line transgenerational responses in humans », *European Journal of Human Genetics*, (2006), 159-166, publié en ligne le 14 décembre 2005, http ://www.nature.com/ejhg/journal/v14/v14/n2/full/5201538a.html.

semblent aussi être passés d'une génération à l'autre ; ainsi, les petits-enfants de ceux qui ont vécu pendant la grande dépression ressentent souvent un plus grand sentiment d'appauvrissement que d'autres. Des croyances aussi négatives prennent vie avec beaucoup de force dès que nous trouvons des preuves qui confirment nos soupçons — et nous en trouvons toujours.

Les émotions qui alimentent notre besoin de pouvoir sont bien plus fortes que nous voulons bien l'admettre. La fameuse expérience portant sur les gardes de prison exécutée à Stanford en 1971 a révélé la rapidité avec laquelle une personne mentalement stable et intelligente peut s'abaisser à la brutalité familière au cerveau limbique. Conçue par le psychologue Philip Zimbardo, Ph.D., l'expérience visait à étudier comment des collégiens mâles psychologiquement sains se comporteraient s'ils étaient placés en position d'agir comme gardes de prison de leurs camarades. Le plan était de garder captifs les « prisonniers » au sous-sol de l'édifice du département de psychologie de l'Université de Stanford. Les rôles — prisonnier ou gardien — avaient été assignés au hasard. À l'origine, les hommes étaient censés jouer leur rôle pendant deux semaines, mais en seulement six jours, les abus émotionnels infligés aux détenus par les gardiens étaient tels que Zimbardo a interrompu l'expérience.

Nous aimerions bien sûr croire que, si nous étions un gardien de prison, nous serions celui qui irait à l'encontre de notre nature et agirait courageusement et héroïquement, que nous garderions notre perspective et que nous demeurerions lucides. Nous aimerions croire que si nous avions été enrôlés comme gardiens de prison nazis, nous nous serions comportés différemment avec les détenus des camps de concentration. Ce pourrait être le cas, mais la preuve démontre que les êtres humains s'abandonnent très facilement à la pression collective pour se conformer.

Le traumatisme émotionnel de notre cerveau limbique nous fait croire que toute situation peut être racontée simplement en termes de méchants contre bons, de victimes, de persécuteurs et de sauveteurs. En réalité, ces histoires nous aveuglent et nous empêchent de voir la vérité quand nous sélectionnons les faits qui appuient notre histoire et que nous ignorons ou minimisons ceux qui ne le font pas. Plutôt que d'avoir l'impression d'être une faible victime, nous choisissons de jouer le rôle plus satisfaisant de noble sauveteur ou de harceleur juste. D'un autre côté, nous donnons un nouveau rôle à notre position de victime en tant que noble martyre et nous l'utilisons pour essayer de manipuler les autres, afin qu'ils se sentent désolés pour nous et qu'ils prennent soin de nous. Nous faisons tout ceci sans nous rendre compte que nous nous enfermons dans un récit qui nous enlève du pouvoir et dans une dure réalité.

Les « vérités » que nous nous racontons

Le cerveau primitif confond les faits avec la vérité. Il déforme la preuve pour justifier notre colère, notre cupidité, notre luxure, notre paresse, notre envie, notre gourmandise et notre orgueil. Lorsque nous comprenons la différence entre la vérité et les faits, nous pouvons demeurer vigilants par rapport aux distorsions du cerveau limbique blessé. Les histoires que nos ancêtres racontaient autour du feu étaient vraies en ce sens qu'elles exprimaient les aspirations et les valeurs du village. Utilisant la poésie et l'imagerie, ils racontaient les traditions anciennes des héros et leurs réalisations. L'histoire et le mythe avaient tôt fait de s'entremêler, et si les faits se modifiaient pendant le récit, ce n'étaient pas important ; il suffisait que les histoires reflètent une vérité universelle que tous pouvaient reconnaître. Les contes de fées sont un excellent exemple de ce genre de récit. Les histoires de la Belle et la bête, de Cendrillon et du roi Midas ont été racontées avec une centaine de variations dans d'innombrables époques et cultures, portant toutes les mêmes messages. N'avons-nous pas tous connu des gens qui ont essayé d'aider leur conjoint à découvrir leur propre beauté pour qu'il cesse de se comporter comme une bête ?

Mais à mesure que la civilisation a évolué, les humains ont commencé à faire correspondre les faits à la vérité. Toutefois, les « faits » peuvent être déformés de plusieurs façons, altérant la vérité. Nous accordons plus de poids à un groupe de faits qu'à un autre, ou nous dénions certains faits s'ils nous rendent inconfortables. L'Église catholique n'avait aucune tolérance aux faits rapportés par Galilée sur l'astronomie, car ils contredisaient sa doctrine. Croire que les humains sont au centre de l'Univers et que le Soleil, source de lumière et de la chaleur qui donne la vie, tourne autour de nous satisfaisait le besoin du cerveau primitif de valider sa suffisance. Croire que nous nous trouvons simplement sur une des nombreuses orbites autour du soleil et que nous sommes à la merci de ses forces est peut-être une vérité littérale, mais cela ne répond pas à notre grand désir d'un sentiment de mérite, de pouvoir et de valeur. L'Église et le pape n'ont pas aimé ce rappel flagrant que leur dieu n'était pas responsable de l'Univers que l'on connaissait. Lorsque les faits scientifiques ne correspondaient pas aux besoins de notre cerveau primitif, il fallait les rejeter. Même chez les étudiants en anthropologie et en mythologie, les autres religions ou visions du monde sont vues comme des « mythes », mais nous continuons à voir les nôtres comme des faits. Quand vous avez lu la phrase plus haut, votre cerveau a-t-il sursauté quand vous avez remarqué que le mot « *dieu* » n'avait pas de majuscule initiale ?

Tandis que de plus en plus de gens ont appris à lire et à écrire, les livres d'histoires se sont transformés, passant des grands mythes exprimant les vérités universelles aux histoires composées de faits soigneusement choisis, assemblés, interprétés et sanctionnés par le puissant. Les historiens et les écrivains — les nouveaux conteurs — voulaient solidifier le pouvoir de leurs patrons en faisant la promotion des valeurs de leurs maîtres. Le droit divin des rois, le pape comme représentant de Dieu sur terre — voilà le type de « vérités » que les puissants cherchaient à communiquer dans leurs histoires et leurs écrits. Les gens humbles et ordinaires, ainsi que les peuples vaincus n'avaient pas de voix sur la façon dont l'histoire était racontée. Tout comme l'artiste portraitiste officiel du roi se donnait beaucoup de mal pour rendre une mâchoire plus résolue et un visage plus juste que ceux que possédait effectivement le roi, les livres qui sont entrés dans les bibliothèques rapportaient des histoires qui avaient été filtrées par les pouvoirs des presses d'imprimerie, du papier et de l'argent pour produire des ouvrages qui captaient la vérité telle qu'ils la voyaient. Il a fallu beaucoup de temps avant que quelqu'un arrive avec l'idée : « Ne croyez pas tout ce que vous lisez. »

Après que les sociétés cultivées eurent commencé à bâtir soigneusement des récits à partir de leurs « faits » triés sur le volet, et parfois délibérément déformés ou inventés, les gens ont commencé à croire que « fait » était synonyme de « vérité ». Ils racontaient des histoires sur la tribu voisine de cannibales barbares, ou des « faits » corrélés sur la vieille femme aux limites du village qui fabriquait des potions pour guérir les personnes souffrantes —, ce qui prouvait sans l'ombre d'un doute qu'elle était une sorcière. Les nazis ont fabriqué des histoires haineuses que beaucoup d'Allemands ont crues, décrivant les Juifs comme des ravisseurs d'enfants qui sacrifiaient les nouveau-nés chrétiens. Le gouvernement Bush a présenté des preuves irréfutables que Saddam Hussein détenait des armes de destruction massive qu'il était prêt à lancer sur l'Occident, présentant le fait comme une raison pour envahir l'Iraq.

À mesure que l'on a commencé à considérer les « faits » comme des preuves de vérité, les gens ont commencé à se rendre compte que le contrôle des faits leur conférait du pouvoir. La révolution apportée par la presse d'imprimerie de Gutenberg n'a pas mené à une démocratie basée sur les faits ; elle a transformé les journaux et, plus tard, la télévision, en instruments de propagande conçus pour promouvoir les vues des propriétaires des médias. Inévitablement, ces individus souhaitaient produire de bons consommateurs et réduire l'intelligence au dénominateur commun culturellement accepté. Comme l'a écrit l'anthropologue Claude Lévi-Strauss : « Le seul phénomène qui, toujours et dans toutes les parties du monde, semble être relié à l'apparition de l'écriture… est l'établissement des sociétés hiérarchiques, constituées de maîtres et d'esclaves, et où une partie de la population se consacre à travailler pour l'autre partie. »[9]

Même aujourd'hui, « l'apparence de vérité » d'une revendication nous importe souvent plus que la vérité elle-même parce qu'elle nous donne l'illusion d'être au courant : si nous avons l'*impression* que c'est vrai, nous décidons que ce doit être vrai. Nous trouvons ensuite les faits qui appuient nos croyances afin de pouvoir nous sentir brillants, puissants, ou justifiés. Notre cerveau limbique recueille sélectivement l'information des experts et des médias qui nous réconfortent ou nourrissent nos théories de conspiration préférées en ne nous communiquant que les faits avec lesquels nous sommes d'accords. Toute cette déformation et tout ce déni résultent des activités du cerveau qui lie les souvenirs et les émotions avec les faits qui correspondent bien avec ses théories favorites. Le cerveau primitif s'assure le concours du néocortex logique (le seul cerveau qui sait comment lire les journaux) pour valider ses peurs. Le cerveau limbique recueille les faits qui lui confirment que le monde est dangereux ou qu'il est possible que la fin du monde soit en 2012, en même temps qu'il ferme les yeux sur toute preuve confirmant notre sécurité.

Pendant que nous nous querellons pour savoir qui détient une collection supérieure de faits, nous ignorons comment nous

---

9. CHARBONNIER, Georges, *Conversation with Lévi-Strauss*, pages 29-30, commenté par Léonard Shlain dans *The Alphabet versus the Goddess*.

les avons soigneusement sélectionnés sous la guidance de nos quatre actions de survie — fuir, se nourrir, se battre et se reproduire. Nous extrapolons à partir de nos propres expériences et de ce que nous avons lu pour prouver que nous détenons bel et bien la vérité. Après nous, quelqu'un d'autre fait de même en se servant de l'ensemble des faits qu'il a recueillis. Lorsqu'il devient clair que nous ne pouvons convaincre notre interlocuteur que nous avons raison et qu'il a tort, il ne nous reste qu'à le harceler pour l'obliger à adopter notre programme. Un bel exemple est l'embargo commercial des États-Unis contre Cuba qui dure depuis quarante ans, un siège des temps modernes contre une nation souveraine qui a pour but de préserver le point de vue idéologique des États-Unis. Nous arrivons à la conclusion qu'il faut brûler le village pour le sauver.

Pour entreprendre l'initiation, nous devons cesser d'obéir exclusivement au cerveau limbique. Nous devons abandonner le besoin d'étreindre « l'apparence de vérité » et commencer à étreindre la vérité. Nous ne pouvons le faire à moins d'accepter la responsabilité des croyances que nous choisissons d'adopter, et qui peuvent appuyer les émotions mortelles du cerveau primitif ou les émotions éclairantes du cerveau supérieur. Nous pouvons danser avec les démons ou avec les anges.

Se débarrasser de l'emprise du cerveau limbique et des histoires qui le soutiennent

Les scientifiques acceptent le fait que tout finit par changer et que les meilleures théories seront demain rejetées ; ils se sentent tout de même en sécurité, sachant qu'ils ont le pouvoir d'accéder à leur créativité et à leur résilience pour trouver des descriptions encore plus intelligentes du fonctionnement de l'Univers. Mais nous nous accrochons avec entêtement aux faits tels que nous les connaissons parce que le cerveau préhistorique déteste le changement.

L'avantage d'une crise de vie est qu'elle peut relancer le cerveau supérieur pour que nous fassions l'expérience d'une percée authentique et d'une transformation. Détachés de la sagesse du néocortex, craignant de ne pas avoir la force d'affronter nos peurs, nous sélectionnons et organisons les faits en un récit qui comble notre besoin de sentir que nous comprenons tout sur la vie, peu importe si cela nous rend malheureux. Il est difficile d'admettre à quel point nos croyances sont limitées quand il nous arrive souvent de nous faire récompenser pour nos opinions fermes et notre sagesse apparemment inébranlable. Nous nous convainquons que nous sommes très intelligents, puis nous nous retrouvons à balbutier confusément lorsque nous sommes confrontés à des faits qui contredisent tout ce que nous savons. À ce stade, nous trouvons souvent un moyen d'intégrer ces nouveaux faits dans notre idéologie sous-jacente — notre narration personnelle —, en les faussant et en les déformant au besoin, de façon à les adapter à notre discours. Prenez l'exemple du créationnisme. D'après un récent sondage de CBS News, la plupart des gens aux États-Unis croient que les dinosaures et les humains ont marché côte à côte il y a 6 000 ans.[10] Si vous tenez compte la preuve scientifique, vous devez nier l'histoire biblique de la Création sur un plan littéral, ce qui signifie que vous remettez en question toutes vos interprétations littérales des saintes Écritures. Il est beaucoup moins dérangeant d'imaginer Adam et Ève batifolant avec un tyrannosaure que de se mettre à questionner les dogmes religieux soigneusement élaborés. Nous sommes dotés d'une capacité extraordinaire de déni lorsque les enjeux sont élevés et qu'il y a danger de perdre notre description préférée de la réalité.

---

10. Bootie Cosgrove-Mather, « Poll : Creationism Trumps Evolution », CBS News, 22 novembre 2004, http ://www.cbsnews.com/stories/2004/11/22/opinion/polls/main657083.shtml.

Les histoires du moi inférieur basées sur la peur

Nous nous attachons aux explications soigneusement con-fectionnées pour expliquer comment nos vies se sont déroulées telles qu'elles l'ont fait; ne prenant pas conscience que, même lorsqu'elles paraissent nous donner du pouvoir, elles nuisent à notre croissance. L'une de mes étudiantes m'a raconté que lorsqu'elle était adolescente, elle était tombée enceinte pour se rebeller contre sa mère qui ne s'était pas occupée d'elle; elle est devenue une mère responsable dont l'enfant est bien adapté et toujours heureux. À la surface, il s'agit d'une histoire de triomphe qui donne du pouvoir, et je suis certain que cette situation lui a procuré dignité et fierté, mais elle s'y accroche comme si sa vie en dépendait. Un jour, lorsque son enfant l'accusera de ne pas la comprendre, il est probable qu'elle niera être une mère impar-faite, car si elle l'admettait, elle trouverait des failles dans la réputation qu'elle a créée elle-même pour triompher d'une enfance malheureuse en se décrivant comme une «mère par-faite». Plutôt que d'accepter que nous «ayons tous nos bons moments», et de créer un sentiment sincère de sécurité, elle investit encore plus énergiquement dans son récit personnel.

Une autre de mes connaissances m'a confié qu'elle avait appris qu'être une «bonne mère» ne signifie pas de dire toujours non à son enfant, mais plutôt de ne pas avoir peur de dire «Bien, examinons les autres choix». Elle fait de l'éducation créative, et lorsqu'elle reconnaît qu'elle a commis une erreur, elle dit à ses enfants qu'elle a eu tort et qu'elle est désolée pour ce qu'elle a fait. En se dépouillant de l'étiquette de «bonne mère», elle se trouve libérée et peut trouver des solutions créatives aux défis parentaux au lieu d'essayer de maintenir un halo imaginaire au-dessus de sa tête.

Une nouvelle relation avec l'esprit

Lorsque les lobes frontaux prennent convenablement leur place dans l'holarchie de la conscience, effectuant la médiation auprès des émotions de notre cerveau primitif, nous découvrons une nouvelle relation avec le Divin. Nous ne projetons plus sur la Divinité le rôle de roi, de seigneur, de commandant militaire, ou de père punitif. Nous laissons tomber les explications élaborées de la nature de Dieu. Les anciennes perceptions de la Divinité reflètent la réalité du cerveau limbique, dans laquelle il existe une hiérarchie de dieux, d'archanges, d'anges gardiens, de chérubins, de séraphins, de saints, de papes, d'archevêques, d'évêques, de prêtres et ainsi de suite, chacun tenant son propre domaine sous son emprise. Les anciens Grecs projetaient leurs anxiétés concernant leurs besoins de constamment lutter pour la première place sur leurs propres dieux ; ceux-ci avaient des règles strictes régissant l'identité de ceux qui avaient la permission de résider sur le mont Olympe. Leurs dieux et leurs déesses se querellaient continuellement au sujet des interactions avec les êtres inférieurs comme les Titans et les humains, et ils traitaient les hommes et les femmes ordinaires comme des jouets.

En rejetant les notions archaïques à propos du Divin, nous pouvons interagir avec la Divinité de façon originale et ouverte. Nous ne craignons plus qu'un dieu muni d'un carquois rempli d'éclairs se mette à nous lancer ses projectiles si nous ne nous prosternons pas devant lui. Nous ne ressentons nullement le besoin de saluer, d'effleurer ou de baiser des bagues quand nous nous engageons avec le Divin, puisque nous ne l'avons pas personnifié dans le but de lui donner une apparence humaine. Nous ne voyons pas les mâles comme la représentation humaine la plus exacte de Dieu le Père sur Terre — par conséquent, ayant plus le droit au pouvoir que les femmes.

Le nouveau cerveau nous permet de reconnaître que n'importe qui peut devenir une sorcière, un prêtre, ou un chaman et nous prenons conscience qu'il n'existe aucun intermédiaire entre nous et le Divin. Nous comprenons que nous pouvons nous engager directement avec le Divin, sans honte et sans peur. Le nouveau cerveau est en mesure de comprendre cette relation, mais le cerveau préhistorique, toujours craintif, nous fait reculer dans l'emprise des religions archaïques fondées sur la peur, le péché et le salut. Une différente dynamique avec le Divin est une possibilité terriblement attrayante, mais nous craignons que, si nous avons tort, nous soyons punis pour l'éternité.

Entrer dans l'univers de l'esprit

Pour fuir le monde prédateur et ses craintes et ses envies, nous devons imiter le serpent et nous débarrasser de notre peau. Notre identité personnelle est souvent attachée aux récits de nos victoires et de nos défaites telles qu'elles sont confectionnées par notre cerveau limbique. Nous devons nous débarrasser des histoires où nous sommes victimes d'événements passés et de problèmes actuels, ou sauveteurs des moins fortunés (comme nos enfants ou nos partenaires, qui ne semblent jamais apprécier nos sacrifices), ou persécuteurs ou guerriers outrecuidants. Nous devons rejeter notre croyance selon laquelle le pouvoir et la position ont quelque chose à voir avec la somme de nos possessions ou les objets que nous accumulons, et être prêts à forger une vision éclairée de l'endroit où nous nous intégrons dans le cadre des choses.

Dans le monde du matérialisme, nous nous identifions à nos possessions et nous réduisons les idées les plus nobles à des objets que nous pouvons posséder et régir. La liberté se fait vendre avec insistance comme une nouvelle BMW que nous utilisons pour explorer les grands chemins. Nous transformons les autres en êtres intermédiaires qui nous servent de contacts et que nous utilisons jusqu'à ce que la relation ne nous serve plus. Nous nous identifions à nos objets, et non à notre nature essentielle. Je voyage souvent pour enseigner et donner des conférences, et on me demande parfois où je vis. Je comprends que la personne me demande où je garde mes choses, mais je réponds que je vis *ici*. Partout où je suis, c'est l'endroit où je vis.

Il est difficile de se débarrasser de l'ancienne peau, ou ancienne identité, parce que nous nous y sommes habitués. Elle donne l'impression de porter un doux survêtement de coton de nos années de collège ; et même s'il se défait aux coutures et que le décalque s'est décomposé en pièces minuscules qui tombent sur le plancher, nous ne pouvons nous résoudre à nous en débarrasser. Notre façon de nous décrire par nos possessions, par notre travail ou par notre douleur est si familière que nos amis les plus intimes doivent se mordre la langue chaque fois que nous répétons les histoires surannées de notre passé et de nos jours glorieux — cette horrible ex-épouse que nous avons fini par plaquer, ou la chose affreuse que notre frère a faite il y a sept ans qui nous a fait décider de couper les liens avec lui une fois pour toutes. Notre identité limbique nous empêche d'avoir à découvrir notre identité si nous ne sommes pas l'enfant adulte d'un alcoolique, une mère divorcée, ou un dénonciateur qui a été rejeté de l'organisation. Le cerveau primitif se moque de l'idée que nous puissions être quelqu'un d'encore plus extraordinaire que nous l'avons été jusqu'à présent par tout autre moyen que la force brutale ou l'acquisition d'encore plus de biens matériels. Il nous rappelle nos échecs et nous encourage à jouer de prudence ; il ignore l'appel qui nous pousse à être courageux et à prendre des risques. Il ne peut imaginer que nous puissions découvrir la joie des idées, la beauté des mathématiques, l'excitation de jouer d'un instrument de musique, l'enchantement de la physique quantique, le délice d'une vie consacrée à l'apprentissage, et la création de quelque chose de plus étonnant dans notre vie que ce que nous avons connu jusqu'à maintenant.

CHAPITRE 4

Mort archétypale et le grand éveil

Un lit d'hôpital m'attend, moi aussi.

Ma grand-mère avait 82 ans. Le résident qui l'avait soignée avait probablement 30 ans. Donc, dans environ 25 ans, quand je serai au début de la cinquantaine, un enfant naîtra et grandira pour devenir le médecin qui me débranchera.

Comment mourrai-je ? De quoi mourrai-je ? Jouant avec le concept d'évolution à venir de la vie... je me vois en train de mourir à la suite d'un problème cardiaque à un âge précoce. Je me vois étendu sur un lit d'hôpital, entouré de membres de ma famille qui ne me disent pas la vérité.

Déni.

Déni.

Déni.

Pourquoi ?

La mort nous effraie. Elle nous fait trembler, et nous la dénions lorsqu'elle survient. Mais nous la laissons incuber en nous, comme un germe.

Pourquoi un problème cardiaque ? Quelle est la condition de mon cœur ? L'ai-je vraiment ouvert à qui que ce soit ? N'ai-je jamais permis à quiconque de m'approcher ? Peut-être suis-je en train de me disposer à mourir d'un problème de cœur ou d'amour. C'est cela.

Je dois changer cela.

Dance of the Four Winds
Alberto Villoldo et Erik Jendresen

Nous pouvons confronter les émotions déroutantes générées par le cerveau primitif, et lorsque l'une de ces émotions apparaît, nous pouvons dire «La voici de nouveau, cette vieille réaction» — en sachant qu'il s'agit d'une réponse automatique à l'inconnu, au changement et à l'imprévu. Souvenez-vous que le cerveau primitif déteste le changement, tandis que le néocortex s'en délecte. Nous sommes en mesure d'observer notre peur et notre pressentiment sans croire qu'ils nous engloutiront ou nous étoufferont. Nous pouvons ressentir leur pouvoir et leur mystère jusqu'à ce qu'ils se calment; et il est inévitable qu'ils le fassent. Nous pouvons développer le témoin intérieur, l'observateur qui se contente de noter ce que nous vivons, sans porter de jugement et sans en faire toute une histoire. C'est le secret qui permet d'accéder à la fonction supérieure cérébrale —, faute de devoir refaire les circuits électriques de notre cerveau après avoir été frappé par l'éclair. En observant nos émotions, nous accédons au secret de la méditation et des pratiques de pleine conscience. Le chaman comprend que la clé de la liberté consiste à s'identifier à l'observateur plutôt qu'aux émotions.

La peur primale partagée par tous les êtres humains adultes est la crainte de la mort. Celle-ci représente le dénouement de la seule réalité dont nous sommes conscients. Peut-être est-ce la conscience de notre mort, et non les pouces opposables, qui nous rend distinctement humains, car nulle autre créature n'est consciente de sa propre fin. La peur de la mort, tout comme la volonté de survivre, semble être programmées dans le cerveau humain. Charles Darwin a été l'un des premiers à suggérer une base neurologique à la peur, puisque la plupart des animaux — incluant les humains, les grands singes, les souris et les oiseaux — réagissent à la peur avec les mêmes comportements programmés, entre autres la libération d'hormones de stress, l'expérience de la paralysie et une réaction de surprise, ainsi que l'augmentation du rythme cardiaque et de la respiration.

Le problème est que cette réaction n'est censée être provoquée que lorsque nous faisons face à un véritable danger. Le stress de la vie moderne et la perception de l'imminence d'un désastre nous obligent à être perpétuellement en léger mode de combat ou de fuite. L'impression qui nous pousse à croire que nous devons toujours nous attendre au pire nous force à demeurer légèrement en état d'alerte ; ainsi, nous guettons perpétuellement les chats des cavernes, réels ou imaginaires, l'effondrement de la bourse, ou les patrons malveillants. Des études documentent le pouvoir de la « mort vaudou », où le simple fait de suggérer à quelqu'un (qui croit au vaudou) qu'on lui a jeté un sort peut le rendre gravement malade.

Notre réaction à la peur vise à nous donner un aperçu du danger. Mais nous créons plutôt un film épique, et nous nous engageons bien au-delà du moment où nous devrions avoir pris conscience que nous sommes à la fois scénaristes et réalisateurs, et que nous accordons un très grand tribut à notre peur. Parfois, nous embauchons des psychologues pour nous aider à assumer nos histoires et les sentiments que nous nourrissons à leur sujet. Pourtant, il est rare que la psychothérapie aide à retisser les réseaux neuronaux qui permettraient au cerveau supérieur de diriger l'orchestre de la conscience.

Le lien souvenir/peur

Nos souvenirs de traumatismes de longue date sont traités dans une région du cerveau nommée hippocampe. Tandis que nous rejouons notre film familial de perte ou d'abandon, la vue de ces images familières nous réconforte — le Noël de nos six ans où le comportement de papa avait été si bouleversant, ou le jour du bal de fin d'année de l'école secondaire quand notre petite amie nous avait fait faux bond. Tous nos souvenirs sont renforcés, et nous oublions que d'autres scènes ont eu lieu et n'ont pas été enregistrées. Notre réalité émotionnelle devient ce que nous avons enregistré dans ce film familial.

L'amygdale est aussi associée à la mémoire à long terme, ce qui explique pourquoi la peur et la souffrance sont d'aussi bons stimuli d'apprentissage. Lorsque j'étais un jeune garçon et que je fréquentais une école élémentaire catholique, mes compagnons de classe et moi étions terrifiés par sœur Mary Immaculata, une petite religieuse trapue et désagréable qui nous frappait les jointures avec une règle quand nous n'étions pas attentifs en classe. Nous l'avions surnommée El Toro, parce qu'elle entrait en trombe dans la salle, comme un taureau enragé, et frappait tous les enfants qu'elle croyait être distraits. Il nous suffisait d'entendre le bruit de ses pas lourds, alors qu'elle se précipitait dans le couloir, pour que nos paumes deviennent humides et que nous réagissions avec une peur instinctive.

Quand j'étais enfant, j'ignorais que nous avions la capacité de modifier nos réactions de peur et que nous pouvions apprendre dans la joie plutôt que dans la douleur. Cependant, grâce au bond quantique évolutionniste qu'a effectué le cerveau humain il y a près de 150 000 ans, nous avons développé le néocortex qui nous a apporté la capacité de la musique, de la poésie, de la logique, du langage et du raisonnement de haut niveau — éléments qui se sont développés sur une période de plusieurs milliers d'années. Il ne nous était plus nécessaire de souffrir pour apprendre. Le rôle de ce nouveau cerveau a supplanté celui de l'amygdale dans le traitement des souvenirs émotionnels, mais l'ancien cerveau ne s'est pas livré sans combattre. (Il m'arrive encore à l'occasion de faire des cauchemars mettant en scène El Toro qui, de toute évidence, n'avait pas découvert les très grandes capacités de notre nouveau cerveau.)

Le cortex préfrontal a fourni le matériel nécessaire pour réaliser ce que les saints et les sages ont découvert au fil du temps : la peur est simplement le moyen par lequel le cerveau inférieur apprend à éviter la douleur ; mais la joie, la découverte et la réussite ouvrent les portes de la fonction cérébrale supérieure. Toutefois, bien qu'il nous soit plaisant de lire ceci, il nous faut encore installer la mise à niveau du logiciel qui nous permet d'expérimenter cette réalisation. Pour installer cette mise à niveau, nous devons entreprendre une initiation qui connectera le cerveau supérieur.

L'éveil soudain

Chaque grand éveil se produit rapidement. La baleine engloutit Jonas ; Psyché est stupéfaite de découvrir la beauté de son amant ; les yeux de Siddhartha s'ouvrent lorsqu'il voit la mort et la maladie pour la première fois. Notre nouvel ordinateur biologique se connecte d'un seul coup, dans un moment d'euphorie, d'illumination et de révélation instantanée. Cet éveil doit être suivi par un grand départ et par un voyage vers un nouveau destin.

Les religions du monde regorgent de récits illustrant cet éveil soudain. L'un des plus connus est la légende de l'apôtre Paul, un grand penseur religieux qui a influencé le développement de la chrétienté. Portant à sa naissance le nom de Saul, cet homme était un pharisien qui avait activement persécuté des membres de la première église chrétienne. Sur le chemin de Damas, il eut une puissante vision dans laquelle Jésus lui a directement transmis une révélation. Dans les Actes des apôtres, nous apprenons que »poursuivant sa route, il approchait de Damas quand, soudain, une lumière venue du ciel l'enveloppa de son éclat. Tombant à terre il entendit une voix qui lui disait : «Saul, Saul, pourquoi me persécuter ? » Même si Paul n'avait jamais rencontré Jésus, son éveil soudain lui a inspiré des écrits qui sont parmi les plus influents du Nouveau Testament. La lumière qui a frappé Paul et qui l'a fait tomber de son cheval représente sa découverte. Paul, lui-même, a écrit : « Car, je vous le déclare, frères ; cet Évangile que je vous ai annoncé n'est pas de l'homme ; et d'ailleurs, ce n'est pas par un homme qu'il m'a été transmis ni enseigné, mais par une révélation de Jésus Christ. » Aujourd'hui, la phrase « sur le chemin de Damas » est synonyme de conversion soudaine.

Une illumination comme celle de Paul nous bouleverse en nous présentant la possibilité de connaissance directe et de révélation. Mais l'illumination doit être accompagnée d'une expérience de mort symbolique et de renaissance dans une nouvelle vie. Sinon elle devient une « expérience de l'ineffable » dont nous régalons nos amis autour d'une bouteille de vin. Et bientôt, nous recommençons à persécuter ceux qui pensent différemment de nous, même si nous les ravissons avec des récits de notre découverte éclairante. Les sorciers et les sorcières d'autrefois avaient découvert que l'initiation peut être l'aboutissement d'une préparation ou se produire de façon soudaine et théâtrale, comme dans le cas de Paul. La grande lumière de l'illumination pourrait descendre sur vous, ou votre occasion pourrait prendre la forme plus banale d'une maladie mortelle ou d'un accident. Les deux exigent de vous de faire face à votre mort et de découvrir votre courage.

Pour diminuer la terreur qui se produit quand nous devenons pleinement conscients de notre propre mortalité, nous avons développé une extraordinaire capacité de déni. Le mécanisme du déni est continuellement actif. Songez à quel point vous êtes secoué quand vous entendez au bulletin de nouvelles qu'une personne a été tuée dans un accident exceptionnel sur une route que vous empruntez régulièrement ou qu'une autre a été surpris de recevoir un diagnostic d'une terrible maladie pour laquelle il n'existe aucun traitement. Une pensée nous porte à réflexion et nous trouble « Ça aurait pu être moi ! ». Vous décidez donc de ne pas gaspiller un seul autre moment de votre précieuse vie; pourtant, la vérité est qu'un désastre pourrait vous atteindre à tout moment. Il est probable que vous oublierez assez rapidement votre promesse de vous rappeler la fragilité de la vie.

En fait, le cerveau humain fonctionne dans le déni ou l'inhibition. Quand vous mettez vos chaussures le matin, vous ne voulez pas vous faire rappeler toute la journée que vous les portez, car ce serait distrayant. Ce n'est que lorsque vous marchez sur une punaise et que vous ressentez de la douleur que votre conscience va vers votre pied. La douleur réveille notre cerveau de son état de déni, pour que nous puissions traiter l'impulsion d'apprendre. En fait, le cerveau primitif n'apprend que par la douleur. Mais un jour, nous nous fatiguons d'apprendre dans la douleur et nous désirons vivement apprendre dans la joie. Après tout, la joie est le meilleur maître. Même si vous n'êtes pas conscient de votre peur de la mort, vous continuez à en faire l'expérience dans le domaine du subconscient. Lorsque je mets les nouvelles au réseau câblé, le matin, je subis les récits de guerre, de crise économique, de tragédie, de maladie, et de souffrance sur lesquels je n'ai guère d'influence. En réaction, un sentiment momentané de crainte m'envahit; alors, je me demande si je dois me limiter à ne prendre qu'une tasse de café pour ne pas stimuler encore plus ma réaction de lutte ou fuite. Le stress chronique de bas niveau nous empêche d'entendre notre cerveau supérieur.

Durant votre initiation, le cortex préfrontal prend le contrôle du cerveau primitif et de ses programmes basés sur la peur. Vous cessez de vous sentir constamment en danger et la réaction de combat ou de fuite est remise à zéro. Tout votre corps se détend, votre respiration devient plus profonde et votre rythme cardiaque ralentit. Vous pouvez vous reposer tandis que vous prenez conscience que le monde est un endroit sécuritaire. Vous pouvez fonctionner en état de calme plutôt qu'en état de terreur.

La plupart des systèmes dans le corps fonctionnent sur une base de *rétroaction* ; par exemple, lorsque vous n'avez plus de nourriture à digérer dans votre estomac, la production d'acide gastrique est interrompue. La réaction de lutte ou de fuite est un système par activation. Plus vous produisez d'adrénaline, plus vous augmentez la quantité de cortisol — qui endommage votre cerveau —, qui, à son tour, fait augmenter le niveau d'adréna-line. Il est très difficile de réinitialiser un système par activation sans une rétroaction ; seules certaines nourritures du cerveau et certaines pratiques de méditation permettent d'y arriver. Le processus de l'initiation réinitialise ce système par activation et vous permet de faire la différence entre la réalité et le danger perçu. Lorsque vous avez terminé votre initiation, vous devenez brave, tout comme Psyché.

Durant notre initiation, nous effectuons deux grands bonds dans la conscience : l'éveil à notre mortalité, qui se produit au moment où le néocortex se met en marche, et l'éveil à notre immortalité, qui se produit lorsque le cortex préfrontal se connecte. Si nous réalisons le premier, mais non le second, nous vivrons dans la crainte constante de la mort. Le premier intensifie notre ferveur religieuse, tandis que le second éveille notre audace et notre curiosité scientifique.

Le premier bond : vous éveiller à votre mortalité

Il est fort probable que vous avez pris conscience de la mort pour la première fois durant votre enfance — quand votre animal de compagnie bien-aimé est mort ou qu'une personne que vous aimiez est décédée. Je me souviens que, lorsque j'étais petit garçon, je suis un jour parti en voyage avec ma grand-mère dans une ville éloignée. À l'hôtel, je me suis affolé et je lui ai demandé ce qui m'arriverait si elle mourait soudainement —, à 50 ans, elle me semblait vraiment vieille !

La première fois que vous prenez conscience de la mort, votre cerveau limbique intervient pour vous distraire de la douloureuse révélation de votre propre mortalité. Intellectuellement, vous savez que la mort est inévitable. Pourtant, vous avez chassé cette connaissance de votre esprit. À l'adolescence et dans la vingtaine, nous comprenons que la mort survient, mais nous croyons qu'elle ne fauche que les autres. Nous nous enrôlons dans l'armée pour tuer les méchants — tout comme dans les jeux vidéo —, mais ce n'est que dans le feu du combat que nous prenons conscience que la mort est bien réelle et qu'elle peut nous toucher personnellement. Un ami, agent d'assurance, m'a confié qu'il est impossible de vendre de l'assurance vie à des gens de moins de 40 ans, car ils croient tout simplement qu'ils n'en auront jamais besoin. Mais après 40 ans, tout le monde est hanté par la vieillesse et par la mort. À moins de découvrir votre nature immortelle, vous perdrez de nombreuses heures et de nombreux jours à vous inquiéter de voir que la vie vous échappe petit à petit.

Une de mes étudiantes, Laura, a découvert sa mortalité à quatorze ans lorsque son plus jeune frère, qui roulait à vélo, a été happé mortellement par un camion. Quelques jours plus tard, elle est allée voir le nouveau film de l'été dont tout le monde parlait, *Les dents de la mer*. En voyant la scène bien connue où le garçon se fait attaquer par le requin, suivie de l'image sinistre de la mère l'appelant en vain de la rive, elle a été bouleversée. Les puissantes images du film ont gravé encore plus profondément le traumatisme engendré par la mort de son frère. Des années plus tard, Laura avait toujours l'impression que quelque chose de violent et de prédateur la poursuivait. Elle n'était pas seulement effrayée de nager dans l'océan. Dans ses rêves, elle était hantée par des ombres obscures et par le sentiment que quelqu'un la suivait. Son mécanisme de déni ne servait qu'à repousser ces peurs dans son inconscient. Ce n'est qu'après avoir vécu une mort symbolique et une renaissance durant son initiation qu'elle a pu vaincre ses peurs d'être poursuivie par une force invisible. Après cette initiation, au cours de laquelle sa vieille identité est « morte » en cessant d'être au centre de son univers et qu'elle en a reçu une nouvelle, Laura a pu à nouveau se sentir en sécurité dans le monde.

Pour oublier notre mortalité, nous laissons nos problèmes nous tracasser continuellement et nous nous racontons des histoires pour nous faire croire qu'en nous engageant ainsi dans les combats de la vie nous nous montrons plus malins que la mort. Même si nos problèmes nous font souffrir, ce n'est rien par rapport aux terribles souffrances que nous ressentirions si nous avions perpétuellement conscience du temps qui passe et de la Mort qui est en voie de nous réclamer notre vie. Nous aimerions croire que la Mort ne nous trouvera pas si nous sommes continuellement en mouvement et débordés. De plus, nous tentons de trouver une explication logique ; ce ne serait pas juste que la Mort nous frappe au moment même où nous effectuons de si formidables progrès à réparer nos faiblesses.

Une autre stratégie pour éviter la mort consiste à demeurer dans un état d'égocentrisme pubertaire. Cette étape de l'adolescence est marquée par un violent déni de notre mortalité. Un jeune de quinze ans peut boire six bières et conduire une voiture remplie de ses amis dans le Devil's Curve, à une vitesse folle, avec la certitude absolue que les lois de la physique sont de son côté et qu'il ne perdra pas le contrôle de la voiture. Lorsque nous sommes pris dans un narcissisme adolescent — qui peut perdurer jusqu'à la quarantaine ou la cinquantaine —, nous sommes convaincus d'avoir pleinement le contrôle de notre vie, malgré la preuve du contraire, et nous nous sentons assurés de notre immortalité et de notre importance. Nous croyons que nous sommes beaucoup trop importants pour que notre identité et tout ce sur quoi nous avons travaillé disparaissent.

Après votre premier accrochage avec la mort, vous comprenez que votre temps ici, sur Terre, est limité et que vous devez l'employer sagement : effectuer ce changement de carrière ou de poste que vous remettiez à plus tard, passer du temps de qualité avec les enfants au lieu de passer quelques heures de plus au bureau, prendre les vacances que vous reportez depuis des années, et s'excuser auprès de cette personne que vous avez blessée. Vous reconnaissez que vous ne vivrez pas 300 ans, alors vous ne remettez pas à demain la joie que vous pouvez vivre aujourd'hui. La réflexion sur les gestes que vous avez posés — comment vous avez blessé les autres et comment vous avez été blessé —, ainsi que la recherche du sens de la vie sont de nobles efforts qui naissent de ce premier grand éveil. Les chamans s'engagent dans un processus appelé « récapitulation », où ils revoient leur vie en détail, font leurs adieux à leur histoire et pardonnent à tous ceux qui les ont blessés. En connaissant votre vulnérabilité, vous êtes témoin de vous-même et de vos actions. Vous n'êtes plus absorbé dans votre expérience ou convaincu que ce qui vous arrive en ce moment est la chose la plus importante sur la planète. Vraiment ! Vous n'êtes pas le centre de l'Univers.

Ce premier éveil doit conduire à la prochaine étape de votre initiation, le grand départ de votre vie telle que vous l'avez vécue et l'acceptation des épreuves et des défis du voyage de la troisième étape. Ce n'est qu'à ce moment que vous atteindrez la quatrième étape : l'illumination et l'épanouissement d'un nouveau moi et d'une nouvelle identité, qui auront été tempérés par la vie et par l'adversité —, expériences dont vous sortez victorieux.

Une malédiction est associée au fait d'être conscient de notre mortalité et d'être pris avec la connaissance que la vie est limitée.

Cela nous porte à réfléchir sur la façon dont se terminera notre vie et à remarquer le peu de temps qu'il nous reste. L'esprit commence à être obsédé par la mort et la fin de l'existence et se précipite de tous côtés pour réussir financièrement avant que la jeunesse ne nous échappe, ou pour trouver le bon partenaire avant que les rides n'apparaissent. Pour détourner notre attention, nous nous engageons dans des activités destinées à conjurer la mort. Nous nous occupons, et nous accomplissons beaucoup de choses. Ce que nous ne faisons pas, c'est de ralentir et d'être paisible. Le silence, la méditation et le vide nous forcent à regarder la mort en face, et cela éveille notre peur primitive. Inquiets de son sortilège, nous nous hâtons de trouver rapidement une autre diversion.

Le chaman sait que le meilleur moyen de conquérir la peur de la mort est de goûter l'immortalité, lors du second éveil.

Le second bond : vous éveiller à votre immortalité

Identifiez-vous à votre nature éternelle — faites réellement l'expérience de qui vous êtes au-delà de votre ego et de votre description d'emploi — et la peur de la mort s'évanouira. Pour emprunter une expression à l'érudit bouddhiste Robert Thurman, vous prenez conscience que personne ne sort d'ici mort. Les chamans de l'Amazonie croient qu'après la mort, tous ceux qui n'ont pas vécu le second éveil retournent au fleuve des âmes et perdent toute individualité. Les initiés conserveront leur identité, même quand ils seront immergés dans ce courant. L'éveillé n'a pas à transporter ses blessures en tant que karma dans sa prochaine vie.

Lorsque vous reconnaissez votre nature éternelle, vous prenez conscience que votre véritable identité ne cessera jamais d'exister, et que la partie dont vous vous déferez comme d'une vieille peau n'est plus aussi importante. Vous vous rendez compte que votre plus grande peur est de gaspiller du temps en ne vivant pas pleinement, et de vous retrouver dans votre lit de mort à penser à tous vos regrets.

Le chaman accueille l'occasion de regarder la mort en face, tandis que la plupart des gens, apeurés, courent dans l'autre direction. Dans de nombreuses traditions, le chercheur entreprenait un voyage dans un endroit désert — peut-être le haut désert ou la jungle — pour s'engager dans une quête de vision. Ensuite, il jeûnait et priait, affrontant et vainquant les démons qui apparaissaient devant lui. Dans le désert égyptien, cette pratique était fréquente chez les premiers ermites chrétiens. Ces « pères du désert », comme on les appelle maintenant, vivaient dans la pauvreté sur le plan matériel, tout en étant riches sur le plan spirituel. Ils ont modelé leur pratique spirituelle sur le jeûne observé par le Christ quand il a passé quarante jours dans le désert, et sur les austérités de Jean Baptiste dans les régions sauvages. Un jour, le chercheur se détache de l'emprise de son existence terrestre qui « meurt » symboliquement et il s'éveille à sa nature comme un être infini en paix avec Dieu.

De telles expériences nous font prendre conscience de notre nature transcendante et peuvent se réaliser dans le cadre de toute expérience transcendante — comme la prière, les relations sexuelles, ou lorsqu'un individu vit une expérience de mort imminente. Nous nous sentons soudainement unis à tout ce qui est et a toujours été — une sensation extraordinaire d'humilité et de respect mêlé à de l'admiration, ainsi qu'une dissolution de l'ego. Nous nous libérons de la voie à la chair pour renaître dans la voie à l'Esprit.

Les adeptes de la méditation atteignent aussi ce second éveil ; phénomène décrit dans des textes bouddhistes et dans les *Yoga sutras* de Patanjali, où il est connu sous le nom de « *samadhi* » — un état élevé de conscience. D'après l'interprétation symbolique de l'alchimie par Carl Jung, les alchimistes du Moyen-âge, qui ont prétendument essayé de transformer des métaux de base en or et de produire un élixir d'immortalité au moyen d'expériences chimiques, cherchaient en fait cet état d'illumination. Le processus alchimique était, par conséquent, une façon de purifier l'âme, de la débarrasser de toutes ses toxines pour qu'elle puisse luire avec éclat. Les alchimistes comprenaient que lorsqu'une personne est éveillée à sa nature éternelle, et qu'elle en fait l'expérience plutôt que de se contenter d'y croire, elle ne la perd jamais. Une fois que le sortilège de la mort est brisé, nous sommes à jamais transformés. Quand nous découvrons la fontaine de jouvence, nous sommes libérés de la peur de la mort qui poursuit les autres.

Ceux qui sont totalement conscients de leur mortalité, mais pas de leur immortalité, se trouvent coincés dans un terrain neutre plutôt inconfortable. Si vous n'avez jamais fait l'expérience du second éveil, il peut être difficile de concevoir cette autre réalité. Comparons cela à un poisson dans un étang ; l'eau y est si enveloppante qu'elle ne fait pas partie des choses dont il est conscient. Pour qu'il reconnaisse l'existence de l'eau, il faudrait qu'il soit transporté au-dessus de l'étang, à un endroit d'où il pourrait regarder son corps nager doucement à travers les roseaux et voir tout ce qui l'entoure. Dans son petit étang, il n'y a que sa réalité limitée. Comme le poète Kabir s'est exclamé, « Je ris quand j'entends que le poisson dans l'eau a soif. »

Nous aussi vivons dans notre petit étang, jusqu'à ce que nous traversions notre second éveil. Nous observons alors et expérimentons l'Univers comme étant indissociables de nous-mêmes et nous comprenons notre place dans la création.

La mort archétypale

Le second éveil suppose une mort archétypale et une résurrection qui peuvent être aussi effrayantes que la mort physique.

Nous voulons croire que nous ne perdrons pas tout un jour — notre sentiment d'identité, notre attachement aux gens que nous aimons, et tout ce nous avons travaillé à obtenir — de notre réussite à nos habiletés, en passant par notre confort croissant en notre propre identité. Nous ne voulons pas nous dépouiller de cette peau qui nous procure tant de sécurité, à moins d'avoir l'assurance de pouvoir conserver ce qui importe vraiment pour nous. Nous ne sommes pas convaincus que ce qui nous attend de l'Autre côté sera au moins aussi bon que ce que nous avons maintenant, sinon mieux.

À chaque initiation, nous faisons l'expérience de la mort d'un grand mythe à notre sujet. Par exemple, un de mes amis est amoureux de l'amour. Il rencontre une femme, fait l'amour avec elle la nuit même et, après une semaine d'une aventure torride, est tout à fait convaincu qu'elle est la « bonne ». L'engouement dure quelques mois, jusqu'à ce qu'il découvre le prochain véritable amour. En fait, il est vraiment amoureux de l'image de lui-même comme amant extraordinaire. Il dénie son incapacité de terminer l'initiation conduisant au rôle de l'amoureux qui s'abandonne réellement pour créer une union de deux personnes. Il demeure plutôt dans l'embrasure de la porte, admirant son identité imaginaire, incapable de franchir le seuil pour réaliser une véritable union avec une partenaire.

Nous résistons à cette mort archétypale parce que, même si les circonstances de notre vie sont pénibles, nous trouvons du réconfort dans leur caractère familier. Mais si nous devions nous détacher de l'emprise de la personne que nous sommes et perdre tout ce que nous connaissons, que nous arriverait-il? Notre identité nous paraît extrêmement importante. Après tout, ce sentiment d'identité fait partie de ce qui nous définit comme être humain. Le chimpanzé dans l'arbre n'est pas en train de songer « Je pourrais prendre un bâton et m'en servir comme outil pour sortir les fourmis de cette fourmilière, mais ce n'est pas vraiment mon style, et que se passera-t-il si les autres chimpanzés croient que j'agis bizarrement ?» Même le gorille mâle qui se bat contre un autre gorille pour dominer les femelles de leur groupe ne pense pas à ce qu'il doit faire pour gagner sa place en tant que grand singe le plus fort et le plus féroce de la montagne, et il ne se demande pas non plus si sa mère sera fière de lui. Au moment approprié, il se frappe la poitrine pour avertir un autre mâle de prendre garde à sa force et de le laisser tranquille. À l'opposé, nous passons un temps considérable à nous inquiéter de qui nous sommes, et à nous demander quelle est notre place dans la communauté.

Il n'y a rien de mal à être fier de ce que vous avez accompli ou heureux de ce que vous êtes à cette étape de la vie, mais quelles que soient votre identité et votre réputation, ce n'est pas tout ce que vous êtes. Ce n'est même pas la partie la plus importante de ce que vous êtes. Au fil du temps, votre vie, de même que celle des autres, se transformera à plusieurs reprises. Vous traverserez les différents stades de la vie, et vous vieillirez jusqu'à ce que vous arriviez au point où vous vous dépouillerez de votre corps et où la personne qui est connue en tant que vous-même n'existera plus sur cette Terre. Si vous avez fait l'expérience de votre immortalité, si vous avez ressenti la tranquillité et la joie d'aller au-delà de votre personnalité, au-delà du temps, la perte de votre identité n'aura plus autant d'importance à vos yeux.

Notre âme sait qu'il y a des moments où nous devons laisser tomber tout ce que nous savons, tout ce que nous ressentons, et tout ce que nous disent nos sens, pour faire un acte de foi et sauter dans un abysse sombre et inconnu, en croyant simplement que nous en sortirons sain et sauf. Nous savons que c'est le cas de l'amour et de l'intimité. Mais c'est aussi le prix de toute véritable croissance dans notre vie. Si nous essayons de nous contenter de raccommoder la vieille peau dans le vain espoir qu'elle dure éternellement, nous ne faisons que retarder l'inévitable. Nous ne passons pas de la chrysalide au papillon : nous passons notre vie à rêver des rêves de papillon pendant que nous rampons vers la prochaine feuille.

Le chaman sait qu'il doit maîtriser l'art de mourir et d'être ressuscité pour entreprendre la mort archétypale, ou sacrée, encore et encore. Il peut ainsi se créer une nouvelle vie lorsque l'inscription sur le mur dit « Il est temps d'abandonner l'ancienne ». Il a la capacité de se transformer avec grâce, d'étreindre ce qui est nouveau, et de vivre une vie vraiment créative, peu importe son âge ou les circonstances de sa vie. Il est en mesure de se débarrasser des étroites définitions d'amoureux, de parent et de sage, et d'approcher ces étapes de façon innovatrice.

Le mystique espagnol saint Jean de la Croix a décrit la mort archétypale comme « la nuit noire de l'âme », qu'il voyait comme une épreuve nécessaire dans la vie spirituelle. C'est la plus longue nuit qu'il nous est possible d'imaginer, puisqu'il n'y a pas d'horloges pour nous orienter et nous rassurer que l'aube approche. Nous ne pouvons voir ce qui se trouve devant nous, et pourtant, nous devons nous abandonner au processus, renonçant au contrôle et à notre sentiment d'identité. Il est dans notre nature de subir cette nuit, non dans la foi et dans la prière, mais dans la panique et en s'agrippant frénétiquement pour trouver un interrupteur — et un miroir, pour nous assurer que nous sommes toujours ce que nous croyons être. Si nous pouvons accepter le fait que nous entrerons probablement dans l'abysse en ruant, en hurlant, en jurant et en souhaitant reculé magiquement dans le temps à l'instant précédant notre chute, nous pourrons passer plus rapidement d'une attitude de résistance au changement à une attitude où nous fonctionnons en harmonie avec ce changement pour découvrir ce qu'il a à nous offrir. Du moins, c'est ainsi que cela a toujours fonctionné dans ma vie. Je connais maintenant suffisamment le voyage pour lâcher prise avec un grand hurlement et un sourire sur mon visage.

Élever le champ énergétique lumineux

Les pharaons de l'Ancienne Égypte faisaient tailler leur sarcophage funéraire dans la pierre. Longtemps avant qu'il soit nécessaire d'utiliser le sarcophage, on y inscrivait les prières qui permettraient à l'âme de traverser en sécurité le passage menant de l'autre côté de la mort. La fabrication du sarcophage était confié à des tailleurs de pierre qualifiés et à des prêtres ; c'était un travail qui requérait énormément de temps. On mesurait soigneusement la taille du roi, et celui-ci avait effectivement la chance d'entreprendre son second éveil une fois le cercueil royal terminé. Selon le cérémonial d'usage, il s'étendait dans son lit de mort, puis on installait le lourd couvercle du cercueil. Les prêtres qui avaient conçu le sarcophage connaissaient précisément la quantité d'air à l'intérieur du sarcophage et le temps où une personne pouvait y demeurer en vie si elle se trouvait dans un état de profonde méditation et avait consciemment abaissé son rythme cardiaque et sa consommation d'oxygène. Durant cette initiation, on s'attendait à ce que le roi quitte son corps physique et voyage vers l'obscure région de l'espace, au-delà des étoiles, où il serait instruit dans les arts de la souveraineté éclairée. Il reviendrait au moment où l'air commencerait à se raréfier et on soulèverait le couvercle, insufflé d'une sagesse qu'il pourrait communiquer à son royaume.

Les chamans ont appris à prendre part à une pratique similaire sans avoir besoin de construire un sarcophage, en désactivant momentanément le champ d'énergie lumineuse du corps physique. Ils nomment cette pratique le « vol spirituel ». Les anciens Égyptiens nommaient ce champ d'énergie lumineuse « Ka », ou force vitale. Il s'agit de l'aura — le champ lumineux qui enveloppe et informe le corps physique. Durant cette pratique, le chaman pouvait quitter son corps et voyager vers les

royaumes célestes pour apprendre l'art de vivre de façon illu-
minée. Pour ce faire, il désactivait chacun de ses sept chakras.
Les chakras sont des centres d'énergie situés dans le corps ; ils
sont en forme d'entonnoir dont l'ouverture la plus large sort de
quelques centimètres de notre corps, et dont l'extrémité étroite
est reliée à notre cerveau et à notre moelle épinière. Traditionnellement, cette pratique s'effectue avec l'aide d'une autre personne, mais vous pouvez aussi la pratiquer seul.

Exercice : le vol spirituel

Donnez-vous pour objectif de voyager dans les royaumes
célestes, où vous pouvez recevoir instruction et guérison.
Étendu confortablement dans votre lit, touchez votre *premier
chakra* avec votre main droite, au-dessus de votre os pubien.
Essayez de ressentir son vortex d'énergie. Puis, tournez-le
soigneusement trois ou quatre fois dans le sens contraire des
aiguilles d'une montre, comme si votre corps était la face
d'une horloge et votre main son aiguille. Prenez quelques
profondes respirations. Déplacez votre main vers votre :

deuxième chakra, deux doigts sous votre nombril. Sentez
son vortex d'énergie. Puis, tournez-le soigneusement trois
ou quatre fois dans le sens contraire des aiguilles d'une
montre. Prenez quelques profondes respirations. Déplacez
votre main vers votre :

troisième chakra, au niveau du plexus solaire, au centre de
votre poitrine. Sentez son vortex d'énergie. Puis, tournez-le
soigneusement trois ou quatre fois dans le sens contraire des
aiguilles d'une montre. Prenez quelques profondes respirations. Déplacez votre main vers votre :

---

quatrième chakra, au niveau du cœur. Sentez son vortex d'énergie. Puis, tournez-le soigneusement trois ou quatre fois dans le sens contraire des aiguilles d'une montre. Prenez quelques profondes respirations. Déplacez votre main vers votre :

cinquième chakra, à la base de votre gorge. Sentez son vortex d'énergie. Puis, tournez-le soigneusement trois ou quatre fois dans le sens contraire des aiguilles d'une montre. Prenez quelques profondes respirations. Déplacez votre main vers votre :

sixième chakra, sur votre front. Sentez son vortex d'énergie. Puis, tournez-le soigneusement trois ou quatre fois dans le sens contraire des aiguilles d'une montre. Prenez quelques profondes respirations. Déplacez votre main vers votre :

septième chakra, sur le sommet de votre tête. Sentez son vortex d'énergie. Puis, tournez-le soigneusement trois ou quatre fois dans le sens contraire des aiguilles d'une montre. Prenez quelques profondes respirations.

Notez vos sensations et les images qui vous apparaissent.

Les chamans accomplissent cette pratique après avoir jeûné et médité. Si votre esprit est accaparé par les activités de votre journée, il vous sera plus difficile de faire l'expérience du monde supérieur. Mais si vous arrivez à concentrer suffisamment votre esprit, après un certain nombre de tentatives, vous remarquez que vous pouvez vous élever au-dessus de votre corps, et vous pourrez le voir en dessous de vous et rencontrer des êtres lumineux et des maîtres spirituels qui vous instruiront dans l'art de la vie.

Résister à l'initiation

Le fait de refuser d'entrer dans le sombre passage de l'initiation nous épuisera et nous lancera en état de crise. Chaque fois que nous résistons au changement, nous nous agitons frénétiquement et nous avons des pensées anxieuses qui nous empêchent d'utiliser notre énergie de façon productive. La perspective d'une nouvelle identité est à la fois séduisante et effrayante ; c'est pourquoi nous déployons parfois de grands efforts pour nous accrocher à l'ancienne identité « comme si notre vie en dépendait ». Nous essaierons peut-être d'imaginer comment nous pouvons utiliser notre colère pour harceler l'Univers pour qu'il se comporte correctement. Il se peut aussi que nous nous sentions tellement écrasés par nos pertes que nous devenions paralysés et déprimés. Nous commençons à percevoir la vie comme un combat futile. Nous sommes en pleine crise.

Être continuellement occupé peut nous détourner de la petite voix intérieure qui murmure que la transformation est inévitable. Parfois, vous êtes tenté de vous contenter d'une simple réinvention. Vous pouvez prendre un nouvel amoureux, vous déplacer dans une division différente de l'entreprise, déménager dans une nouvelle ville, commencer une nouvelle diète révolutionnaire, et ainsi de suite. Certains de mes étudiants m'ont confié que leur vie semblait déjà faire du sur-place quand ils ont eu la surprise de recevoir un diagnostic de maladie mortelle. Leur habileté à réprimer cette petite voix avait été si puissante qu'elle avait dû trouver un autre moyen pour attirer leur attention. J'essaie de les aider à voir la maladie comme un grand coup sur la tête de la part de l'Univers, qui avait essayé de les encourager à abandonner leur résistance et la croyance que leur identité terrestre est la somme de ce qu'ils sont.

La guérison d'une maladie ne signifie pas nécessairement la guérison de l'âme. Toutefois, le fait de permettre à l'âme de progresser vers la prochaine étape de croissance conduit souvent à la guérison du corps lui-même. Notre système d'énergie est libéré pour utiliser ses réserves de pouvoir afin de corriger ce qui a mal fonctionné sur le plan cellulaire. Le cancer n'est qu'un exemple d'une maladie qui peut être un appel à l'initiation. Le mécanisme naturel de renouvellement qui est programmé dans chaque cellule, et connu sous le nom « d'apoptose », ne fonctionne pas dans les cellules cancéreuses. Une tumeur ne reconnaît pas qu'elle doit cesser de se diviser et de se multiplier activement et permettre à ses cellules de mourir. Elle insiste pour atteindre l'immortalité temporelle au coût de la maladie. J'ai vu des clients commencer à guérir lorsqu'ils se sont abandonnés à l'initiation et qu'ils ont goûté leur immortalité. Leur corps a la capacité de se réinitialiser aux rythmes naturels, et le cycle sain des cellules peut recommencer. Ils peuvent guérir à un niveau profond, et informer le corps physique qu'il n'est pas nécessaire que ses cellules s'engagent dans une guerre de survie dans une tentative futile pour éviter la mort. Curieusement, le cancer est un exemple extraordinaire de l'effondrement de l'holarchie, tandis que les besoins de la cellule prennent le pas sur les besoins de l'organisme.

La relation entre la mort et la nouvelle vie

Toutes les morts, tous les dénouements représentent un passage vers le prochain commencement. La première loi de la thermodynamique stipule que l'énergie peut passer d'une forme à une autre, mais qu'il est impossible de la créer ou de la détruire. En tant qu'être énergétique, nous nous dépouillons de nos corps et nous leur permettons de devenir une partie du cycle de la vie dans le monde physique tandis que notre moi essentiel progresse vers le prochain état d'être. Un sorcier Lakota m'a un jour raconté que lorsque les ancêtres meurent, ils sont enterrés et retournent à la terre pour faire partie des arbres et de toute la nature, s'assimilant de nouveau dans le tout plus grand. Pendant longtemps, j'ai cru que cela signifiait que leur corps devenait de l'engrais en se transformant en nourriture pour les arbres et les fleurs, mais plus tard, j'ai compris que leur conscience durait et devenait de nouveau une partie de toute la création. Et après vous ayez maîtrisé le second éveil, quelqu'un était là pour faire l'expérience de cette fusion extatique et terrifiante.

Une fois que nous avons compris que la mort n'est qu'une transition vers une autre forme de vie, le changement nous effraie moins. Nous pouvons nous réconforter en sachant que nous ressusciterons, même si nous n'avons aucun indice de ce à quoi ressemblera notre nouvelle existence. Cette association de la vie et de la mort en tant que cycle n'est pas nouvelle. Dans de nombreuses cultures anciennes, des symboles et des cérémonies marquent le lien entre l'ancien et le nouveau, le mort et le vivant. La culture populaire nous présente l'image de la mort comme la Faucheuse, un être sans visage, vêtu d'une robe noire à capuchon, qui transporte une faucille aiguisée et qui pointe son doigt osseux vers sa toute dernière victime, indiquant que cette pauvre âme doit la suivre vers le monde inconnu de la mort. Mais la faux qu'elle porte est aussi l'instrument des moissons, qui sert à couper le grain de la tige qui sera transformé en pain pour nourrir et rendre la vie possible. Si nous laissons le grain sur l'épi, il moisira et deviendra inutile. Sans la mort, sans la moisson, il ne peut y avoir de vie. La Faucheuse est dérivée du dieu grec Cronos, le père de la déesse Aphrodite. Comme le grain de blé qui contient en lui les semences des futures moissons, nous contenons aussi en nous les « semences » de notre vie future, que nous découvrons durant l'initiation. Cette découverte nous permet de nous débarrasser de la peur de la mort qui hante l'humanité.

Partir en chute libre

La mort archétypale n'est pas une mort dans le sens littéral du terme, même si parfois nous avons l'impression d'être en train de mourir physiquement. Cette mort symbolique, qui fait partie de tout processus d'initiation, est une chute libre dans l'abysse de l'inconnu. Elle inclut une mort des idées tradition-nelles, des croyances limitatives qui ne nous rejoignent plus, de vieilles amitiés où il y avait toujours quelque chose qui clochait, et même de vieilles habitudes, comme la façon de nous vêtir et de nous présenter. Comme le prélude à un nouveau voyage mythique, la mort archétypale exige que nous abandonnions les anciennes cartes routières qui nous ont jadis aidés à naviguer d'une vie à l'autre. Il y a une histoire qui raconte qu'un randon-neur arrive au pied d'une montagne et voit un homme qui porte un radeau de bois attaché sur son dos. Le randonneur lui demande pourquoi il transporte un radeau puisqu'il n'y a ni rivière ni lac sur cette montagne, et l'homme lui répond que le radeau lui a un jour sauvé la vie quand il était près de la mer. Ce radeau représente toutes les croyances et les habiletés qui nous ont déjà servis, mais qui sont devenues des fardeaux que nous transportons sur notre dos.

Lorsque vous finissez par accepter que la personne que vous avez été jadis n'existe plus, il se peut que vous vous demandiez «Pourquoi tout doit-il se terminer?» Pendant de nombreuses années, je me suis identifié à l'image du jeune explorateur auda-cieux qui voyageait en Amazonie. Le *New York Times* a même publié une critique de l'un de mes livres qu'ils ont intitulée : «Indiana Jones Blows His Mind» [Indiana Jones en met plein la vue]. Je portais presque exclusivement des vêtements North Face et Patagonia. Puis, quand j'ai eu 50 ans, j'ai remarqué à quel point mes cheveux grisonnaient, à quel point l'Amazonie me plaisait toujours, mais seulement à partir du confort d'un pavillon, à quel point il était ridicule pour un homme de mon âge de continuer à se conduire comme un jeune explorateur. Puis, pour mettre le glaçage sur le gâteau, mon fils a commencé à m'appeler «son vieux père». Pendant un certain temps, j'ai été en colère et frustré. Je comprenais que les gens pouvaient vieillir, mais je ne m'attendais pas à ce que cela m'arrive. On me coupait soudainement l'herbe sous les pieds. Puis, j'ai décidé d'entreprendre mon initiation. Je savais que je devais laisser mourir le jeune explorateur pour entreprendre le rôle d'homme sage. J'ai pleuré la perte de ma jeunesse, et j'étais terrifié à la perspective de vieillir. Pourtant, je savais que je devais commencer à faire du mentorat auprès d'hommes et de femmes plus jeunes sans me sentir menacé ou obligé de leur faire concurrence. Et je savais que j'avais besoin d'une nouvelle garde-robe.

Dans notre culture, les femmes apprennent qu'il est acceptable de pleurer, tandis que la société apprend aux hommes qu'il faut l'éviter à tout prix. Les femmes que je connais affirment qu'une «bonne crise de larmes» est cathartique. Il est difficile pour les hommes d'imaginer qu'il puisse être bon de pleurer, mais les femmes comprennent quelque chose que les hommes ne saisissent pas : s'abandonner à nos sentiments nous allège en nous permettant de retrouver un état cérébral supérieur et de créer à nouveau la joie. Une sensation de soulagement s'élève en nous et cette impression atteint son plus haut niveau quand les pleurs se dissipent. Pleurer est l'instrument de guérison du cerveau limbique. Le rire est le médicament du néocortex.

Une bonne crise de larmes se déclenche quand vous faites tout bonnement l'expérience de vos sentiments sans toutes les histoires qui y sont associées. Lors de mon initiation vers le royaume de la sagesse, comme les larmes venaient d'elles-mêmes, j'ai pleuré à plusieurs reprises. Je ne pleurais pas parce que j'étais triste, j'étais triste parce que je pleurais. Puis, les larmes — et la tristesse — m'ont purifié.

Une fois que vous n'aurez plus l'impression que le monde est en train de conspirer contre vous, vous accepterez que votre histoire de perte et de résurrection est une expérience archétypale humaine que nous partageons tous. Vous constaterez que c'est une histoire qui vous offre une occasion de rédemption, de croissance, et d'illumination.

Renaître en tant que créateur

Une fois que vous avez fait l'expérience des sentiments qui font surface quand vous prenez conscience qu'un aspect de votre vie est en train de se terminer, vous pouvez trouver une certaine perfection dans votre vie telle qu'elle est maintenant et la voir comme l'argile de la création. Quelles possibilités reposent dans cette boule d'argile?

Mon initiation à la sagesse ne s'est pas faite en douceur ni facilement. Il a fallu plusieurs mois de lutte, de colère et de déception. J'avais l'impression que ma masculinité était en jeu; que les femmes commenceraient à me voir avec bonté plutôt que de me trouver séduisant; que les jeunes hommes ne seraient plus impressionnés par qui j'étais, et qu'ils éprouveraient de la pitié plutôt que de l'admiration envers moi. Cette année-là, j'ai voyagé en Afrique et j'ai vu comment les vieux gnous étaient chassés de la horde par les jeunes mâles, et comment, à partir des sommets de collines éloignées, ils regardaient tristement leurs compagnons perdus. Cette année-là, partout où je me rendais et tout ce que je faisais reflétait ma douleur. Après le voyage en Afrique, j'ai dit à mon éditrice que je n'avais plus rien à dire et que je n'écrirais plus de livres.

Quand vous serez sur le point d'être initié, vous prendrez conscience que ce que vous expérimentez n'est pas simplement la mort ou une fin. Vous verrez qu'il s'agit d'un processus de création auquel vous participez totalement. Oui, l'Univers a ses propres idées sur ce qui arrivera, mais vous êtes un co-créateur de votre nouvelle vie et de votre nouvelle identité. Vous reconnaîtrez certains aspects qui n'ont pas changé — peut-être est-ce votre sens de l'humour ou votre exubérance —, mais vous vous rendrez compte qu'ils ne vous définissent pas, qu'ils ne vous limitent pas. Si vous avez toujours été un chef, vous pourrez reconnaître la partie de vous qui est un disciple ou un partisan naturel des autres. Si, dans les relations, vous avez toujours été celui qui offre du soutien et de la tendresse, vous découvrirez le moi qui peut recevoir, et qui permet aux autres de faire l'expérience d'être celui ou celle qui donne. L'année suivante, après avoir terminé cette initiation, j'ai rappelé mon éditrice et je lui ai dit que je travaillais sur un nouveau livre. J'ai pris conscience que même si j'avais effectivement écrit tout ce que j'avais à dire comme explorateur et comme anthropologue, je commençais tout juste à découvrir ma profession d'écrivain en tant que sage.

Lorsqu'un moine entre au monastère, on lui rase la tête ; il troque ses vêtements de ville pour une simple robe, et il reçoit un nouveau nom. Dépouillé de son identité, l'initié est libre de découvrir ce qu'il est en train de devenir. Dans vos propres initiations, vous aussi devrez abandonner les vêtements extérieurs de ce que vous étiez. Cela ne veut pas dire que vous devez vous raser la tête ; il s'agit simplement de laisser tomber la façade et de relaxer un peu le visage finement sculpté que vous mettez le matin. Alors seulement, pouvez-vous découvrir qui est cet autre individu qui se trouve derrière les yeux qui vous regardent dans le miroir.

CHAPITRE 5

Les étapes de l'initiation

Je voulais le prendre à sa sortie, mais la sage-femme ne voulait rien entendre. J'ai pu voir sa tête qui sortait du canal génital de sa mère, et les dernières contractions, après quoi mon fils est entré dans ce monde. Il semblait même y avoir un sourire sur son visage, mais la sage-femme m'a expliqué plus tard que c'était mon imagination. Mon travail consistait à filmer la naissance, et tenir la caméra me donnait quelque chose à faire tout en m'empêchant de gêner l'événement. Mais quand sa petite tête est sortie, j'étais tellement rempli de joie que j'ai oublié de filmer.

Ce n'est qu'un peu plus tard, quand j'ai pu tenir son petit corps qui se tortillait, que j'ai commencé à paniquer. « Que ferai-je avec cette créature qui ne peut manger, marcher ou parler ? » C'est alors qu'il m'est venu à l'esprit que je pourrais tout simplement retourner en Amazonie et continuer mes recherches. J'avais acquis une bonne connaissance de la forêt pluviale et de ses fonctionnements, mais j'ignorais tout de la paternité. Je savais que je pouvais pénétrer la jungle et en sortir en toute sécurité. Mais survivrais-je à mon rôle de parent ?

Peu de temps après, j'ai décidé de prendre une année sabbatique pour permettre à mon fils de m'enseigner à être un père. De l'explorateur au papa. Quel bond !

Journal

Au début du printemps, à la naissance de l'enfant, un aigle volait très haut au-dessus du tipi. Tandis que le garçon grandissait, l'aigle le suivait toujours, dessinant des cercles au-dessus de lui, pendant qu'il parcourait les montagnes. Une nuit, en rêve, l'enfant a rencontré l'aigle près d'une chute. Le matin suivant, il est allé jusqu'à la chute et s'est caché derrière le torrent d'eau d'où il a épié l'aigle en train de manger un saumon sur un rocher. Quand il est sorti de sa cachette, l'aigle a sautillé jusqu'à lui et lui a offert le poisson. Avec le temps, l'aigle et le garçon sont devenus amis, et lorsqu'il est devenu un homme, il est tombé amoureux du très grand oiseau.

Un jour, il a grimpé très haut sur la falaise, jusqu'à l'endroit où l'aigle avait son nid rempli de duvet, et il lui a déclaré son amour. L'oiseau lui a expliqué qu'elle l'avait surveillé depuis sa naissance, et qu'ils pouvaient vivre ensemble comme le font les aigles, mais qu'alors, il ne pourrait jamais retourner vers son peuple ni reprendre leur manière de vivre.

Chaque jour, le garçon descendait pour aller chercher son eau et son maïs et il les rapportait le long des parois escarpées. Un jour, l'enfant était très en retard, et quand il est revenu, il a expliqué à l'aigle qu'il devait retourner vers son peuple, car une féroce tribu voisine allait les attaquer. L'aigle lui a rappelé qu'il avait promis de ne jamais retourner au mode de vie des humains et à leurs guerres ; mais le jeune homme lui a désobéi. Ce soir-là, l'aigle a volé au-dessus du camp et a observé une jeune fille qui appliquait de la peinture de guerre sur le corps du jeune homme, et une larme a coulé sur la joue de l'aigle. Le matin suivant, elle a vu les guerriers sur leurs chevaux, avançant les uns vers les autres en plein champ.

Dans la poussière et le chaos du combat, elle a aperçu un ennemi lancer sa lance sur son bien-aimé. L'aigle est descendu du ciel en piqué et a attrapé le jeune homme dans ses serres avant que la lance ne le frappe au cœur. Transporté par l'aigle au-dessus des nuages, le jeune homme lui dit qu'il savait qu'elle le sauverait. Volant très haut au-dessus des montagnes, l'aigle a expliqué en pleurant qu'on ne peut changer le destin ; et elle l'a relâché — car il est préférable que la mort vienne de sa bien-aimée que de la main de ses ennemis.

Ce conte, un récit d'enseignement traditionnel des Grandes Plaines, montre qu'une fois que vous prononcez vos vœux d'amour, vous ne pouvez plus jamais retourner à votre ancienne façon d'être. Le prix que vous devrez payer pour le faire est la mort — que ce soit la perte de votre vie ou d'une relation dans laquelle vous n'étiez pas complètement prêt à vous engager. Dans toute grande initiation, nous devons laisser nos anciennes façons derrière nous. Si nous voulons voler paisiblement avec les aigles, nous devons rejeter à tout jamais les pratiques guerrières.

Dans les sociétés traditionnelles, les étapes de la vie sont vues comme des occasions d'initiation. Les étapes de la puberté, du mariage et de la paternité ou de la maternité exigent toutes de l'initié d'abandonner une identité devenue importante à ses yeux. Les rituels marquant de tels passages étaient solennels —, un signe de l'intensité du bouleversement émotionnel que l'initié devait traverser, et de l'importance de cette nouvelle identité pour le reste de la communauté. Mais dans notre société laïque d'aujourd'hui, de tels rites de passage sont commercialisés, et même banalisés. Des cotillons de la haute société, des « Bar Mitsvot » extravagantes, des cérémonies de mariage grandioses — et l'inévitable croisière de la retraite — peuvent nous empêcher de bien comprendre ce que cela signifie que de quitter d'une étape pour entrer dans une nouvelle. Au milieu de la célébration débordante de joie, nous oublions souvent que la croissance exige un sacrifice.

L'initiation nous permet d'accepter la gravité de notre perte. L'ancien moi se flétrit et pèle, et avec lui se détache un chapitre de notre vie. L'initiation nous permet de franchir la porte avec notre nouvelle peau. Elle nous aide à faire la transition profondément, au niveau de notre âme, pour que nous ne nous retrouvions pas enfermés par nos occasions perdues ou par notre horloge biologique. La femme en période de périménopause, ne pouvant se résigner à accepter qu'elle ne puisse plus enfanter, peut maintenant abandonner son rêve de maternité au sens littéral et découvrir d'autres façons de jouer son rôle de mère. L'homme qui ne peut se séparer de son image de jeune et beau guerrier conquérant est maintenant en mesure de compléter l'initiation du mariage. Autrement, il ne pourra s'abandonner dans une relation avec une femme; il ne pourra attirer une femme qui s'intéresse à lui en tant que personne, et non à son argent et à son pouvoir.

Si vous n'avez pas encore réalisé votre premier éveil lorsque vous arrivez dans la cinquantaine, vous ferez face à une perte si profonde qu'elle vous poussera à vous questionner sur tout ce que vous savez et sur tout ce que vous êtes. Vous vous réveillerez un matin et vous vous demanderez « Que suis-je devenu ? Qui est cette personne qui dort près de moi ? » Une telle crise nous désoriente profondément. Si vous pouvez vous engager dans cette crise d'une manière rituelle, vous pourriez éviter de la confronter sur un plan physique. Il ne sera pas nécessaire de recevoir un terrible diagnostic de votre médecin, ou d'être impliqué dans un accident de voiture, ou d'être anéanti lorsque la santé de vos parents diminue et que leurs soins reposent entièrement sur vos épaules. Une crise monumentale réorganisera automatiquement vos priorités. Lorsque vous faites face à un tel défi, vous devez éteindre les feux et, entre deux respirations, vous devez vous demander « Qu'est-ce qui est en train de mourir ? Qu'est-ce qui est en train de naître ? Qu'est-ce que j'ai manqué dans ma vie ? Ai-je été accueilli sans réserve dans ce monde ? Ai-je traversé l'initiation qui me permet de devenir un homme ou une femme ? Me suis-je abandonné à cette relation ou à mon mariage ? » Si vous répondez sincèrement à ces questions, votre ambivalence et votre besoin de vous justifier disparaîtront. Ensuite, vous vous retrouverez à l'étape de l'éveil, prêt à entreprendre votre initiation et à choisir de vivre pour ce qui importe vraiment pour vous.

Les quatre étapes de l'initiation

Pour empêcher leurs émotions de les dépasser, les humains ont toujours trouvé des moyens de ritualiser les processus d'initiation. Une mort ritualisée, comme celle dont nous faisons l'expérience dans la pratique du vol de l'esprit, ou lorsque nous nous abandonnons à l'intensité de notre peur, de notre colère ou de notre désespoir, nous procure un sentiment de sécurité qui vient du fait que nous savons que lorsque la vie nous fera passer un test, nous le réussirons. Le vol de l'esprit est un processus énergétique que vous faites dans l'intimité de votre maison. Cependant, d'un côté, le chaman sait que, dans une initiation complète, le sentiment de perte est tout à fait réel. Il est probable que Jonas était convaincu qu'il ne quitterait jamais le ventre de la bête. Traverser les rites dans votre suerie urbaine offre une magnifique cérémonie et vous prépare en fait pour la vérité. D'un autre côté, même si un week-end passé dans un atelier à jouer du tambour avec les copains peut être une expérience qui tisse des liens affectifs, souvenez-vous que votre véritable initiation vous attend à la maison avec vos êtres chers.

Toutes les initiations exigent que vous entrepreniez un processus à quatre étapes :

- L'éveil
- Le grand départ
- Les épreuves
- L'illumination

Si vous comprenez ces étapes, vous serez en mesure de dresser une carte de l'endroit où vous vous trouvez dans votre voyage de transformation et de vous préparer pour la suite des choses.

L'éveil

Au début de tout grand changement, vous vous trouvez à l'étape de l'éveil. Vous vous croyez toujours un adolescent, non un adulte, une personne célibataire, non un époux, un modèle de santé, non un patient souffrant d'une maladie. Et puis, un événement se produit et secoue votre univers ; vos yeux s'ouvrent, et plus rien n'est jamais pareil. Vous avez mis de côté les jouets de l'enfance. Vous n'êtes plus disponible pour un match avec votre partenaire de boxe. La prise de conscience frappe comme un éclair. Pourtant, vous continuez à vous attacher à ce que vous étiez, craignant ce qu'il adviendra de vous si vous vous dépouillez de la peau qui vous a si bien servi. En fait, les publicistes s'emparent de nos insécurités reliées à cette étape pour essayer de nous convaincre que, si nous achetons telle voiture, nous pourrons demeurer dynamiques, jeunes, indépendants et séduisants, même si nous nous en servons à des buts utilitaires ; et si nous achetons le bon ordinateur, nous produirons de brillants ouvrages. Une grande partie de notre produit intérieur brut est généré par le monde des affaires — des cliniques de chirurgie plastique aux fabricants de motocyclettes, aux nombreux commerçants gravitant autour du mariage — qui profite de notre ambivalence, de notre confusion et de notre agitation durant cette étape de l'éveil.

Le grand départ

Pendant le grand départ, vous prenez conscience qu'il ne vaut plus la peine de conserver l'ancienne peau et, comme Siddhartha, vous décidez de quitter le palais, de renoncer aux richesses, et de vous départir des domestiques royaux. Si vous ne passez pas consciemment à cette étape, vous y êtes traîné en ruant et en hurlant, comme ce fut le cas pour Jonas. Vous êtes dépouillé jusqu'à ce qu'il ne reste que votre moi essentiel et les choses qui vous importaient — le statut, l'emploi, la voiture, l'épouse, la maison — vous sont retirées, littéralement ou métaphoriquement. Il est possible que vous ne perdiez pas votre épouse, mais votre mariage perdra son sens. Peut-être posséderez-vous toujours votre maison, mais vous n'aurez plus l'impression de vous y sentir chez vous.

Mais si vous entreprenez consciencieusement cette étape, vous vous rendrez compte que vous n'êtes pas votre cancer, que vous n'êtes pas votre divorce et que vous n'êtes plus un adolescent insouciant dans la trentaine, Dieu merci! Les alchimistes nomment cette étape « *nigredo* », quand les anciennes structures s'obscurcissent, brûlent et disparaissent jusqu'au point où vous ne discernez plus ce qui est réel dans votre vie de ce qui ne l'est pas. Jung considérait le « *nigredo* » comme une étape essentielle de l'individuation, le processus par lequel on devient une personne complète. C'est le stade où vous luttez contre la douleur de votre perte, et vous vous lamentez : « Si seulement j'avais épousé l'autre... si seulement je n'avais pas abandonné mes études... si seulement tout avait été différent. »

Lors du grand départ, vous quittez l'emploi, le mariage ou la maison. Vous commencez à accepter de ne plus pouvoir vivre comme avant. Comme vous avancez dans cette étape, vous lancez métaphoriquement au loin l'ancienne garde-robe et vous revêtez le sac de toile, l'habit du moine — pour un moment du moins —, avant que vous ne sortiez et achetiez une nouvelle garde-robe. Vous explorez une nouvelle série d'habitudes et de croyances et vous investissez dans des représentations littérales du nouveau vous qui doit encore se révéler. Il arrive parfois qu'à cette étape d'une transition nous adoptions un zèle presque religieux pour notre nouveau rôle et un dédain tenace pour l'ancien. Nous faisons la morale à nos vieux copains de beuverie en leur expliquant à quel point il est merveilleux d'être sobre, nous prêchons à nos amis célibataires qu'il est fantastique d'être marié, et nous insistons auprès de nos amis sans enfants sur le fait qu'ils ne peuvent imaginer à quel point il est merveilleux d'être parent. Même si nous avons laissé tomber le sentiment que nous avions précédemment envers la personne que nous sommes, il nous faut tout de même un certain temps pour nous sentir confortables avec cette nouvelle personne; et nous ressentons souvent une peur insistante qui nous souffle qu'il est possible qu'après tout, cette étape ne soit pas si extraordinaire que cela. En fait, si vous regardez d'anciennes photographies, vous aurez peut-être un mouvement de recul devant les images de vous-même adoptant énergiquement une nouvelle identité qui n'était pas vraiment vous. L'habit du célibataire dans le vent ou de la mère de banlieue pleinement comblée ne vous seyait pas très bien, mais vous l'avez revêtu tout de même dans l'espoir que le rôle prêt-à-porter conçu par quelqu'un d'autre vous irait parfaitement.

Lorsque vous ne terminez pas le processus du grand départ, vous demeurez enfermé dans votre ombre. Les parties non guéries de votre être commencent à dominer votre vie. Vous êtes persuadé que vous devez vous définir vous-même par ce que vous n'êtes pas au lieu de découvrir ce que vous pourriez devenir. Vous songez : « Je ne suis pas assez riche, assez intelligent ou assez fort pour sortir de cette situation fâcheuse. » Le résultat est un ennui incurable. Votre interminable recherche pour votre vrai moi et votre unique identité ennuient tout le monde, incluant vous-même. L'homme est le seul animal capable de ressentir l'ennui, et c'est exactement ce que nous expérimentons lorsque nous ne réussissons pas à terminer cette étape dans la transition.

Lorsque Moïse a fait sortir les Israélites d'Égypte, il a d'abord dû leur rappeler qu'ils n'étaient pas nés pour être esclaves; ils étaient les élus de Dieu. C'était leur éveil. Ensuite, il a dû convaincre ceux qui voulaient bien l'entendre qu'ils devraient braver le désert impitoyable le temps qu'il faudrait pour atteindre leur terre promise. Le départ de l'Égypte n'a pas été facile. Peu après, les Israélites ont été poursuivis par les armées du pharaon et ont découvert que la Mer Rouge bloquait leur fuite. Puis, le miracle bien connu, décrit dans le Livre de l'Exode, s'est produit : la Mer Rouge s'est divisée, permettant la fuite des Israélites. Mais, d'après la légende juive, les eaux ne se seraient séparées que lorsque les Israélites avaient déjà pénétré profondément dans l'eau. Et ce n'était que le début. Bien d'autres défis et tests de foi allaient se présenter durant les quarante années qu'ont duré leurs pérégrinations dans le désert.

Une forte volonté et une solide détermination sont nécessaires pour amorcer cette étape, mais elles ne sont pas suffisantes pour vous propulser vers l'avant. Des gens peuvent passer des années coincés dans cette étape du grand départ, quittant un emploi ou une relation après l'autre, et se promenant d'un atelier d'aide personnelle à un autre, sans jamais passer à la prochaine étape, les épreuves.

Les épreuves

Immédiatement après votre départ, vous passez au stade des épreuves dans lequel vous déterrerez vos émotions et bannirez vos démons. Les Israélites sont passés d'esclaves à vagabonds sans abri, des squatters rassemblés autour d'une oasis. Juste au moment où vous croyez que vous avez traversé le pont qui conduit de l'autre côté, vous vous rendez compte qu'une liste de tâches redoutables vous attend — et chacune de ces tâches vous invite à bannir l'une des sept émotions toxiques. Les alchimistes nomment cette étape « *albedo* » —, l'étape qui blanchit. Dans cette étape, vos facettes sont affûtées et polies, et vous êtes purifié.

À cette étape de purification, une cacophonie complète d'émotions fait surface. Tous les démons sont libérés de leur cage, nous sommes tentés de nous mettre en colère contre nous-mêmes et contre les autres, de convoiter les choses que nous croyons sources de bonheur, et de devenir paresseux. Mais, à cette étape, nous commençons aussi à penser à nous-mêmes en tant que voyageurs en quête de quelque chose. Même si nous ignorons qui nous sommes ou l'endroit où nous nous dirigeons, nous savons que nous serons guidés.

Lorsqu'un arbre meurt, ses feuilles et son tronc tombent au sol et se décomposent, pour se transformer finalement en nourriture pour une nouvelle plante. À l'étape des épreuves, vous déchiquetez les anciens rôles et comportements, les anciennes identités et croyances sur le sol d'où surgira votre nouvelle vie. Psyché n'est plus une épouse triste et délaissée, mais une femme investie d'une mission. Vous laissez tomber toute inquiétude de ne pas être à la hauteur et vous acceptez sans peur que vous n'êtes peut-être pas prêt à entrer dans votre nouvelle vie ; pourtant, vous êtes absolument prêt à le faire. À l'étape des épreuves, vous ne dites plus : « Je ne suis pas mon cancer ». Vous êtes capable de découvrir comment votre cancer vous a sauvé la vie et vous a servi d'appel à l'éveil. Jung a comparé cette étape au processus alchimique de la transformation de l'argent en or — « *citrinitas* », ou jaunissement. On a cru que l'argent était un élément lunaire et que, par conséquent, il ne pouvait briller qu'en réfléchissant la lumière du soleil. En revanche, l'or était perçu comme un élément solaire qui brillait de sa propre lumière. Durant les épreuves, l'âme brille de sa propre lumière, même au cœur de l'adversité. Jung a associé cette étape à la découverte de l'archétype du vieux sage en nous, c'est-à-dire la découverte de notre propre source intérieure de sagesse et de connaissance.

Durant les épreuves, vous êtes appelé à agir. Vous devez vous enrôler dans le combat épique, faire face aux monstres et aux démons qui se tapissent en vous, et revenir victorieux, ou ne pas revenir du tout.

L'illumination

Lors de la quatrième étape, l'illumination, vous ressuscitez après vous être détaché de l'emprise de toutes les limitations d'une ancienne identité. Connue dans les travaux alchimiques sous le nom de « *rubedo* », ou rougissement, c'est l'étape à laquelle vous acceptez ce que vous avez été dans le passé, et où vous êtes en mesure de reconnaître ce que vous avez appris. À ce stade, vous êtes ouvert à tout ce que vous pourriez être et vous devenez un mystère pour vous-même. Comme un acteur qui refuse de se laisser enfermer dans un rôle, vous êtes prêt à réapparaître sous une nouvelle forme, passant facilement du sombre drame à la comédie romantique légère. Un jour, tandis que je faisais de la randonnée dans le Canyon de Chelly en Arizona, j'ai rencontré une sorcière navajo. Lorsque je lui ai demandé son nom, elle a répondu : « Les murs de pierres rouges du canyon je suis, le vent du désert je suis, cet enfant qui n'a pas mangé aujourd'hui à la réserve je suis. »

Jung parlait de ce stade comme de l'individuation, un état de plénitude dans lequel vous n'êtes plus identifié ou défini par la somme de vos parties. Vous n'êtes plus l'effet d'une cause passée, le résultat de cette idylle adolescente détruite qui a eu des conséquences sur toutes vos relations subséquentes. Il n'y a rien de votre histoire qui puisse maintenant vous définir. Même les gènes dont vous avez hérité de vos parents ne vous définissent plus exclusivement ; la personne que vous êtes en train de devenir est maintenant en mesure de modifier même votre physiologie. Le chaman croit qu'à ce stade, il nous est possible de faire croître de nouveaux corps qui sont libres de leur héritage génétique, et qui peuvent vieillir, guérir et mourir différemment. Mais, pour que ce stade soit authentique, nous devons rapporter des bénédictions pour les autres. Cette étape ne peut tourner uniquement autour de *moi*. Le Bouddha est revenu de sa quête avec les quatre nobles vérités. À son retour du désert, Jésus a enseigné à l'humanité à tendre l'autre joue et à pratiquer la paix. Psyché est revenue des enfers avec le don de la beauté intérieure pour toutes les femmes. Gandhi a pratiqué la non-violence, même lorsque les soldats anglais l'ont assailli, et il est devenu un symbole de liberté pour le monde. Si nous revenons de ce dernier stade seulement avec une autre parcelle de vision sur notre vie, cela n'a pas été une initiation authentique. Ceci ne signifie pas de prêcher à chacun vos grandes découvertes ou de croire que vous devez écrire un ouvrage sur votre périlleux voyage. La forte envie de parler à tous de votre expérience est une indication infaillible que vous êtes enfermé dans l'étape du grand départ. Après l'illumination, il ne vous est plus nécessaire de convaincre quiconque de quoi que ce soit; pourtant, vous serez heureux d'en parler lorsque quelqu'un vous posera des questions.

Le présent de l'illumination est le second éveil, la réalisation de votre moi éternel.

Les transitions sont inévitables

Les changements se produisent à notre époque plus rapidement que jamais par le passé. Il y a une centaine d'années, vous receviez une formation pour un emploi que vous occupiez jusqu'à votre retraite. De nos jours, l'Américain moyen se lancera dans plus de trois carrières différentes au cours de sa vie. Notre besoin de fins et d'initiations heureuses est plus fréquent qu'il ne l'a été dans les sociétés agricoles. Il nous arrive même de traverser certaines initiations plus d'une fois, puisque nous pouvons changer de profession vers la cinquantaine, trouver d'autres partenaires amoureux, ou déménager à l'autre bout du pays. Les étudiants universitaires sont formés pour des emplois qui n'existaient pas au moment de l'obtention de leur diplôme d'études secondaires. Les gens se marient deux, trois et quatre fois, devenant souvent les parents d'un nouveau groupe de beaux-fils et de belles-filles. Pourtant, nous sommes réticents à reconnaître de nos jours à quel point le processus d'initiation pourrait grandement nous aider à braver l'inconnu et à accepter notre perte

Nous sommes partisans d'une vision de jeunesse perpétuelle qui nous promet que nous profiterons des avantages de l'enfant et des privilèges de l'adulte tout en évitant toute responsabilité. Il faut du courage pour laisser derrière soi l'enfant blessé et pour continuer à croire que nous trouverons le bonheur à la prochaine étape de la vie. Lorsque nous essayons de mettre les freins en limitant l'expérience de nos passages au niveau des hormones et des rides, ou au moyen de rituels tirés par les cheveux ou trop planifiés, nous imitons — mais empêchons — le profond changement qui pourrait survenir. Le mariage est la célébration d'une union, mais aussi la mort d'une vie de célibataire qui n'était centrée que sur vous. C'est un moment de joie autant que de deuil. Dans l'Europe médiévale, un mariage ressemblait davantage à des funérailles qu'à une célébration pour la mariée puisqu'elle devait dorénavant se soumettre à la volonté de son époux qui devenait son maître et son unique source de soutien, ou encore, elle devait épouser un ancien adversaire dans un arrangement négocié pour assurer la paix et se faire des alliés. En fait, l'amour et le mariage n'ont été mis sur le même pied qu'à partir du début du XXe siècle. Maintenant, au XXIe siècle, les sociétés occidentales explorent des avenues qui n'avaient jamais été imaginées, comme le mariage entre personnes du même sexe. Au lieu de lutter contre l'ancienne image de vous-même en tant que voyageur solitaire qui n'a de comptes à rendre à personne et de vous obliger à rester fidèle à votre épouse, vous pouvez concevoir un nouveau type de relation où vous ne portez ni boulet ni chaîne. Vous pouvez façonner un type d'union où vous ne perdez pas votre liberté ou votre identité, et où vous n'aurez pas à vivre une servitude physique ou émotionnelle.

Pour réussir votre initiation, vous devez vous abandonner au tourbillon des sentiments déroutants qui sont soulevés, et en faire l'expérience, tels quels, dénués de toute histoire sentimentale ou dramatique, jusqu'à ce que vous finissiez par les transcender. Lors de funérailles, vous vous permettez de ressentir à la fois de la tristesse et de la joie : par exemple, vous êtes terrassée par la perte de votre mère, vous êtes heureux de voir qu'elle ne souffre plus, et vous êtes secrètement soulagé de ne plus avoir à vous occuper d'elle. Lors d'un mariage, vous pouvez vous sentir triste et heureux, désorienté et surpris. Le mélange d'émotions fait partie du processus et ne peut être évité. Comme l'écrivain humoristique Gore Vidal l'a dit : « Quand un ami réussit, un petit quelque chose meurt en moi. » Il n'existe pas de bonne façon d'être parent ou partenaire, de traiter un diagnostic de mort certaine, ou de se déclarer lesbienne. Vous ne pouvez réécrire le rôle qu'après avoir connu la terreur de la perte et les sentiments déconcertants qui l'accompagnent. Lorsque vous aurez fait cela, le processus paraîtra organique et naturel.

L'eau et le feu sont des éléments naturels employés depuis des millénaires pour créer des rites d'initiation simples, mais authentiques. Ces éléments nous permettent également de purifier nos sentiments et d'effacer les regrets concernant l'ancien, pour que nous puissions accueillir le nouveau. Vous pouvez vouloir les utiliser en même temps que vous façonnez votre initiation.

L'eau, le feu et le courant intemporel

L'eau, un symbole de pureté et de renaissance, est un ingrédient commun dans les rituels religieux un peu partout dans le monde. Dans le baptême chrétien, l'eau purifie rituellement une personne des péchés de ses ancêtres et la prépare à entrer dans sa nouvelle vie spirituelle. Chez les juifs orthodoxes, le «mikvé» est une immersion rituelle dans l'eau qui marque la fin des menstruations d'une femme et le début d'une intimité renouvelée dans son mariage; les hommes se purifient aussi dans un mikvé lors d'occasions spéciales. Les hindous effacent l'ancien et s'engagent dans un nouveau chemin en s'immergeant dans les eaux sacrées du Gange. En Europe, on construisait souvent des cathédrales sur des puits païens, considérés comme des sites saints de grand pouvoir que les gens fréquentaient non seulement pour les qualités vivifiantes de l'eau, mais aussi pour être spirituellement purifiés et guéris. Et les eaux guérisseuses de la chapelle catholique romaine de Lourdes, en France, continuent d'attirer des milliers de pèlerins annuellement.

Peut-être qu'à un niveau subconscient, nous utilisons l'eau dans le rituel parce que nous nous rappelons notre émergence de la mer à ce moment de l'évolution où nous sommes devenus des créatures terrestres et avons abandonné notre vie dans l'océan primordial. Ou peut-être reconnaissons-nous intuitivement que l'eau nous accompagne lors de notre entrée dans le monde, avant notre voyage à travers le canal génital. Dans certaines traditions, l'eau est l'élément associé à la mère archétypale qui donne naissance au nouveau. Parce qu'ils sont dépendants de l'eau pour l'agriculture, les sociétés agricoles s'en servent généralement pour les initiations.

Nous avons vu que l'eau symbolise la purification et la renaissance, mais, pour le chaman, l'eau revêt aussi une autre signification importante : elle représente le fleuve de l'intemporalité. Dans la vision du monde chamanique, le temps se déplace dans toutes les directions — il est entraîné par le courant, s'accumule et forme des étangs, et semble même revenir à sa source, étant poussé par de fortes vagues. Le passé ne détermine pas nécessairement l'avenir, et l'avenir peut influencer le présent.

Un chaman est capable d'entrer dans le courant de ce fleuve invisible lorsqu'il se trouve dans un état de conscience supérieur provoqué par le jeûne, la méditation, ou des substances végétales. Dans le fleuve de l'intemporalité, il apprend que les fins sont aussi des commencements — qu'il y a de la vie dans la mort et de la mort dans la vie, et que ni la poule ni l'œuf ne sont arrivés en premier. Alors qu'il progresse dans son périple, il se débarrasse de sa crainte de la mort et se laisse transporter à travers les remous et par-dessus les rochers glissants d'une manière qui peut parfois sembler un peu désordonnée. Tout ce à quoi il était attaché, tout ce qu'il aurait cru pouvoir le maintenir à flot dans les moments d'incertitude — le radeau de sauvetage de son plan de retraite, ou l'énergie de la jeunesse qu'il croyait ne jamais perdre — sera transporté hors d'atteinte par les eaux tourbillonnantes et gazouillantes. Il doit se soumettre au courant qui l'entraîne, dansant sur l'eau sans craindre ce qui lui arrivera ou ce qui adviendra des choses qu'il espérait être ses possessions permanentes. Le mariage, le travail, l'identité d'iconoclaste rebelle, et même sa vision de lui-même comme être immortel et en parfaite santé devront peut-être être abandonnés. Il a confiance que ces précieux éléments peuvent lui être retournés un jour et que, si ce n'est pas le cas, ils seront remplacés par quelque chose de plus grand. Il a hâte de découvrir ce qui l'attend plus loin dans le courant, alors qu'il atteint finalement les eaux douces et le clapotis de la mer. Pourtant, dans ce courant invisible, il peut aussi expérimenter l'infini, ou l'intemporalité. Par conséquent, pendant qu'il est en train de descendre les rapides vers sa vieillesse, il est aussi conscient qu'avant cette vie, il est déjà né et mort à plusieurs reprises, et il sait que son essence survivra au-delà de la fin de son existence physique.

EXERCICE : **purifier vos chakras avec l'eau**

Vous pouvez pratiquer cet exercice le matin sous la douche, ou près d'une chute, d'un ruisseau, ou de l'océan. Posez votre main gauche à la base de votre colonne vertébrale. Placez votre main droite à huit ou dix centimètres au-dessus de votre os pubien, puis « ressentez » votre premier chakra. Vous pouvez le sentir comme une sensation de fraîcheur ou de picotement. Faites tourner le chakra trois ou quatre fois dans le sens inverse des aiguilles d'une montre (imaginez que votre corps est la face d'une horloge), faisant pivoter le bout de vos doigts dans un mouvement circulaire. Rincez vos doigts dans l'eau pour vous laver des dépôts et des toxines qui adhéraient aux parois du chakra. Répétez l'exercice pour le second chakra, situé à cinq centimètres sous votre nombril ; pour le troisième chakra, à votre plexus solaire ; pour le quatrième chakra, au niveau de votre cœur, au centre de votre poitrine ; pour le cinquième chakra, au creux de votre gorge ; pour le sixième chakra, au centre de votre front ; et finalement, pour le septième chakra, sur le dessus de votre tête. Assurez-vous de rincer vos doigts avant de passer à un autre chakra. Essayez de sentir les énergies denses, comme de la barbe à papa, d'un chakra congestionné, contrairement à la légère vibration de picotement d'un chakra limpide.

Maintenant, revenez au premier chakra, et faites-le tourner dans le sens des aiguilles d'une montre à trois ou quatre reprises. Répétez l'exercice pour les sept chakras, pour les équilibrer et rétablir leur direction de rotation naturelle. Cet exercice permet à chaque chakra de tourner à sa fréquence optimale, libéré des dépôts et des énergies stagnantes qui causent la maladie à un niveau subtil. Un chakra limpide est en mesure d'attirer les énergies de la nature pour nourrir votre champ d'énergie lumineuse et maintenir une santé optimale.

Le feu est l'autre élément symbolique très important que l'on retrouve dans les cérémonies d'initiation. Nous avons tous vu des documentaires du National Geographic sur des cérémonies africaines autour de feux de joie. Et en Amérique du Sud, les premiers explorateurs européens ont vu comment les Indiens fuégiens se rassemblaient autour d'immenses feux, à un endroit que l'on connaît maintenant sous le nom de «Tierra del Fuego», la «Terre de Feu» en espagnol. L'être humain a toujours été captivé par le pouvoir qu'a le feu de tenir à distance l'obscurité de la nuit et de transformer tout ce avec quoi il entre en contact. Tandis que le bois est consumé par les flammes, il laisse derrière des cendres qui nourrissent la terre. Les flammes semblent bondir jusqu'aux cieux, libérant l'esprit du bois. Symboliquement, le feu brûle ce qui est faux et laisse derrière notre moi essentiel. Les chamans ont constaté que le fait de déposer une bûche dans le feu libérait les bandes de rayons de soleil qui se sont enroulées autour du tronc de l'arbre quand la terre tournait autour du soleil. Les initiations mythiques comptaient sur le symbole du feu pour représenter le dépouillement de nos formes extérieures afin de laisser briller la lumière intérieure quand nous recevons le «baptême du feu».

EXERCICE : **Baptême du feu**

Dans cet exercice, vous apporterez la lumière et la chaleur du feu à vos chakras, de façon à les nourrir de lumière. Vous pouvez faire cet exercice avec un feu de joie, un foyer, ou même une bougie. Souvent, lorsque je voyage, je pratique cet exercice en me servant d'une bougie de cire d'abeille pure dans ma chambre d'hôtel. Si vous êtes assis devant un feu, rappelez-vous l'extraordinaire voyage qu'ont effectué les branches qui nourrissent votre feu — de la

---

semence au semis, de l'arbuste à l'arbre. Imaginez comment il a fleuri au printemps, transformant la lumière du soleil en écorce, en feuilles et en racines, comment on l'a plus tard coupé en bois de chauffage, et comment cette lumière retourne maintenant au firmament nocturne et aux étoiles. De façon similaire, si vous êtes assis devant une bougie, imaginez à quel point les abeilles ont dû travailler pour produire la cire et l'extraire de leur propre corps — une sécrétion qui sert à construire les rayons de miel dans lesquels elles conservent leur nourriture et nourrissent leurs larves. Pour produire un demi kilo de cire, une abeille doit consommer environ quatre kilos de miel, qui en retour est produit en collectant le nectar de près de dix-sept millions de fleurs. Développez votre imagination pour vous connecter à la vaste toile de la vie, dont cette bougie n'est qu'une toute petite partie.

Au cours de cet exercice, respirez à un rythme profond et régulier. Quand vous êtes prêt, tendez vos mains et placez-les autour du feu. En fait, les chamans les passent à travers le feu, car ils croient qu'une fois qu'ils ont invité toute la nature à leur cérémonie par la visualisation, le feu ne les brûlera plus. Mais je veux que vous pratiquiez cet exercice de façon sécuritaire. Formez une coupe avec vos deux mains et placez-les près de la flamme ; imaginez que vous ramassez des poignées de lueurs de feu. Maintenant, portez ces coupes de lueurs à chacun de vos chakras. Commencez par le premier chakra, situé à la base de votre colonne vertébrale, puis montez. Si possible, pratiquez cet exercice la chemise ouverte pour qu'il n'y ait rien entre votre peau et la lumière. Faites attention de ne pas trop vous approcher du feu ou de vous brûler.

Vous abandonner au courant

Et si vous n'aviez ~~vous~~ pas à attendre un diagnostic effrayant pour commencer à vivre de la façon dont vous aimeriez vivre ? Et si vous étiez prêt à abandonner tout ce que vous connaissez, tout ce avec quoi vous êtes confortable, immédiatement ? Il vous faudra le faire un jour. Chacun de nous, en tant qu'êtres humains mortels, avons déjà fait l'objet d'un pronostic terminal ; mais nous essayons de ne pas y penser. Nous nous imaginons que nous avons beaucoup de temps pour remettre notre vie en piste et pour réclamer tout ce pour quoi nous sommes nostalgiques — mais nous nous leurrons.

Durant votre initiation, vous devez être prêt à entrer dans le grand inconnu et à faire l'expérience du courant d'émotions qui survient lorsque vous laissez tout tomber, sauf la foi. La bonne nouvelle est que lorsque vous laissez tomber le besoin de lutter contre les eaux tourbillonnantes, vous découvrez en fait votre pouvoir de diriger la trajectoire de votre transition. Si vous résistez au changement, vous serez pris dans un tourbillon et entraîné sous les vagues. Vous devez être prêt à abandonner vos idées sur ce qui vous est nécessaire pour être heureux, que ce soit la reconnaissance publique de vos réalisations, une récompense pour l'ensemble de votre dur labeur, ou la justice pour corriger un tort que, à vos yeux, quelqu'un vous a causé. En ne faisant qu'un avec le fleuve de l'intemporalité, vous commencez à reconnaître que la force qui vous transporte est créative et ouverte aux suggestions ; pourtant, comme un courant d'eau vive, il est impossible de la contrôler. Une fois que vous comprenez cela, les événements n'arrivent pas qu'*à* vous. Vous ne vous demandez pas « Comment se fait-il que j'aie abouti dans cet endroit ? », en essayant de lutter contre les courants. Vous vous abandonnez au processus d'initiation et vous vous engagez courageusement dans le processus avec une curiosité enfantine.

Durant une période de transition, même si vous n'avez guère envie de vous amuser, il vous sera plus facile de dépasser votre résistance si vous pouvez rire de votre situation fâcheuse. Le secret pour ne pas prendre les choses trop sérieusement consiste à cesser de percevoir la situation sur un plan personnel. La bonne humeur dans les situations difficiles que nous affrontons tous vous rappellera que le pouvoir de guider votre transformation fait aussi partie de votre héritage humain.

Je me souviens que l'un de mes amis était outré après avoir reçu de ses médecins un diagnostic terminal. Comment Dieu pouvait-il lui faire une telle chose alors qu'il lui restait tant de travail important à réaliser ? Pourquoi devrait-il quitter tout ce sur quoi il avait travaillé si durement juste au moment où il allait récolter les fruits de sa moisson ? Après avoir fait le tour de toutes ces questions, mon ami a finalement décidé qu'il n'attendrait pas que la Faucheuse lui enlève tout ce qu'il possédait ; il se détacherait de l'emprise de toutes ces choses ce jour même — ses possessions, l'importance qu'il se donnait, son attachement à ses relations et son histoire personnelle. Il a réussi à tout abandonner et a passé six merveilleuses années à profiter de la vie avec sa famille et ses êtres chers.

Chaque fois que nous résistons à une initiation, n'expérimentant nos émotions qu'en surface, dans le contexte de nos anciennes histoires, nous renforçons notre ancien point de vue déformé du monde. Ayant manqué la chance d'avancer et de grandir, nous nous retranchons encore plus dans nos croyances sur l'injustice du monde et nous devenons encore plus susceptibles aux sept forces émotionnelles mortelles. Mais si nous avons le courage d'entreprendre notre initiation, nous mourrons dans la paix, ou nous vivrons dans la paix, et rien ne nous effrayera plus jamais autant. La première étape consiste à cesser de nier qu'il y a un problème.

Maintenant, examinons les sept forces émotionnelles que nous devons vaincre durant l'initiation. Ces émotions peuvent nous saigner à blanc à moins que nous n'y remédiions avec les sept qualités correspondantes du moi supérieur.

CHAPITRE 6

Les sept démons et les sept anges

Certaines choses peuvent être connues, mais être gardées secrètes.

J'ai toujours cru que ces « choses » étaient les merveilleuses parcelles de sagesse que possèdent les chamans. Mais ce n'est pas le cas. Il n'y a pas de secrets dans les traditions spirituelles. Les seuls secrets sont ces choses que nous cachons à nous-mêmes, la terrible honte qui nous engourdit en nous portant à oublier. Les choses que je n'ai jamais racontées à qui que ce soit, pas même à moi-même.

La nuit dernière, ils sont venus me hanter durant mes rêves. Des démons habitent en moi. Chacun de nous a les siens, je suppose. Durant mes années d'études en psychologie, je suis arrivé à comprendre comment mon enfance avait laissé des marques profondes dans mon âme : la révolution pendant que j'étais un jeune garçon à Cuba ; une vieille femme, tôt le matin, lavant le sang sur son entrée de voiture avec un boyau de jardin ; mon père qui était absent durant ces moments terribles. Mais ces événements n'étaient pas les démons ; ils étaient simplement les événements qui avaient invité les entités à venir me hanter. C'était la merde qui avait invité les mouches. Les démons étaient ma peur, la façon dont je manipulais ceux qui tentaient de m'aimer. Mon égoïsme et ma cupidité. Je n'en avais jamais assez, donc je n'avais rien. C'étaient mes blessures suppurantes, et les démons étaient attirés dans la bouse de mon cœur.

Ils sont venus à moi dans mon rêve, comme des invités à une fête que j'avais moi-même préparée, et ils continuaient de se nourrir des miettes qui tombaient de mon assiette.

« Nous sommes tes seuls amis », a dit l'un d'eux. « Nous te procurons un objectif dans la vie. Tu te bats quotidiennement contre nous pour te guérir. »

« Comme Don Quichotte et ses moulins à vent », *ai-je songé.*
« Avec qui d'autre partageras-tu ton repas ? »
Je me suis éveillé, trempé de sueur.

Journal
Fleuve Madre de Dios, Pérou

Une célèbre peinture de l'artiste médiéval Hieronymus Bosch, *Les sept péchés capitaux*, a décrit le pouvoir destructeur de la colère, de la cupidité, de la luxure, de la paresse, de l'envie, de la gourmandise et de l'orgueil, les dépeignant comme des démons qui se saisissent des humains, les attirant par la ruse, les dupant, et finissant par les entraîner dans des vies de désespoir. Aujourd'hui, nous comprenons que ces démons sont des forces psychologiques, le résultat de programmes viraux fonctionnant dans notre cerveau primitif. Pourtant, lorsque nous sommes sous l'emprise de la luxure ou de l'envie ou de n'importe lequel des péchés capitaux, nous pouvons avoir l'impression de nous faire manipuler par des forces plus grandes que nous. Souvenez-vous comment vous avez été consumé par la jalousie quand vous avez découvert que votre amoureuse correspondait avec un ami « secret » ? Ou à quel point vous étiez en colère quand vous avez découvert qu'un collègue vous avait trahi ? Nous ne pouvons nous empêcher de désirer vivement cette personne que nous avons rencontrée hier, qui était si splendide et si attrayante. Étant donné le pouvoir et l'emprise que ces émotions exercent sur nous, dans cette partie du livre, j'en parlerai comme de nos « démons », une appellation plus poétique pour décrire ces forces que nous devons bannir.

Les chrétiens ont déjà cru que les démons étaient des anges déchus, et que le plus grand de tous, Lucifer, avait un jour été le préféré de Dieu. En fait, le nom « Lucifer » signifie littéralement « porteur de lumière ». Dans l'Ancien Testament, les démons sont décrits comme des acteurs importants du plan de création de Dieu. Ils étaient des émissaires qui apportaient des épreuves venant de Dieu qu'il fallait affronter et, avec un peu de chance, réussir. Ce n'est que dans le Nouveau Testament que le mal et le démon acquièrent de nouveaux rôles, conspirant, cette fois-ci, contre Dieu lui-même. L'un des récits les plus révélateurs sur les démons dans la Bible est l'histoire de Job, où Satan approche Dieu et lui propose de mettre au défi la foi de Job. Le diable parie avec Dieu qu'il peut ébranler la foi de son serviteur favori, et Dieu accepte le pari, à la condition que, même si Satan peut faire ce qu'il veut aux amis et à la famille de Job, il ne puisse faire aucun mal à l'homme. Même si Job perd toutes les personnes et toutes les choses qu'il aime, sa foi demeure inébranlable, et Dieu finit par le récompenser.

Les histoires bibliques ne sont pas une chronique d'événements historiques. Il est parfois préférable de les étudier comme des métaphores des problèmes que nous devons affronter dans notre voyage humain. Les démons nous apparaissent aujourd'hui tout comme ils l'ont fait pour Job. Lorsque nous n'arrivons pas à faire la paix, nous sommes envahis par la colère ; lorsque nous ne sommes pas généreux envers nous-mêmes et envers les autres, nous pouvons être possédés par la cupidité. Ces fautes qui nous tourmentent se nourrissent de notre vitalité et de notre santé mentale, mais nous pouvons vaincre ces démons à l'aide de nos anges intérieurs en activant les circuits de notre cerveau supérieur.

Les sept péchés capitaux proviennent d'un besoin primordial d'assurer notre survie à n'importe quel prix. Des convictions comme « je dois prendre ce qui me revient avant qu'il ne soit trop tard » sont enracinées dans notre instinct de conservation le plus fondamental ; même si, aux yeux de la personne que nous avons tassé d'un coup de coude, il semble probable que notre action soit fondée sur de sérieuses faiblesses de caractère. La colère, la cupidité, la luxure, la paresse, l'envie, la gourmandise et l'orgueil se rencontrent dans le monde animal, mais jamais de façon aussi excessive que chez les humains. Les corbeaux volent les nids des autres corbeaux, les hyènes se gavent de gnous jusqu'à ce qu'elles puissent difficilement bouger, et on sait que, dans leur chasse, les aigles visent à attraper le plus gros saumon qui remonte le courant — au point où ils sont incapables de s'envoler avec leur prise et qu'ils doivent se servir de leurs ailes comme de rames pour atteindre la rive.

En revanche, les sept vertus sont les attributs de notre nouveau cerveau qui a la capacité de se débarrasser de la peur de la mort, de remplacer le cauchemar de la rareté par un sentiment d'abondance, de percevoir notre immortalité, et de vivre un sentiment d'unité avec la création. En courtisant les sept anges de la lumière, nous nous élevons au-dessus de l'emprise de nos instincts de survie les plus brutaux. Nous sommes en mesure de collaborer les uns avec les autres plutôt que de nous contenter d'être en compétition. Ces démons hantent les couloirs des entreprises autant que les cœurs des hommes. Pendant des années, Mercedes-Benz et BMW ont été engagés dans des pourparlers dans le but de combiner leurs efforts de recherche pour mettre au point des moteurs plus efficaces et plus innovateurs. Leurs savants comprennent qu'aucune des deux compagnies ne dispose des ressources nécessaires pour réussir par elle-même et que leur survie peut dépendre de leur capacité de partager des technologies et de collaborer. Mais la haute direction, craignant beaucoup trop que l'autre constructeur automobile ne vole leurs technologies de pointe, a rejeté l'entente, scellant peut-être le destin des deux compagnies.

Il arrive parfois que des gens soient attirés vers une vie spirituelle ou religieuse, loin des tentations du monde, mais ils prennent bientôt conscience que les démons continuent de faire rage à l'intérieur des murs du cloître. Puisque ces démons sont la projection de notre réalité psychologique, les forces négatives existent partout dans le monde et semblent nous suivre partout où nous allons. Ne vous y trompez pas, ces forces peuvent être extrêmement séduisantes et destructrices. Certains de nos prêtres, gourous, et maîtres spirituels ont glissé dans le commérage, l'arrogance et des comportements sexuels de prédateur.

Gérer ses démons

Nous succombons aux sept démons lorsque nous opérons à partir des instincts de base du cerveau limbique — les tabous programmés dans notre matériel génétique pendant un million d'années d'évolution. Ces tabous produisent des réactions automatiques au danger, qu'il soit réel ou perçu. Ce sont les valeurs de base qui nous empêchent de vivre comme des sauvages. Les tabous encodent les règles primitives de la société dans des réseaux neuraux, intégrant profondément ces lois dans le comportement quotidien.

Avec l'apparition de l'écriture, ces tabous ont été codés en lois morales. Les dix commandements sont probablement l'exemple le plus connu. À l'époque, la violation d'un seul de ces commandements entraînait une punition rapide et sévère. Un voleur pouvait se faire couper la main. Celui qui commettait l'inceste pouvait être lapidé à mort.

Encore de nos jours, lorsque vous violez l'un des tabous, vous vous sentez profondément honteux et vous pouvez être sujet à une punition sévère. Il a été constaté que les prisonniers accusés de sévices sexuels contre des enfants sont souvent évités ou violemment attaqués par les autres détenus. Et Jeffrey Dahmer, qui avait violé le tabou contre le cannibalisme, a été assassiné pendant qu'il purgeait sa sentence.

Alors pourquoi voudrions-nous fouler au pied les anciennes voies neurales et les anciens tabous qui maintiennent le tissu de notre société depuis si longtemps ? Parce qu'ils ne sont plus efficaces. Ils ne se sont pas modifiés tandis que la société, elle, s'est transformée. Donc, de nos jours, les anciens tabous n'ont plus de force dans notre société. Nous violons les commandements quotidiennement. Nous adorons des idoles, nous utilisons en vain le nom du Seigneur, nous convoitons l'épouse de notre voisin ou ses possessions, nous commettons l'adultère, nous travaillons le jour du sabbat, et nous portons volontiers atteinte à l'honneur de nos mères et de nos pères.

Lorsque les tabous anciens ne cimentent plus une société, le cerveau limbique — qui fonctionne mieux avec des tabous et des règles — panique. Il ne connaît plus les règles et il a l'impression que sa survie est menacée. Il exerce son droit de vote, mais il élit le candidat qui promet de tout remettre en place pour que tout soit de nouveau familier et que tout aille bien. Il propose un plan de sauvetage de vingt milliards de dollars pour General Motors afin de sauver quelques emplois de fabrication de produits non durables, au lieu d'accorder des subventions pour le programme de soulagement de la pauvreté des Nations Unies en leur offrant les onze milliards qui lui sont nécessaires pour aider à éliminer la faim dans le monde. Quand les anciens tabous culturels s'effondrent, la fin du monde semble toute proche.

En revanche, le nouveau cerveau travaille mieux avec des idées. Il déteste les règles archaïques et il essaie de trouver l'exception ou de briser les règles chaque fois que c'est possible dans le but de démolir les anciens tabous. C'était le cas lorsque les femmes ont exigé le droit de voter et d'exercer des professions qui étaient autrefois considérées comme étant réservées exclusivement aux hommes.

Au fil de l'histoire, lorsque les nobles valeurs du cerveau supérieur infusaient une culture et une nation, elles étaient continuellement bousculées par des hommes cupides assoiffés de pouvoir. Par exemple, au XVe siècle, la ville méditerranéenne de Valence en Espagne était un lieu florissant pour l'intellect et les arts, où musulmans, chrétiens et juifs vivaient côte à côte et échangeaient paisiblement leurs idées. Les universités de l'endroit étaient les meilleures de l'époque. Puis, lorsque la Renaissance s'est propagée en Italie, Valence est tombée entre les mains de catholiques extrémistes qui ont lancé une contre-réforme contre les mouvements protestants. Valence est par la suite devenue l'un des bastions de l'Inquisition. Les Maures ont été expulsés de la ville, ce qui a créé un désarroi économique puisqu'ils étaient les principaux fermiers et marchands de la région. Tandis que, de nos jours, de nombreuses personnes pré-voient l'avènement d'une future société de sagesse, on ne peut s'empêcher de se demander si les tentatives pour en trouver une connaîtront le même type de résistance et de réaction qu'a connu la ville de Valence.

Chaque fois que nous nous abandonnons à la luxure, à la cupidité et aux histoires qui les nourrissent, nous nous enga-geons dans ce qu'on a traditionnellement nommé les « péchés », et qu'on appelle maintenant, de façon cynique, des « compromis inévitables ». Nous nous abandonnons à l'excès sexuel, nous mangeons trop, nous accumulons des réserves, et ainsi de suite, nous justifiant par une culture qui appuie ces comportements de nombreuses façons. Croyant que nous pouvons d'une certaine manière nous servir de ces démons à notre avantage, nous oublions à quel point nous sommes en train de perpétuer une mentalité où les loups se dévorent entre eux. Non réprimés, ces péchés nous gardent dans l'univers du chasseur et du chassé, dans une lutte pour la survie, terrifiés d'être dévorés, tandis que nous sommes nous-mêmes consumés.

Une de mes connaissances occupe le poste très exigeant de vice-présidente principale dans une institution financière. Elle accomplit le travail de trois personnes et n'est appréciée par aucun des collègues qui dépendent d'elle, incluant sa supérieure. Et comme si cela n'était pas suffisant, elle est mère célibataire de deux adolescentes. En plaisantant, cette femme se décrit comme un « sein ambulant » auquel tout le monde se nourrit. Son horaire l'épuise au point de compromettre sa santé, pourtant elle ignore comment elle pourrait vivre différemment. Même si cette habitude constante de nourrir les autres peut paraître altruiste, ce n'est en réalité qu'une expression du démon de la gourmandise, car, ce qu'elle nourrit de façon aussi compulsive, c'est sa propre image d'elle-même.

Les sept péchés capitaux créent des blessures psychiques qui attirent les créatures parasites cherchant à se nourrir de nous. Un jour, quand j'effectuais des recherches sur le terrain en Amazonie, j'ai trébuché sur une tanière abandonnée et je me suis fait une mauvaise entaille à la jambe. La coupure était assez profonde, et je me trouvais à au moins deux jours en aval de la clinique la plus proche. J'ai fait de mon mieux pour confectionner un bandage et j'ai entrepris la longue randonnée du retour pour trouver de l'aide. Même si j'appliquais de l'onguent antibiotique toutes les deux heures, les mouches continuaient à bourdonner autour de moi et atterrissaient sur mon bandage, désireuses de festoyer de mon sang séché. Au moment où je suis arrivé à la clinique, ma blessure était couverte de vie aux tons verdâtres. J'étais devenu une expérience biologique vivante ! De la même façon, nous attirons des personnes parasites et les nourrissons en permettant à nos blessures psychiques de demeurer non guéries. Ces individus ne sont pas de mauvaises personnes ; ils agissent tout simplement d'après la programmation de base de leur cerveau primitif.

Cela me fait penser à la fable du scorpion et de la tortue qui se rencontrent au bord de la rivière. Incapable de nager, le scorpion supplie la tortue de le transporter sur son dos de l'autre côté de la rivière. La tortue refuse, de crainte que le scorpion ne la pique et qu'ainsi elle se noie. « Mais pourquoi ferai-je cela ? dit le scorpion. Nous aboutirions alors tous les deux au fond. » Incapable de réfuter cette logique, la tortue accepte. Infailliblement, lorsqu'ils sont à mi-chemin dans la rivière, le scorpion la pique. Lorsque la tortue outragée demande à savoir pourquoi il a agi ainsi après avoir protesté de façon si convaincante qu'il ne le ferait pas, le scorpion répondit : « Je n'ai pu m'en empêcher. C'est tout simplement ma nature. »

Les blessures laisseront s'échapper des écoulements jusqu'à ce qu'une nouvelle couche de peau se forme. Prenez conscience de ces démons, et vous apprendrez comment fermer rapidement ces lacérations pour éviter les relations parasitaires. Chaque religion a identifié les sept péchés capitaux. Pour bannir ces démons, nous devons traiter la nature de la lésion elle-même, la blessure psychique qui s'est produite quand nous avons échoué l'une de nos initiations. Ces blessures guérissent lorsque nous appelons les forces positives, ou les anges, dont la lumière et le pouvoir peuvent mettre en échec les démons qui nous affaiblissent.

Nos démons et nos anges sont :

- la colère, vaincue par la paix.
- la cupidité, vaincue par la générosité.
- la luxure, vaincue par la pureté d'intention.
- la paresse, vaincue par le courage et l'effort.
- l'envie, vaincue par la compassion pour soi-même et pour les autres.
- la gourmandise, vaincue par la tempérance.
- l'orgueil, vaincu par l'humilité.

Ces démons s'accrochent à nous chaque fois que nous entreprenons une de nos initiations de façon superficielle comme un passage biologique, ou avec désinvolture, comme un nouvel emploi ou un mariage, tout en passant à côté de sa signification

mythique. Lorsque nous vivons nos initiations de façon archétypale, nous réveillons les forces angéliques en nous ; et elles
vainquent les émotions qui nous hantent. Le récit des épreuves
de Jésus dans le désert, raconté dans les Évangiles, est un exemple
classique d'une initiation archétypale. Après son baptême, avant
d'exercer son ministère, Jésus a jeûné pendant quarante jours et
il a affronté les démons qui sont venus le tenter. Dans l'une de
ces épreuves, le tentateur a emmené Jésus au sommet d'une
montagne d'où il pouvait voir tous les royaumes du monde dans
leur magnificence. Le tentateur a dit : « Tout cela je te le donnerai,
si tu te prosternes et m'adores. » Cette tentation du Christ est une
allégorie des tentations matérielles auxquelles nous faisons face,
et auxquelles nous succombons souvent —, contrairement à
Jésus qui a chassé le démon en lui disant : « Retire-toi, Satan ! »

Il est impossible de maîtriser ces démons, de les enrôler à
notre service, ou de triompher d'eux. Si nous utilisons la ruse et
que nous nous montrons plus cupides qu'un rival en affaires, il
est bien possible que notre performance augmente pendant un
moment, mais, au bout du compte, nous aurons l'impression
d'être une coquille vide. Ce n'est qu'en étreignant courageusement les initiations de notre vie que nous pouvons nous élever
au-dessus du monde hostile où nous risquons toujours de servir
de repas à quelqu'un d'autre — que ce soit un féroce carnivore
ou un concurrent qui avance un peu plus agressivement que
nous. Une fois que nous sommes fermement installés dans le
royaume des créateurs et que nous triomphons des instincts prédateurs du cerveau préhistorique, nous n'avons plus jamais
besoin de thérapie, et nous pouvons commencer à guérir des
dommages que nous nous sommes causés en nous racontant des
histoires qui nous dépossèdent de notre pouvoir. Lorsque les
anciennes tentations se dissiperont, ces démons auront été
chassés à jamais. Notre colère laissera la place à la paix, une
sexualité consommatrice ou insatisfaite sera remplacée par l'inti-

mité, et nous cesserons de nous sentir cabossés par la vie. Mais tant que nous résistons à nos initiations, conscients de notre mortalité, mais oublieux de notre immortalité, entendant notre appel sans en tenir compte, nous continuons de nourrir les blessures festives qui attirent ceux qui peuvent s'en nourrir.

Cesser de se battre

Pour désactiver les voies neurales toxiques, vous devez prendre au sérieux le pouvoir des démons qui causent votre souffrance. Vous devez être attentif à ces moments où vous vous êtes attirés vers ceux qui peuvent vous entraîner dans la compassion face à leur malchance en se servant de platitudes épuisantes comme : « Personne ne reconnaît notre valeur » et « De nos jours, on ne peut se fier à personne. » Le soutien des collègues bien intentionnés peut vous entraîner à vous laisser aspirer dans les bois sombres où rodent des démons qui sont à la recherche de soldats blessés comme vous. Le partenaire ou l'ami qui vous promet que vous vous sentirez beaucoup mieux quand vous obtiendrez un peu plus d'influence dans le monde, une compagne plus jolie ou plus riche, et une taille plus mince — ou qui vous encourage à vous sentir vindicatif — nourrit votre peur, votre colère et votre cupidité. Ne connaissons-nous pas tous quelqu'un dont le soutien émotionnel ressemble à un acte de bonté, mais qui, d'une certaine manière, nous laisse toujours un peu plus cyniques et plus déprimés à propos de la futilité de tout cela ?

Vos véritables alliés sont les anges de la vertu qui, dans les anciens récits folkloriques, descendent en piqué pour vous aider à soigner vos blessures et pour vous gonfler de confiance et de foi, et pour vous faire cadeau de la capacité de rire. Ils vous guident vers l'amour, la compassion et la compréhension. Les amis, les mentors, les enseignants et les guérisseurs peuvent vous aider à appeler les anges, ou bien vous pouvez vous-même leur ouvrir la porte. Vous prélasser en compagnie de ces anges en pratiquant leurs vertus vous aidera à accéder aux capacités néocorticales qui apportent la guérison et la grâce.

Dès que vous vous regardez avec compassion, vous pouvez commencer à tisser l'étoffe nécessaire pour fermer vos blessures. Les démons battent en retraite dès que les anges se précipitent et que la tension apportée par le drame disparaît. Votre ego peut faire la moue devant sa perte d'un rôle vedette dans un drame important, mais votre âme sera enchantée de la sérénité que vous avez créée. Alors, vous pouvez agir, libéré des fantasmes grandioses d'apporter le salut au monde. Vous pouvez accomplir un geste significatif sans exiger de savoir de quelle manière et à quel moment votre vision se manifestera, et sans essayer de contraindre l'Univers à suivre votre plan.

Ne vous laissez plus duper

Il est impossible de dompter les sept démons et de les utiliser à votre avantage. Vous ne faites que satisfaire temporairement un fantôme affamé qui ne sera jamais vraiment rassasié, peu importe ce que vous réussissez, acquérez ou accomplissez. Et même quand vous aurez modifié le tracé toxique des réseaux neuraux dans votre cerveau, ces voies existeront toujours. Il y aura toujours quelqu'un ou quelque chose pour appuyer sur vos boutons de panique. Mais, une fois que vous commencez à danser avec les anges, il ne vous est plus nécessaire d'errer dans les couloirs hantés. C'est ce que le Christ a enseigné lorsqu'il a suggéré de tendre l'autre joue. Il nous enseignait le moyen d'annuler les programmes viraux du cerveau limbique pour accéder aux qualités du cerveau supérieur.

Chaque initiation est une occasion de guérir ces blessures qui attirent les parasites. Lorsque le néocortex transcende les émotions du cerveau primitif, il établit l'holarchie neurale et invite le bon ange à y entrer pour vous aider à vous guérir de l'intérieur. Ensuite, vous pouvez retourner à l'Éden.

Voyons maintenant en détail les sept démons, les anges qui s'y opposent et les initiations incomplètes qui les invitent dans votre vie.

CHAPITRE 7

Vaincre les démons
de la jeunesse

J'ai tenu la souffrance entre mes bras. Lorsque j'étais très jeune, j'ai rencontré une femme et nous avons été amants. Elle était l'amour en personne ; ce que je veux dire est qu'elle vivait dans son cœur et que son cœur était une maison ouverte où toute personne invitée pouvait demeurer gratuitement. J'ai rempli cette maison de ma présence, même si son intérieur me déplaisait, et j'ai feint le confort — car c'était, au moins, un abri.

Je me souviens l'avoir tenue très près de moi quand nous avons su que tout était fini. Je me souviens comment je me sentais en étreignant sa tristesse, comment ses sanglots et l'atrocité de sa souffrance à couper le souffle me secouaient. J'avais rejeté son cadeau d'amour. J'avais pris tout ce que je pouvais jusqu'à ce que ma conscience m'oblige à cesser de prendre.

Island of the Sun
Alberto Villoldo et Erik Jendresen

Le chaman protège son pouvoir personnel pour éviter de s'épuiser en luttant contre la toile collante, alors qu'il est terrifié à l'approche de l'araignée menaçante. Son pouvoir personnel est l'énergie frémissante contenue dans le champ lumineux qui entoure son corps. Chaque fois qu'il se trouve dans une situation difficile, il puise de cette énergie. Mais, afin de pouvoir mourir sans maladie débilitante, il lui faudra réserver tout ce qui lui reste de ce combustible pour les derniers jours de sa vie. Les chamans disent que lorsque votre combat contre vos démons émotionnels vous a épuisé, votre réservoir est presque vide et la seule énergie qu'il vous reste s'installe au niveau de vos pieds. Ils prétendent qu'ils peuvent voir cette énergie comme une lumière chatoyante autour de leurs chevilles, tandis que le reste du champ lumineux ressemble à une fiole vide. Cette énergie lumineuse est le combustible qui aide le chaman à se séparer de la vie que sa famille ou sa culture avait rêvée pour lui pour se créer une vie originale, nouvelle et significative. Il utilisera ce qui lui reste de ce combustible au moment de sa mort, durant sa dernière initiation, pour passer consciemment de cette vie à l'autre. Les chamans nomment ce processus « sortir de la vie vivant ». Pour préserver ce pouvoir et conserver sa passion pour la vie, le chaman continue à demeurer vigilant vis-à-vis les sept démons et il a raison d'eux dès qu'ils apparaissent.

Chacun des sept passages de vie que nous entreprenons est associé à une paire adverse d'anges et de démons, de péchés et de vertus, parmi lesquels nous devons choisir. Les trois premiers démons dont nous devons nous libérer sont la colère, la cupidité et la luxure. Nous devons maîtriser ces forces pour vivre les initiations de la naissance, de la vie adulte et du premier amour à un niveau sacré. Mais si nous permettons aux démons qui y sont associés de dominer, nous ressentirons un manque d'appartenance. Nous ne connaîtrons pas l'amour et nous nous enfermerons dans une recherche futile et perpétuelle de la réponse à la question : « Qui suis-je ? » Plus tard, nous devrons affronter les quatre autres démons afin d'être en mesure d'entretenir des relations saines avec des amoureux, des amis, la famille et la communauté.

Le premier démon : la colère, vaincue par la paix

De même il est à la portée de n'importe qui de se mettre en colère, aussi bien que de distribuer de l'argent et de faire des largesses. Par contre, savoir à qui il faut donner, combien, quand, pour quelle fin et de quelle manière, voilà qui n'est pas à la portée de tout le monde et qui est difficile.

— Aristote, *Éthique à Nicomaque*

Nous rencontrons notre premier démon, la colère, quand nous naissons dans un monde où nous ne nous sentons pas en sécurité et bien accueillis. Dans de nombreuses sociétés traditionnelles, comme le peuple béninois des Fons dans l'ouest du continent africain, on considère qu'un enfant est l'espoir et l'avenir du village. Par conséquent, avant même sa naissance, un nouveau-né est fêté et accueilli dans la famille par les futurs parents, qui chantent et parlent à l'enfant dans le ventre maternel. D'après les croyances folkloriques des Fons, l'enfant à naître jette un coup d'œil furtif hors du ventre de sa mère pour déterminer si la famille et le village sont des endroits sécuritaires pour y naître. S'il y a des conflits et des problèmes familiaux dans la maison, l'enfant peut ne pas choisir de naître complètement. Une partie de lui se retiendra d'émerger du ventre ; cela peut se traduire par un enfant mort-né ou une personne qui a continuellement l'impression de ne pas appartenir au village.

Cette tradition Fon reflète la colère que beaucoup d'entre nous expérimentent envers nos parents à l'adolescence. Nous nous sentons enragés parce que, de toute évidence, la cigogne nous a laissés tomber dans la mauvaise maison. Et beaucoup d'entre nous continuent d'être en colère une grande partie de leur vie. La colère peut être énormément destructrice. Lorsque nous sommes en colère, les hormones de stress inondent le cerveau ; et la circulation sanguine est redirigée vers nos bras et nos jambes, privant ainsi les cellules cérébrales d'oxygène. À cause de cet assaut biochimique, il nous est difficile de faire preuve de bon jugement et nous sommes poussés à la colère qui nous incite à nous attaquer avec beaucoup d'intensité à ceux que nous percevons comme des adversaires. Un de ces éléments chimiques, le cortisol, nous aide à métaboliser les sucres nécessaires pour produire de l'énergie. Donc, la réaction initiale à la colère est en fait un état d'alerte accrue. Mais le cortisol, une hormone stéroïde produite dans le cortex surrénal lorsque nous sommes en colère, est toxique pour le cerveau. Elle est tout spécialement fatale pour les neurones de la mémoire qui sont situés dans l'hippocampe et qui sont chargés de récepteurs de cortisol.

La colère peut être tellement puissante qu'elle nous empêche de voir nos habiletés créatives et les nombreuses solutions qui sont à notre disposition pour tout problème donné. Le vieux diction recommandant de compter jusqu'à dix lorsque nous nous mettons en colère se réfère au besoin de ralentir la réaction primitive. En respirant plus profondément, nous abaissons notre rythme cardiaque et nous permettons au néocortex d'utiliser sa fonction de pouvoir — annuler l'impulsivité et accéder à la raison, à la compassion et à la créativité. Nous pouvons employer des mots plutôt que nos poings.

La colère nous fatigue physiquement, émotionnellement et spirituellement. Les boucles synaptiques contenues dans le cerveau préhistorique peuvent nous tourner en « rage-o-manes » en nourrissant continuellement la vilaine bête de nos pensées et de nos sentiments de colère alors même qu'elle ouvre ses mâchoires pour nous dévorer. Notre rage finit par nous consumer ; et nous avons besoin de toute notre énergie disponible pour maintenir la tirade mentale qui explique comment on nous a fait du tort. Le cocktail chimique qu'elle génère et qui endommage le cerveau diminue notre fonction immunitaire, et il devient plus difficile de se prémunir contre la maladie. Notre colère se nourrit d'elle-même tandis que nous racontons continuellement cette histoire où nous jouons le rôle de victime, l'embellissant avec toujours plus de détails pour décrire l'infamie de notre persécuteur et la gravité avec laquelle on nous a blessés ou trahis.

Un Hopi traditionnel comprend que chaque enfant est doté de deux paires de parents : une mère et un père biologiques, de même qu'un père et une mère divins. Autrefois, à la naissance d'un enfant hopi, pour représenter la mère Maïs ou la mère Terre, on déposait dans son berceau un épi de maïs parfaitement formé. L'épi de maïs rappelait aussi que ses parents n'étaient que le véhicule par lequel il était venu au monde. Pendant les vingt premiers jours, on gardait l'enfant dans l'obscurité parce qu'il était encore en train d'effectuer la transition entre le monde invisible — où il demeurait sous la garde de ses parents divins — et le monde des humains. Pour signaler qu'on avait préparé pour l'enfant une maison à la fois spirituelle et physique, on utilisait de la semoule de maïs pour peindre des dessins sacrés sur les murs et le plafond de la maison.

Nous retrouvons la mère divine dans presque toutes les religions importantes — les madones de la chrétienté, les déités, comme Tara, dans le bouddhisme, les différentes formes de Kali dans l'hindouisme, et la Shekhina, ou présence féminine divine, dans le judaïsme. Nombreux sont ceux pour qui cette attirance pour la mère divine et le confort et la sécurité qu'elle procure se prolonge tout le long de leur vie. Si un enfant naît sans sa protection, le démon de la colère se faufile dans le berceau. Si vous n'avez pas été accueilli dans le monde par vos parents, s'ils ne vous ont pas communiqué un sentiment d'empressement et de joie à votre arrivée, votre valeur n'a pas été confirmée et vous deviendrez méfiant et vous résisterez aux virages inattendus de la vie. Comme adulte, lorsque vous n'avez plus accès à une mère dont les baisers atténuent la douleur ; vous vous sentez comme un orphelin qui a été escroqué de son droit de naissance. Vous avez la sensation de vivre dans un endroit froid et hostile, et vous éprouvez du ressentiment pour ceux qui vous ont emmenés dans cet étrange pays. Vous bouillonnez d'une colère muette envers vos parents, les blâmant pour votre souffrance. Ce démon n'attend pas seulement à côté de notre berceau. Il nous raille chaque fois que nous traversons une renaissance symbolique. Quand nous obtenons notre premier emploi après nos études ou quand nous déménageons dans une nouvelle ville, il se peut que nous constations que nos rêves et notre enthousiasme sont détruits par un patron tyrannique ou par un enseignant arrogant à la nouvelle garderie de notre enfant.

Il nous arrive souvent de vouloir nous lier d'amitié avec ce démon de la colère parce que nous croyons que la colère nous donne du pouvoir. Il est vrai que la rage est une force puissante ; nous la ressentons dans tout notre corps, et la poussée d'adrénaline qu'elle génère nous donne l'impression de pouvoir vaincre n'importe qui. Les gens en colère peuvent être très intimidants. Mais, lorsque nous nous abandonnons à la colère, nous continuons d'encourager les situations qui nourrissent cette rage. Nous découvrons que nous sommes constamment entourés de gens hostiles, de la réceptionniste qui passe des commentaires passifs-agressifs, au comptable qui nous fait savoir, de sa façon bien subtile, que nous ne méritons pas toute son attention. Piégés dans des réactions primitives de colère, nous invitons inconsciemment les autres à se nourrir de notre irritation et de notre ressentiment.

Le véritable pouvoir repose sur l'habileté de pratiquer la paix lorsque nous sommes confrontés à la fureur d'une autre personne. Dans les arts martiaux, on enseigne aux élèves comment être calmes afin de vaincre un adversaire et comment utiliser la force de la fureur de l'adversaire pour la retourner contre lui : vous reculez d'un pas et vous laissez votre adversaire tomber sur sa propre épée. Donc, quand votre ex reprend le même argument pour la millième fois, reculez — ne vous engagez pas dans un combat qui crée des drames épuisants. Les anciens samouraïs ne confrontaient pas leurs ennemis lorsqu'ils étaient en colère, car ils savaient à quel point cette force pouvait les affaiblir. On raconte l'histoire d'un samouraï qui avait été envoyé par son seigneur pour tuer un autre chef de guerre. Lorsqu'il arriva, l'homme lui cracha au visage et insulta ses ancêtres. Le samouraï remit alors son épée dans son fourreau et repartit. Lorsque son maître lui demanda pourquoi il n'avait pas tué l'autre homme, le samurai répondit : « Parce que j'étais devenu furieux. »

L'ange de la paix vous donne la force de laisser tomber votre histoire pharisaïque. Vous pouvez reculer et reconnaître à quel point le comportement de l'autre personne est enraciné dans sa propre souffrance, et vous pouvez choisir de ne pas accepter l'invitation à une lutte colérique. Souvenez-vous que ce n'est pas l'autre personne qui cherche à se battre ; c'est le démon, la partie blessée en vous, qui veut passer à l'action.

La seule façon de désamorcer vos points sensibles est de faire la paix avec le démon que vous combattez. Dans notre culture, nous pensons à la paix comme à un état bénin, inoffensif où nous nous sentons bien et confortables, mais qui ne résout pas les vrais problèmes dans le monde. Le cerveau préhistorique est programmé pour accéder rapidement à la colère et à la violence. Il peut être déconcertant de constater la rapidité avec laquelle vos mains se mettent à trembler quand vous lisez un courriel dérangeant. Pourtant, la force de la paix comporte aussi un effet puissant. Plus vous devenez paisible, plus il est facile de voir comment les autres personnes gaspillent de l'énergie, quand elles partent en croisade contre tous ceux qui les irritent.

Le prix de la paix semble souvent trop élevé. Personne ne veut faire trop de concessions dans une négociation, et vous ne devriez jamais compromettre votre intégrité. Mais vous n'avez pas non plus à tenir tout le pouvoir entre vos mains dans une situation. La paix a peut-être un coût pour vous, mais c'est le coût de la guerre qui met l'âme en faillite.

Pour créer la paix, vous devez abandonner votre besoin d'avoir raison. Il n'est que naturel de vouloir à la fois la paix et la victoire, et de vous dire «Si seulement elle pouvait admettre qu'elle a tort, *alors* je serais prêt à être clément.» Mais plus vous restez sur vos positions, plus vous vous retranchez dans votre certitude. Alors, le véritable objet de votre lutte ne consiste plus qu'à montrer à quel point l'autre personne est épouvantable — et vous finissez par ne même plus vous souvenir de la raison de votre querelle. Une fois que vous avez connu le pouvoir de la paix, vous ne serez plus aussi rapide à l'abandonner pour simplement être capable de revendiquer que vous avez raison. Durant une période très difficile de ma vie, un ami m'a dit un jour : «Veux-tu avoir raison, ou veux-tu connaître la paix?»

Si vous croyez que vous ne pouvez faire l'expérience de la paix à moins d'arriver à passer à travers votre colère, vous avez tort. La seule façon de dépasser votre colère est d'inviter cet ange conquérant de lumière à l'intérieur. Les techniques psychologiques ou thérapeutiques peuvent être une distraction qui nourrit le monstre au lieu de le tuer. Prenez une profonde respiration, souriez, et au moment où vous faites l'expérience de la sérénité, de la tranquillité et de l'acceptation, vous serez rempli de vitalité et de pouvoir. Vous enlevez les cannelles de votre érable et les trous dans l'écorce commencent à se fermer. Vous abandonnez votre dépendance au drame, et vous pouvez inviter les autres à se joindre à vous pour forger de nouvelles relations. S'ils refusent, vous pouvez tout simplement vous éloigner, réservant votre énergie pour votre propre créativité.

«Mais comment survivrai-je dans un monde où les gens sont violents?» pouvez-vous demander. Lorsque le capitaine John Smith (du célèbre *Pocahontas*) est arrivé sur les côtes du Maine, il a ordonné à l'un de ses lieutenants, Thomas Hunt, de charger l'un des bateaux de poisson séché pour l'apporter en Europe. Hunt a invité un groupe d'Indiens amicaux de la tribu des Pawtuxet à visiter son bateau, et il s'est rapidement enfui avec plus de vingt d'entre eux. Il les a ensuite vendus comme esclaves dès qu'il a débarqué en Espagne. Nous pouvons nous demander « Qu'est-ce qui nous empêche de connaître un destin semblable ? » Le chaman répondrait que celui qui pratique la paix dans sa vie attire la paix dans ses relations et évite de telles circonstances terribles. Du moins, j'ai pu constater que cela était vrai dans ma vie personnelle.

Le deuxième démon : la cupidité, vaincue par la générosité

Le démon de la cupidité nous afflige quand nous ne réussissons pas à terminer notre initiation à la vie adulte. À l'arrivée de la puberté, nous sommes en position de ne plus simplement prendre des autres, mais aussi de donner. Nous sommes assez vieux pour travailler et assez intelligents pour nous occuper des brebis ou des vaches que possède notre famille. Dans les sociétés tribales, le rite d'initiation à la vie adulte marquait le moment où une jeune personne commençait à se charger de la chasse ou de la plantation et de la moisson, et commençait à subvenir aux besoins de la famille. Même si cette initiation est associée à l'atteinte de la majorité, nous y faisons face chaque fois que nous doutons de notre capacité de fournir un soutien émotionnel ou financier à nos êtres chers ou à nous-mêmes.

Lors de son sermon sur la Montagne, Jésus a assuré ses disciples que tant que la droiture était leur priorité, ils n'avaient pas besoin de s'inquiéter à propos de la nourriture ni des vêtements. Lorsque vous doutez que l'Univers subviendra à vos besoins, à la différence des oiseaux dans les cieux ou des lis dans les champs, vous commencez à croire que le monde est tourmenté par la rareté. Il devient alors naturel de réagir en essayant de prendre tout ce que vous pouvez avant que quelqu'un d'autre n'ait la chance de l'obtenir, et d'accumuler des possessions. Douter de la générosité de l'Univers est l'essence de la cupidité. Plutôt que d'avoir la certitude que demain vous fournira tout ce dont vous avez besoin, vous commencez à vous faire des réserves en vous lançant follement sur l'argent, des possessions, de l'information ou tout ce qui vous donne l'impression d'être puissant. Une amie qui travaillait comme assistante d'une dirigeante d'entreprise a été un jour agressée verbalement par une cliente. À sa grande surprise, non seulement la cliente a-t-elle fini par lui présenter ses excuses, mais elle lui a aussi envoyé un bouquet de fleurs —, ce qui ne lui semblait pas nécessaire. « Vous avez de la chance, a répondu sa patronne lorsqu'elle a entendu l'histoire. Elle a vraiment gaffé et elle le sait. C'est bon qu'elle vous doive une faveur, parce qu'elle est très influente. Un jour, vous pourrez lui demander une faveur à votre tour. » Dans un univers de prédateurs, les offenses et les pénalités sont soigneusement pondérées et la note est mentalement conservée pour une future référence.

L'instinct de constituer des réserves de pouvoir peut être une bonne chose, mais les ressources dont vous avez vraiment besoin pour faire face aux défis que vous rencontrerez dans la vie ne proviennent pas des faveurs que vous cherchez à obtenir des puissants ou de l'accumulation de biens matériels. Ce dont vous avez besoin, c'est le pouvoir spirituel que vous acquérez par la pratique de la générosité. De fait, plus vous êtes bon et généreux, plus vous acquérez de capitaux. Les chamans des Andes ont un terme révélateur pour la générosité. Ils la nomment « *ayni* », qui signifie « réciprocité » en langue quechua. Ils comprennent que plus vous donnez aux autres, plus vous recevez en retour. « *Ayni* » suggère un processus actif de concessions mutuelles. Vous offrez « *ayni* » aux ancêtres, et ils vous apprennent la sagesse. Vous offrez «*ayni*» à mère Terre, et elle vous offre des moissons abondantes. Vous offrez «*ayni*» à vos voisins, et ils vous aident à reconstruire votre maison incendiée. La façon dont ils offrent «*ayni*» consiste à honorer tous les gens et toutes les choses autour d'eux. Par conséquent, ils vivent dans un monde d'abondance, peu importe si leurs possessions sont limitées. «*Ayni*», ou réciprocité, est la façon de fonctionner de l'Univers. Mais vous devez offrir «*ayni*» simplement par principe, non pour obtenir des biens en échange. Autrement, vous la transformez en une transaction d'affaires centrée sur la cupidité. À l'opposé des chamans, nous vivons avec la crainte de nous trouver dans un monde de rareté, peu importe la quantité de biens matériels que nous accumulons.

Sans la perspective supérieure de notre nouveau cerveau, nous nous bousculons et nous créons des intrigues et nous nous trouvons à faire nôtre cette tirade du film des années 1980, *Wall Street* : «La cupidité est une bonne chose. La cupidité fonctionne.» Adam Smith, le père des sciences économiques modernes, a soutenu que l'»intérêt personnel» (un autre nom pour désigner la cupidité) est nécessaire en tant que force motrice du capitalisme. Nous nous disons qu'il est logique d'être cupide puisqu'il n'y a pas suffisamment de ressources pour tous les habitants de la planète. Mais est-ce vraiment la réalité? Plus nous nous croyons dans un monde infertile et stérile, plus nous croyons qu'effectivement notre monde physique manque de ressources. D'après une étude publiée en 2006 par le World Institute for Development Economics Research de la United Nations University, les deux pour cent d'adultes les plus riches sur la planète possèdent plus de la moitié des richesses du monde, et la moitié de la population adulte du monde compte pour à peine un pour cent de la richesse globale.[11] Les habitants des pays

---

11. Jon Britton, «Richest two percent own half of world's wealth», psl.web.org. 15 décembre 2006, http ://www.pslweb.org/site/News2 ?page=NewsArticle&rid-6172

riches continuent à avoir l'impression d'avoir le droit d'utiliser une quantité disproportionnée de ressources comparé aux habitants des pays pauvres, et les gens dans les pays en voie de développement s'efforcent d'augmenter leur consommation pour s'assurer d'obtenir leur part du gâteau.

Lorsque nous adoptons une mentalité cupide, il se peut que nous reconnaissions que planter, enseigner, guérir et aider les autres sont des objectifs nobles, mais nous ne leur consacrerons pas de temps à moins d'y voir une bonne rétribution ou une chance d'obtenir du crédit pour notre comportement charitable. Nous continuons de remettre au lendemain l'exécution de bonnes actions, et nous nous concentrons plutôt à obtenir ce que nous voulons, immédiatement, même s'il nous faut le saisir des mains de quelqu'un d'autre, comme un client le jour des soldes, prêt à tout pour obtenir le jouet électronique dernier cri à prix réduit. Comme des écureuils affolés, nous courons pour ramasser toutes les noix qui sont en vue.

On ne peut remédier à la cupidité que par son opposé — la générosité. Nous trouvons le courage d'être généreux lorsque nous savons que s'il semble manquer quelque chose dans notre vie — que ce soit de l'argent, de l'amour ou du temps — c'est notre perception qui est défectueuse. Nous pouvons toujours faire pousser plus de maïs, devenir encore plus affectueux, et prendre du temps pour nous et pour les autres. Donner généreusement est facile quand nous reconnaissons qu'en donnant, nous ne sommes pas diminués. En fait, donner aux autres nous permet de nous sentir riches. Plus nous donnons de nous-mêmes, surtout ce qui a de la valeur pour nous, plus l'Univers pourvoit à nos besoins.

Le démon de la cupidité peut être très rusé. Il s'accrochera à vous de nouveau si vous attachez trop d'importance à afficher votre générosité et il nourrira votre ego avec des pensées comme :

«Ne suis-je pas une personne fantastique? Regardez l'énorme sacrifice que je fais!» Donnez anonymement, sans qu'aucun mérite ne vous soit attribué, et vous ne sentirez plus la présence de ce démon. Donnez de vous-même, de votre temps et de votre compassion sans aucune arrière-pensée. La véritable générosité est d'appeler un vieil ami pour prendre de ses nouvelles au lieu de simplement faire appel à ses lumières lorsqu'il possède de l'information dont vous pouvez profiter.

Nous n'avons pas à vivre dans un monde de compétition, d'accumulation, et de pointage. Quand j'étais adolescent, je faisais partie d'une équipe de natation et je détestais la pression d'avoir à dépasser mes adversaires dans les autres couloirs. Si je gagnais, la victoire ne durait pas longtemps. Si je perdais, j'étais déprimé toute la journée. Ce n'est que lorsque j'ai commencé à rivaliser avec moi-même, essayant d'améliorer mes propres temps, sans m'inquiéter de savoir si les autres nageaient bien, que j'ai vraiment commencé à aimer le sport et à réaliser des performances supérieures à celles que je faisais auparavant.

Comme le chasseur qui reconnaît que nous faisons tous partie de la toile de la vie, un chaman trouve l'équilibre entre donner et recevoir. Il ne s'épuise pas à essayer d'être tout pour tout le monde dans le but d'obtenir leur approbation. Il ne se déchaîne pas non plus pour harceler, cajoler ou utiliser les gens de façon à avancer dans un monde compétitif. Un créateur n'écrase pas ses adversaires. Il comprend que de tels gestes l'éloigneront de l'univers fertile de la prospérité.

Devenir généreux nous permet de prendre soin de nous-mêmes tout en aidant les autres. Nous n'insistons plus de façon narcissique pour que le monde réponde à nos demandes. Nous cessons d'espérer que notre patron soit le parent nourricier que maman ou papa n'ont jamais été, ou d'insister pour que notre partenaire romantique nous rende heureux et nous procure un sentiment de sécurité. Nous entreprenons cette initiation et nous devenons des hommes et des femmes à part entière à plusieurs reprises au cours de notre vie.

Chassant le démon de la cupidité, nous trouvons un équilibre entre donner et recevoir. Nous donnons tout ce que nous pouvons et nous ne prenons que ce dont nous avons besoin de nos êtres chers et de notre communauté et de la terre.

Le troisième démon : la luxure, vaincue par la pureté

Le démon de la luxure apparaît lorsque nous ne réussissons pas à compléter l'initiation du premier amour. À l'époque de la liberté sexuelle, la luxure en tant que péché est souvent perçue comme une notion désuète et même ridicule ; pourtant, l'expérience démontre que vous pouvez être consumé si vous voyez les autres comme des objets sexuels et si vous entretenez de la luxure dans votre cœur.

Nous parlons de la valeur d'avoir « soif de la vie » et de vivre richement et sensuellement, mais cela n'est pas de la luxure, c'est de la passion — une force énergisante. La luxure est un désir désespéré pour quelqu'un — ou quelque chose — que vous pensez de ne pas pouvoir obtenir ou ne pas mériter. Ainsi, vous vous sentez privé parce que vous ne rencontrerez jamais la personne qui peut assouvir vos fantasmes ou vous offrir la maison qui peut répondre à vos attentes. Lorsqu'une personne vit « dans la luxure », ce qu'elle désire le plus n'est pas une union entre égaux, mais du pouvoir dans la relation. Pour ceux qui ont un besoin maladif de contrôle, il est terrifiant de s'abandonner à l'amour. Les hommes généreux, mais incapables de s'abandonner à l'amour, mettront l'accent sur le plaisir de leur amoureuse au point où ils sont incapables de recevoir de la part de leurs partenaires, et ceci devient une forme de punition qu'ils s'imposent à eux-mêmes.

La luxure ne se confine pas au désir sexuel. Nous pouvons aussi convoiter le pouvoir et nous transformer en mâle dominant ou en diva, séduisant et manipulant les autres pour qu'ils comblent nos désirs. Comme des araignées, nous les séduisons pour qu'ils s'approchent plus près de nous dans l'espoir de les prendre au piège dans notre toile. La luxure nous fait troquer le sexe (ou quelque chose d'autre qui possède de la valeur) contre l'approbation, l'admiration ou la sécurité. Inévitablement, ce que nous attirons, ce sont d'autres prédateurs qui peuvent faire semblant que nous les éblouissons, mais qui sont tout simplement aussi indigents et retors que nous le sommes. Je connais un homme qui a été élevé dans une famille très pauvre. Même s'il a très bien réussi, chaque fois qu'il rencontre quelqu'un qu'il croit puissant ou riche, il devient soumis à cette personne importante. Toute son attitude se modifie, et il perd confiance en ses propres mérites et réalisations. Il est si intimidé par les personnes riches qu'il essaie d'impressionner que même moi je ne le reconnais plus quand il se trouve dans ce type de situation. Et la partie la plus étonnante, c'est qu'il est totalement inconscient de son changement de comportement, lorsqu'il commence à lécher les bottes des puissants. Bien sûr, ceux-ci le trouvent terne et inintéressant, étant eux-mêmes entourés de béni-oui-oui, et ils le ne voient que comme un autre admirateur trop exubérant.

Les amoureux non initiés ne font que l'expérience du sexe charnel, et leur esprit crée de fausses croyances à propos de la véritable intimité. À fleur d'eau dans une mer d'émotions, ils se convainquent que chaque liaison sans lendemain est le début d'une relation profonde avec leur véritable âme sœur. Ils insistent pour dire qu'ils sont victimes des flèches de Cupidon, ou ils nient que leur comportement émotionnel et sexuel soit prédateur. Ils ne font jamais l'expérience d'un lien intime profond, et ils ne sont pas non plus capables de reculer et de se libérer de l'objet de leur désir. Lorsque quelqu'un résiste à l'appel de l'amour et à la possibilité de s'abandonner à une union véritable, ses interactions — que ce soit avec des amis, des relations familiales, ou des partenaires d'affaires — sont toutes centrées sur «Qu'est-ce que cela m'apporte?»

Lorsque vous êtes initié à l'amour, vous vivez des relations de découverte et d'ouverture, non d'exploitation. J'ai un ami qui perd tout intérêt dans une partenaire après avoir fait l'amour avec elle. Il m'a expliqué, un jour, qu'après la conquête, la femme cesse d'être un mystère pour lui, donc il la quitte. Lorsqu'il a enfin rencontré une femme qu'il aimait vraiment, il a craint de devenir physiquement intime avec elle parce qu'il ne voulait pas répéter le modèle et finir par la perdre. Pendant de temps, sa partenaire était mystifiée et a commencé à soupçonner que quelque chose n'allait pas chez lui. Bien sûr, mon ami se méprend sur la pureté, la prenant pour de la chasteté. Il ne sait pas comment s'y prendre pour approcher sa bien-aimée, comme si c'était sa première fois.

Notre culture nous enseigne que nous devons nous vendre comme des produits de consommation pour attirer le partenaire que nous désirons. D'après cette mentalité, tout, des titres de livres aux tendances et à la présentation des produits, doit être «séduisant». Espérant «baiser» avec un partenaire et «persuader» les autres, nous nous vanterons, nous nous pomponnerons, nous nous déhancherons, ou nous adopterons dans nos gestes un air de nonchalance. Mais c'est notre pureté d'intention qui attire les partenaires émotionnellement sains.

Pratiquer la pureté d'intention signifie être prêt à faire confiance et à entrer dans une relation avec sincérité et curiosité. Le pouvoir créatif vibre en nous lorsque nous nous engageons sincèrement dans nos interactions et nos explorations — et non quand nous essayons de séduire et gérer à outrance les moindres détails. Si nous pratiquons la pureté, nous pouvons cesser de nous inquiéter de notre apparence, et de notre performance, et de savoir si les autres croient que nous sommes adorables, désirables ou puissants. Nous pouvons découvrir le potentiel inconnu d'une relation, qu'il s'agisse d'une relation sexuelle, romantique, sociale ou d'affaires. Nous ne sommes plus un tigre qui rode, cherchant une compagne pour répandre sa semence et assurer la survie de ses gènes. Au lieu de cela, nous devenons « virginaux », regardant avec les yeux de l'âme plutôt qu'avec les yeux du chasseur. Ceci purifie nos interactions de la souillure de la luxure.

Si nous ne réussissons pas à entreprendre l'initiation que nous offre à répétition l'amour dans la vie, nous nous empêchons de prendre des risques, nous nous agrippons à notre besoin de contrôle, et nous mettons l'accent sur le gain de pouvoir sur les autres. Puis, nous nous épuisons à essayer de séduire tout le monde en vue, dans le vain espoir de remplir le vide de notre estime de nous-mêmes.

Si nous nous sommes complètement abandonnés aux mystères de l'amour, nous sommes prêts à forger des relations adultes saines. Nous ne sommes plus en lutte avec notre valeur personnelle et nous sommes prêts à créer des liens, à élever des enfants ou à nous adonner à des projets créatifs, et à apporter notre contribution à la communauté. Si nous ne blâmons pas à nos parents, si nous ne nous attendons pas à ce que les autres prennent soin de nous, ou si nous n'essayons pas d'obliger le monde à se conformer à notre vision myope, nous sommes prêts à conquérir les quatre prochains démons.

CHAPITRE 8

Vaincre les démons de la maturité

Dans tous les pays situés au nord de l'Équateur — n'oublions pas que les plus grandes cultures de l'histoire se sont développées au nord de l'Équateur —, Dieu est un dieu qui descend. Pensez aux Grecs, aux Romains, aux chrétiens, aux musulmans. Le Divin provient des cieux et descend sur Terre... Mais, dans le cas des Incas, la seule très grande culture qui se soit développée au sud de l'Équateur, la force divine monte. Elle s'élève de la mère Terre... s'élève de la terre vers les cieux, comme le maïs doré.

Et ceux qui sont enterrés ici, à Sillustani (au lac Titicaca, la mer sur le sommet du monde), sont les hommes et les femmes qui ont passé leur vie à acquérir des connaissances, faisant pousser et croisant les semences de leur sagesse et de leur maïs, découvrant et comprenant les forces de la nature et la relation entre le Soleil et la Terre et la Lune et les étoiles. Ils ont pratiqué un mode de connaissance qui est... une alchimie de la vie. L'alchimie de vos ancêtres européens consistait à prendre de la matière inanimée — des éléments de base, comme le soufre et le plomb — pour les déposer dans un creuset et y appliquer du feu dans un vain effort pour fabriquer de l'or. Mais mon peuple utilisait de la matière vivante, la déposait dans le creuset de la Terre, sous le feu du Soleil, et produisait du maïs, de l'or vivant.

Island of the Sun
Alberto Villoldo et Erik Jendresen

Après avoir traversé les premières initiations, vous êtes prêt à confronter les démons qui vous ont bloqué sur le seuil du mariage, de la paternité ou de la maternité, de la sagesse et de la mort. C'est par ces quatre initiations que vous atteignez la maturité et que vous devenez membre d'une communauté. Vainquez ces démons et le mariage ne signifiera pas que vous perdez votre liberté, et la naissance d'un enfant ne représentera pas la perte de votre jeunesse. Vous pouvez cesser de tenter de forcer le monde à se conformer à vos désirs et à vos caprices. Et vous pouvez approcher la grande traversée vers le royaume au-delà de la mort sans peur et avec grâce.

Nous traversons ces initiations à plusieurs reprises dans notre vie, et pas seulement au moment fixé sur le plan biologique. Chaque fois que nous devons nous engager sur une voie ou dans un projet qui requiert que nous nous y consacrions inconditionnellement, nous faisons face à l'initiation d'un mariage. Si nous mettons fin à un mariage, changeons d'orientation de carrière ou perdons un être cher, il nous faut subir les rites de la mort.

La personne qui conquiert les démons de la paresse, de l'envie, de la gourmandise et de l'orgueil possède la sagesse de savoir quand agir et quand accepter une situation telle qu'elle se présente. Son prince ne se retransforme pas, après le troisième baiser, en une grenouille souffrant de problèmes d'intimité, et elle ne le voit pas comme étant « le problème » —, elle fait plutôt face au conflit en le considérant comme une occasion d'enfin entretenir une relation saine. Elle refuse de jouer un rôle de victime dans un drame intitulé « Pouvez-vous croire qu'une gentille fille comme moi puisse tolérer un type comme lui ? »

C'est lors de ces quatre dernières initiations que nous commençons à nous éveiller à notre mortalité et à l'idée que nous ne serons pas toujours en ce monde. Tout de même, avec chaque initiation, nous prenons un peu plus conscience de notre nature infinie, et cela nous permet de vieillir avec grâce. Autrement, nous devenons aigris et blasés à mesure que les années passent. Si nous voulons réussir à compléter l'initiation finale, la grande traversée, il nous faudra prendre conscience de notre immortalité.

Une fois que votre moi immortel a commencé à se secouer de son profond sommeil, vous commencez à développer une résilience spirituelle. Chaque fois que vous faites face à des épreuves, vous vous souvenez qu'il ne s'agit que d'un drame en train de se jouer, et vous pouvez décider de respecter le scénario ou de le réécrire. Ayant déjà fait face à la mort de tout ce qui vous est cher à plusieurs reprises, et ayant découvert que ce qui reste est l'or véritable que l'alchimiste a cherché tout ce temps, vous ne craignez plus d'entrer dans le royaume de l'inconnu dans tous les aspects de votre vie. Vivant sans peur, vous découvrez bientôt que vous êtes en train de réussir votre relation avec votre bien-aimé, de vous engager dans une nouvelle forme de dialogue avec vos enfants et de devenir un sage plutôt qu'un « vieux schnoque ». Vous reconnaissez que vous ne pouvez empêcher des pattes-d'oie d'apparaître autour de vos yeux, ni votre force physique de décliner, mais vous n'êtes pas non plus obligé de permettre à ces changements de définir la personne que vous êtes. Vous acceptez, vous vous détachez, vous pardonnez, vous ressentez de la compassion pour vous-même ou pour les autres, et vous acceptez que chacun demeure sur ses positions respectives. Un jour, vous serez capable de faire face à l'Ange de la mort pour lui annoncer que vous appartenez à la Vie et que la mort ne pourra jamais vous réclamer.

Cette seconde moitié du voyage commence en livrant bataille au quatrième démon, la paresse, qui vous empêche de créer des relations saines.

Le quatrième démon : la paresse, vaincue par le courage

La paresse relève sa tête affreuse quand nous cessons de grandir et d'apprendre ; c'est alors que la vie nous retire tout ce que nous avions tenu pour acquis. Le mythe grec d'Hélène de Troie, dont l'histoire a d'abord été racontée par Homère et Euripide, est un récit des plus poignants qui décrit ce qui se produit quand vous vous reposez sur vos lauriers. (Cette expression vient de l'ancienne pratique grecque qui consistait à décorer les héros d'une couronne de laurier ; « vous reposer sur vos lauriers » signifie donc de vivre dans la gloire de vos victoires passées sans plus faire d'efforts ; vous vous adonnez ainsi à la paresse.), Hélène, la fille du roi Zeus, est une humaine d'une grande beauté. Lorsqu'elle atteint sa majorité, elle est courtisée par des princes et des rois qui lui apportent de riches présents dans un effort pour obtenir sa main. Elle finit par épouser Ménélas, roi de Spartes, qui croit que la tâche difficile consistait à réussir à épouser Hélène ; après les fiançailles, il retourne donc s'occuper des choses royales. Peu après son mariage, Ménélas découvre que la partie la plus ardue de toute relation commence *après* la lune de miel. Un jour, Hélène est enlevée par Paris, un prince troyen, qui l'emmène à Troie (le pays des Troyens). De toute évidence, Hélène n'était pas faite pour être l'épouse trophée du roi et elle plonge dans une aventure passionnée avec Paris. Si nous devenons paresseux, nous perdons bientôt tout ce que nous chérissons, comme Ménélas, qui a dû envoyer une armée *pour piller Troie et la réduire en cendres*, dans une tentative infructueuse pour récupérer Hélène. Dans cette histoire, Troie représente tout ce qui, dans notre vie, est magnifique et raffiné, et que nous finissons inévitablement par détruire si nous succombons à la paresse dans ses différentes formes —, comme lorsque nous n'utilisons pas nos talents, que nous refusons de travailler dur, que nous ignorons ou négligeons nos obligations, et que nous nous adonnons à la paresse émotionnelle.

Toute relation ou tout partenariat suppose qu'il nous faut donner et recevoir, abandonner et négocier, mais nous trouvons souvent difficile de faire le dur travail et le sacrifice pour le bien de tous ceux qui sont concernés. Nous pensons «Peut-être que si j'arrivais simplement à l'expliquer différemment, ils comprendraient, et ils verraient que j'ai raison.» Un ami qui a voyagé pour affaires quand ses enfants étaient très jeunes persiste à croire qu'un jour, lorsqu'il aura eu la chance d'expliquer à quel point il a peiné et tout ce qu'il a sacrifié pour sa famille, ses enfants comprendront qu'après tout, il a été un bon père. Dans son cas, même s'il a travaillé fort à gagner sa vie, être paresseux a signifié négliger sa famille, tout en souhaitant avec mélancolie que ses enfants lui pardonnent sans qu'il doive faire d'effort pour obtenir ce pardon. Nous pouvons consacrer beaucoup d'énergie à essayer de convaincre les autres de suivre nos plans, mais, en réalité, nous nous comportons d'une façon émotionnellement paresseuse.

La quatrième initiation est le rite du mariage. C'est l'initiation à laquelle nous faisons face quand nous sommes invités à nous engager profondément avec une autre personne, ou dans un partenariat, dans une entreprise ou une cause. Lorsque nous ne réussissons pas la quatrième initiation, nous nous attendons à ce que notre partenaire romantique comble tous nos besoins et soit le premier à dire «Je suis désolé», et nous attendons des autres, avec qui nous interagissons, qu'ils parcourent bien plus que la moitié du chemin pour nous rencontrer. Nous entreprenons un projet commun avec un ami pour développer notre idée dans une entreprise viable, mais nous omettons de nous «manifester» aux carrefours critiques dans sa croissance. Nous nous adonnons à des habitudes égoïstes, évaluant qui a donné le plus ou qui a souffert le plus, et nous élaborons des stratégies sur la façon de gagner chaque querelle plutôt que d'essayer de créer une union qui transcende les programmes personnels des parties.

Par la suite, nous devenons ambivalents, nous demandant si la relation vaut vraiment le dur labeur. Nous commençons à rêver éveillé au partenaire parfait que nous aurions dû épouser, ou qui peut-être se trouve juste au coin— la femme idéale ou l'homme idéal qui supporte toutes nos imperfections et ne se plaint jamais. Ou bien nous imaginons que l'entente sur laquelle nous travaillons n'est pas la bonne après tout, que c'est la prochaine affaire qui nous aidera à faire une percée. Il est beaucoup plus facile de fantasmer que de travailler à améliorer une relation existante.

La paresse consiste à s'attendre que tout ce sur quoi nous avons travaillé et tout ce que nous avons réalisé perdurent parce que c'est ce que nous méritons. Nous avons l'impression que nous avons le droit de nous reposer et de profiter des fruits de notre labeur. Après tout, lorsque nous sortions ensemble, nous étions attentifs à ses paroles, nous nous sommes efforcés de traiter notre partenaire avec bonté, et nous avons contracté les muscles de notre abdomen. Maintenant que la lune de miel est terminée, tout cela requiert beaucoup trop d'énergie. Nos gentillesses et nos manières, notre douceur et notre acceptation, ont été remplacées par des exigences. Nous adoptons maintenant l'attitude « Ma journée a été bien plus difficile que la tienne, c'est donc *toi* qui prépares le dîner » et « Je sais que nous sommes tous les deux épuisés, mais j'attendrai que ce soit toi qui fasses renaître la vie dans notre relation. »

Dans notre état de paresse, nous souhaitons retourner à la période des soirées romantiques, des toasts au champagne, et de la vertigineuse sensation de découverte et de passion —, mais nous savons qu'il nous est impossible de retrouver ce que nous avons perdu. Les souvenirs nous paralysent sur place. Nous nous demandons ce qui est arrivé à la personne que nous avons épousée et nous souhaitons que les choses reviennent à ce qu'elles étaient auparavant. Lorsque cela ne se produit pas, nous finissons comme l'une de mes connaissances qui m'a dit récemment « L'homme qui me manque, c'est celui que j'ai épousé, pas celui dont je divorce. » Lorsque le démon de la paresse nous tient sous son charme, nous ne voulons pas devoir nous habituer à quelque chose de nouveau, même si la chose semble prometteuse. Cette même femme qui était en train de vivre un divorce m'a dit « Je ne peux supporter l'idée d'être célibataire et de recommencer à sortir avec quelqu'un à quarante ans ! »

La paresse crée une attitude pessimiste et une croyance que vos actions sont futiles. Cette attitude aspirera de vous toute énergie et vouera à l'échec votre partenariat avec les autres, et votre habileté à servir toute cause, peu importe à quel point vous y croyez fermement ou à quel point vous l'épousez d'une voix forte. Plus vous tripotez vos trophées de collège, plus vous vous lamentez sur la perte du mariage ou de l'emploi de vos « rêves », moins il vous est possible de voir la possibilité de créer quelque chose de mieux. La nostalgie s'installe pour vous distraire. Vous fuyez la responsabilité de travailler sur la relation de peur qu'elle ne puisse être réparée, et vous évitez de vous engager dans une cause par crainte que les choses soient vouées à l'échec.

L'état de paresse vous garde sur le pilote automatique. Même si vous êtes très occupé, vous accomplissez bien peu de choses. Vos interminables discussions avec votre partenaire ne semblent jamais résoudre vos problèmes, et votre journée de planification et de machinations avec votre meilleur ami ne conduit pas à la nouvelle entreprise de vos rêves. Vous participez à une demi-douzaine d'ateliers de week-end, et vous organisez des réunions avec des médiateurs pour remettre votre partenariat en piste, vous admettez alors franchement vos failles, mais vous ne semblez pas être en mesure de rassembler l'élan nécessaire pour vous transformer. Vous aimeriez que quelqu'un agite une baguette magique et répare tout cela à votre place.

L'état de paresse ne se limite pas au niveau physique, lorsque nous refusons d'agir ; il touche également les niveaux émotionnel et mental. Nous nous laissons épuiser par le chagrin et la déception et nous devenons trop paresseux ou trop épris de nos propres idées pour explorer quoi que ce soit de nouveau. Nous manquons de curiosité, la vie devient quelque chose qui tout simplement nous arrive et passe à côté de nous. Les jours deviennent des semaines, des mois et des années, pendant que nos vies et nos relations stagnent. Lorsque nous sommes paresseux, nous supposons qu'il ne reste rien à découvrir. Nous ne voulons pas questionner, penser trop intensément, ou vivre de l'ambivalence ou de l'incertitude. Malgré notre insistance à dire que nous aimerions avancer, nous demeurons coincés parce que nous avons permis à notre créativité et à notre patience d'être extraites hors de nous par lessivage.

Faire de vaines promesses et vous complaire dans des comportements d'évitement qui vous distraient de ce que vous devriez vraiment faire, c'est de la paresse, même si ces agissements vous tiennent très occupés. Mais la vie n'a pas à être ainsi. Tous vos efforts peuvent faire partie d'un processus créateur dans lequel vous vous engagez joyeusement avec le monde et où vous chatouillez le point faible de l'Univers et le faites sourire. Le remède à la paresse est le courage; et agir courageusement signifie de suivre vos meilleures idées et d'être suffisamment courageux pour répondre à l'appel de votre âme. Cela signifie aussi que vous vous défaites du besoin égoïste de trouver quelqu'un d'autre pour créer un partenariat, un projet, ou une situation qui fera en sorte que vous vous sentez satisfait et rempli d'énergie; et que vous y investissez vous-même de l'enthousiasme et de la créativité. Le courage signifie que vous vous engagez volontiers dans des négociations et des conversations qui favorisent l'intimité. Vous êtes engagé à vous en tenir à un partenariat au lieu de tout laisser tomber dès que l'excitation est disparue, parce que vous savez que vous pouvez raviver la vitalité. Faire ce qui doit être fait sans bouder, ou sans concocter une histoire qui explique comment vous méritez une meilleure vie ou un meilleur partenaire, vous empêche d'être asséché par la paresse.

Le courage est associé au mariage parce qu'une relation solide exige de la persévérance et du dévouement, même pendant les moments les plus sombres. Le mot « *courage* » provient de la racine latine « *cor* », qui signifie « action du cœur ». Plusieurs traditions reconnaissent le phénomène mystique du mariage avec le Divin ; une relation intérieure qui exige un très grand courage, puisque vous êtes appelé à laisser derrière vous tous les biens matériels. Les religieuses catholiques portent un anneau qui représente leur union mystique avec le Christ. Il arrive souvent qu'une novice tombe dans une nuit noire de l'âme durant laquelle elle met en doute sa foi et son appel. Les praticiens mêmes les plus expérimentés qui ont suivi une voie pendant de nombreuses années connaîtront ces instants de doute et de réflexion. C'est durant ces moments de perplexité que le courage nous est le plus nécessaire afin de pouvoir traverser la forêt jusqu'au pré de l'autre côté, vers une foi et une consécration renouvelées envers notre voie.

Même si vous n'appartenez pas à un ordre religieux, vous pouvez forger un mariage mystique dans le sens alchimique du terme. En alchimie, le mariage sacré symbolise une réconciliation des opposés à l'intérieur de la personnalité, en rendant les conflits intérieurs conscients et en les intégrant dans un sens harmonisé du moi. Ces opposés sont souvent décrits comme le masculin et le féminin intérieur, ce que Carl Jung appellera plus tard l' »*anima* » et l' »*animus* ». Lorsque ces opposés apparents sont intégrés, notre faux ego s'éloigne et nous nous unissons avec le Divin. Cette union mystique exige une grande audace et des gestes courageux.

Dans l'un de ses poèmes, le poète soufi Roumi écrit :

Il y eut un jour une fête.
Le roi était de tout cœur dans les vignes du Seigneur.

Il vit un érudit éminent qui marchait près de là.
« Emmenez-le et donnez-lui de ce vin raffiné. »

Les serveurs se précipitèrent et emmenèrent l'homme
À la table du roi, mais il n'était pas réceptif.
« Je préférerais boire du poison !
Je n'ai jamais goûté à du vin et je ne le ferai jamais !
Éloignez-le de moi ! »

Il continua ses refus à voix haute
Troublant l'atmosphère de la fête.

C'est ce qui se passe parfois
À la table de Dieu.

Quelqu'un qui a *entendu* parler de l'amour extatique,
Sans jamais y avoir goûté, trouble le banquet.[12]

Lorsque vous êtes courageux, vous vivez avec une pratique spirituelle, pas seulement avec une bibliothèque spirituelle. Vous comprenez que toute l'information du monde ne vous fera aucun bien si vous ne transformez pas chaque prière en action. Dire « Vous me connaissez. Je ne sais pas exprimer mes émotions » n'est pas efficace quand vos enfants et votre épouse souhaitent ardemment que vous disiez « Je t'aime ». Quand vous bannissez le démon de la paresse, vous cessez de chercher des excuses,

---

12. Jalal al-Din Rumii. « Breadmaking », *Rumi : The Book of Love : Poem of Ecstasy and Longing*, trad. Coleman Barks (New York, HarperCollins, 2003) 75-76. Reproduit avec la permission du traducteur.

vous cessez d'explorer l'origine de votre inconfort avec l'intimité, et vous dites bravement ce qui, vous le savez en votre cœur, doit être dit.

Le courage entraîne la tranquillité sans l'inertie, et l'action sans effort gaspillé. Si vous êtes complètement soumis à l'initiation du mariage et du partenariat, vous êtes prêt à travailler en collaboration avec les autres et avec l'Univers. Au lieu de vous déplacer paresseusement dans la vie, vous êtes en mesure de répondre à votre appel, et vous devenez prêt à briser le moule de la lâcheté émotionnelle pour essayer quelque chose de véritablement nouveau. Vous n'êtes pas obligé de faire une croisière pour revitaliser votre relation ; vous pouvez choisir de redécouvrir votre partenaire cet après-midi même.

Pour provoquer la guérison, force vivifiante du courage, vous devez participer avec attention à des événements ordinaires, vous concentrez sur les gestes que vous pouvez poser dans le moment présent plutôt que de rester là à écrire encore une autre histoire qui commence par « Si seulement… ». Ensuite, vous pourrez accepter votre invitation au banquet dont parle Roumi. Si vous êtes marié, vous opterez pour le changement au lieu du statu quo et de permettre à votre verve de s'assécher. Vous choisirez d'explorer qui vous êtes, votre relation avec les autres, et à la vie elle-même.

Si nous ne franchissons pas le seuil du partenariat, nous sommes tourmentés pas la solitude, la dépression, et la possessivité. Mais si nous pouvons réussir à compléter ce rite, nous pouvons aimer pleinement et nous sentir à la fois paisibles et passionnés.

Le chaman reconnaît qu'il est sur cette terre pour explorer et faire l'expérience de l'amour et qu'il doit s'adapter aux circonstances, parce qu'il n'est pas le seul sur le plancher de danse. Il travaille en collaboration, rêvant avec les autres, et concevant quelque chose de nouveau.

Le cinquième démon : l'envie, vaincue par la compassion pour soi-même et pour les autres

L'envie, c'est se sentir jaloux des autres et convoiter ce qu'ils possèdent. L'histoire des parents d'Aphrodite, la déesse grecque de l'amour et de la beauté, illustre les dangereuses conséquences de l'envie. Aphrodite est née de l'écume de mer après que Cronos eut coupé les testicules de son père Ouranos, pour les jeter dans l'océan. Ouranos était la divinité du Ciel, à la fois fils et époux de Gaia, la mère Terre. Il craignait tellement que ses enfants, les Titans, usurpent sa place dans les cieux, qu'il les avait emprisonnés profondément dans les entrailles de la terre. Gaia en était grandement peiné. Elle a confectionné une très grande faucille et a demandé à son fils Cronos, qui aspirait au pouvoir et à la stature de son père, de le castrer. On a depuis associé Cronos à la moisson, abattant les tiges de grain pour qu'une nouvelle vie puisse en surgir, et il a été célébré comme un dieu de l'abondance. L'envie de Cronos a mené à la naissance de la déesse de la beauté, mais il a été plus tard détrôné par ses propres fils envieux.

L'envie a ses racines dans ce que les psychologues appellent la « projection ». Nous projetons les aspects positifs de notre ombre, ou de notre personnalité inconsciente, sur quelqu'un d'autre et nous pensons « Si seulement je pouvais réussir comme lui » ou « Si seulement je pouvais être aussi mince qu'elle ». Cette envie permet aux autres de se nourrir de notre insécurité et de notre désir d'être important, admiré, ou puissant. Les chamans, qui souvent s'engagent dans des combats magiques au nom de clients, savent que l'envie des autres peut être une force puissante qui peut nous rendre malades. Durant ces rencontres mythiques, ils défendent leurs clients contre une forme « d'attaque psychique » qui provient, croient-ils, d'un sentiment d'envie.

Nous avons tendance à présenter l'envie sous un jour séduisant, car nous croyons qu'elle nous inspirera à travailler plus fort et à réaliser davantage de choses. Les magazines encouragent l'envie en suggérant qu'avec un peu d'argent nous pouvons ressembler à une célébrité ; et les publicités où apparaissent les vedettes de cinéma et les légendes sportives nous vendent des produits publicisés à l'extrême qui promettent de nous rendre virils ou superbes, et de nous transformer, nous aussi, en objet d'envie. Il nous suffit d'acheter les bonnes chaussures de grands couturiers ou la bonne voiture sport.

Nous sommes envieux de quelqu'un d'autre parce que nous croyons qu'il a trouvé le secret magique de l'épanouissement. Ensuite, nous cherchons la recette de vie de cette personne et nous essayons de l'adopter pour nous-mêmes, peu importe si la personne est vraiment heureuse et en paix avec elle-même — et sans tenir compte si cette recette sera efficace pour nous. Nous voulons énormément croire à la promesse de devenir une super-vedette ; mais alors, nous lisons des histoires sur l'hypocrisie scandaleuse des gens célèbres et admirés : le politicien droit qui rend secrètement visite à des prostituées et qui accepte des pots-de-vin, l'athlète acclamé qui maltraite son corps en consommant des stéroïdes. Nous sommes abasourdis et désillusionnés d'entendre la vérité, et nous nous demandons ce qui n'a pas fonctionné chez ceux que nous admirions tellement et que nous espérions même imiter.

Chaque fois que nous sommes en proie au démon de l'envie, nous suivons les traces de gens égarés et confus et nous errons en menant des vies diminuées. Tenant pour acquis que la récompense se trouve juste un peu plus loin sur la route, nous poursuivons l'objet de notre envie, qui semble tout posséder, et nous ne voyons plus, par conséquent, nos propres talents et nos passions. Même si nous réussissons à accéder à la recette du bonheur telle que rêvée par quelqu'un d'autre, nous finissons par détester l'emploi, par être déçus du style de vie, ou par nous sentir pris au piège.

L'envie s'éveille tôt quand nos propres parents ratent leur initiation la maternité ou à la paternité. C'est alors que nous envions l'enfant du voisin parce qu'il possède le dernier jeu informatique et pas nous, ou la famille sur la rue dont le père ne les a pas abandonnés comme le nôtre l'a fait. En tant qu'adultes, nous n'arrivons pas à comprendre que nos enfants ont un destin distinct du nôtre. Le parent qui demeure non initié passe ses journées à conduire ses enfants d'une activité « d'enrichissement » à une autre. Même s'il prétend être totalement dévoué au bonheur et au succès de ses enfants, profondément en lui, il envie les chemins grands ouverts de sa progéniture parce qu'il se sent lui-même piégé. Ignorant ses propres rêves et désirs, il essaie d'orienter son enfant dans une direction qui, est-il convaincu, le mènera au succès. Les notes, les tests, et les amis ne sont jamais assez bons aux yeux des parents poussés par l'envie. Pour les enfants de parents non initiés, il est très difficile d'entreprendre l'initiation de la naissance ou de la puberté et de trouver leur propre voie.

L'état de parent ne consiste pas seulement à avoir des enfants, mais aussi à donner naissance à quelque chose de beaucoup plus grand que vous l'êtes. Avez-vous remarqué comment les enfants jouent naturellement à être des parents ? Les psychologues l'expliquent volontiers comme un désir d'imiter les adultes ou une envie d'avoir une famille imaginaire sans les problèmes de la maison. Mais c'est aussi un profond désir incrusté dans notre psyché que de créer quelque chose de beaucoup plus important. Lorsque nous sommes incapables de trouver quelque chose pour quoi nous sommes prêts à donner notre vie, nous sommes assaillis par l'envie de ceux qui semblent posséder la voie, les relations ou la carrière qui se dérobe à nous. Profondément, l'envie est une attaque active psychique contre quelqu'un d'autre : une attaque préventive. Si vous cédez à ce démon, vous médirez et jugerez les autres, les abaissant afin de pouvoir vous sentir supérieur à eux. Nous adorons tous être au courant des derniers ragots, mais n'oubliez pas : la simple écoute des commérages peut être considérée comme un acte de violence contre la personne dont il est question.

Pour remédier à l'envie, il vous faut de la compassion pour vous-même. Ce n'est que lorsque vous vous acceptez tel que vous êtes que vous pouvez avancer et découvrir ce qui est caché en vous : les éléments de l'ombre positifs qui doivent être apportés à la lumière pour qu'ils cessent de servir de nourriture au démon de l'envie. Vous découvrirez que votre sentiment de manque provient d'aspects mal placés de vous-même que vous avez oubliés — votre beauté, votre intelligence et vos talents. En projetant de la lumière sur vos atouts cachés, vous pouvez faire entrer en vous l'ange de la compassion et cesser de vous culpabiliser de ne pas être aussi bon que les autres qui semblent avoir plus de talent, plus d'argent, une meilleure apparence, ou plus « d'éclat ». La lumière de la compassion révélera la dysfonction dans la famille que vous aviez l'habitude d'envier et la tristesse chez la personne que vous croyiez être le symbole même du succès. Vos yeux s'ouvriront avec bonté et considération pour leur vulnérabilité et leurs blessures et vous vous sentirez heureux de votre propre chance de pouvoir servir les autres.

La compassion signifie aussi la conscience de la souffrance des autres et le désir de la soulager. Avec le cerveau préhistorique, il n'est pas rare d'éveiller notre conscience quand nous voyons quelqu'un de moins fortuné et de dire « Si les circonstances avaient été différentes, j'aurais pu connaître le même sort. » Mais il ne s'agit pas là de compassion. C'est simplement une prise de conscience qui vous dit que, grâce à la chance ou aux circonstances, vous semblez avoir une vie légèrement plus confortable ou plus privilégiée. La compassion exige une action sociale. C'est un appel qui nous demande de faire quelque chose à propos de la souffrance que nous percevons dans le monde. Pour le chaman, il s'agit de corriger les torts dont vous êtes témoin, de parler franchement quand cela est nécessaire —, peu importe à quel point cela vous rend mal à l'aise, ou à quel point on vous désapprouvera pour vos paroles. Pour le chaman, la compassion n'est pas simplement de se sentir désolé pour quelqu'un, il s'agit aussi d'aider la personne.

La compassion vous permet de réconcilier l'image intérieure de vous-même avec le visage que vous présentez au monde. Vous n'êtes plus obligé de consacrer de l'énergie à jouer la comédie. Vous pouvez devenir un bon parent pour vos idées et projets tout en sachant que vous nourrirez ces « enfants » qui sont les vôtres plutôt que de les négliger ou de vous attendre à ce qu'ils remplissent un vide en vous. En pratiquant la compassion, vous pouvez devenir un agent de joie et de paix.

Le sixième démon : la gourmandise, vaincue par la tempérance

L'Amérique est obsédée par la nourriture et les diètes. Chaque dimanche, la liste des livres à succès dans le New York Times comporte au moins un ouvrage sur la perte de poids. Mais les excès de table ne sont qu'une forme de gourmandise parmi tant d'autres. De nos jours, de péché qu'elle était, la gourmandise est devenue une maladie remplie d'inquiétudes sur les niveaux de cholestérol et les comportements autodestructeurs. Un gourmand n'a pas de contrôle sur lui-même et s'abandonne au désir de consommer continuellement. Le roi Midas est le gourmand par excellence, un personnage qui désirait à ce point la richesse que, lorsque le dieu Dionysos lui a offert un don, il a choisi le pouvoir de changer en or tout ce qu'il toucherait. Au début,

Midas était excité de pouvoir tout transformer en or. Puis, il a pris conscience de la malédiction de son souhait : il ne pouvait ni boire ni manger parce que tout ce qu'il touchait se transformait automatiquement en ce précieux métal. Il ne pouvait plus toucher sa bien-aimée, car elle se transformerait en statue d'or. Tous les plaisirs de la vie avaient disparu à cause de son inépuisable besoin d'en obtenir plus. L'or du roi Midas représente le désir glouton de posséder des richesses personnelles —, par opposition à la quête de la transformation spirituelle de l'alchimiste, dans laquelle l'or symbolise l'illumination.

Dans notre culture, tandis que le gourmet est défini comme un gourmand intelligent, et que la taille des portions dans les restaurants est d'une énormité ridicule, la gourmandise a été réinventée sous le vocable de « haute cuisine ». Les assiettes sont remplies d'hydrates de carbone de qualité inférieure de façon à nous assurer que nous en avons pour notre argent. Lorsqu'il est devenu évident dans les années 1920 que les Américains disposaient de tous les biens de consommation de base qui leur étaient vraiment nécessaires, les fabricants ont dû user de ruse pour mettre en marché leurs produits. Ils se sont tournés vers la publicité pour convaincre les gens d'acheter ce dont ils n'avaient pas besoin et pour les pousser à obtenir une autorisation de crédit auprès des magasins pour qu'ils puissent dépenser l'argent qu'ils n'avaient pas pour des biens qu'ils ne pouvaient pas se payer. Il est difficile de résister à l'appel de la gourmandise lorsque nous recevons continuellement des messages séducteurs qui nous disent qu'il suffit de sortir notre carte de crédit pour que nos vies soient bien meilleures. Le vrai bonheur peut effectivement être sans prix, mais nous ne pouvons l'acheter à crédit.

Le démon de la gourmandise nous teste lorsque nous passons à l'âge de la sagesse, sachant que nous pouvons essayer de nous y attarder, réticents à accepter notre perte de souplesse et de force, et résistants à répondre à la sagesse qui nous appelle de l'autre côté du passage. Hésitants, nous essayons d'apaiser des sentiments douloureux en consommant plus qu'il n'est nécessaire et en tendant en vain le bras pour obtenir ce que nous ne pouvons jamais ravoir : l'énergie de la jeunesse, la vitalité physique, l'attrait physique, la rapidité, et dans certains cas, la santé que nous avons perdue. Dans notre angoisse, nous fermons les yeux sur la sagesse que nous avons acquise avec l'âge : le pouvoir de prendre du recul par rapport au drame quotidien et de nous en désintéresser, de ralentir tout en restant en forme, d'être contemplatif et d'étendre notre créativité dans de nouvelles directions.

Si nous réussissons cette initiation, nous étreindrons les présents de l'âge de la sagesse au lieu de nous inquiéter du nombre limité de jours qui nous restent, ou de languir pour la jeunesse des jours passés. Nous cesserons de nous précipiter pour amasser la richesse ou pour conclure un important marché d'affaires qui compensera celui que nous avons raté pendant notre jeunesse. Nous pouvons reconnaître que nous continuerons notre voyage après la mort du corps physique et que nous pourrons étreindre le temps qu'il nous reste au lieu de le gaspiller en essayant de regagner ce qui est depuis longtemps disparu dans une vaine tentative de conjurer la mort.

L'ange de la tempérance chasse le démon de la gourmandise et nous permet de compléter l'initiation qui mène à la sagesse. La tempérance n'est pas un refus rigide de faire l'expérience du plaisir, symbolisé par la sinistre prohibitionniste avec sa hache de combat, sortie pour fracasser tous les barils de plaisir. La tempérance, c'est de pratiquer la modération, ne prenant que ce qui vous est nécessaire et exerçant de la retenue devant la tentation d'abuser. Lorsque vous pratiquez la tempérance, vous ne dilapidez pas votre énergie — vous ne surchargez pas votre carte de crédit. Vous trouvez des moyens créatifs et plus viables de fonctionner. Vous savez reconnaître le moment où la fête a cessé d'être amusante et a tourné au vinaigre.

Vous faites l'expérience de la gourmandise quand vous êtes esclave de la perception de rareté véhiculée par le cerveau primitif. Rappelez-vous que ce cerveau a atteint son apogée quand nous amassions des racines comestibles dans la cave en vue du long et dur hiver. La tempérance vous libère pour que vous commenciez à penser à ce que vous laisserez aux générations futures au lieu de simplement songer à ce que vous pouvez accumuler pour vous-même aujourd'hui. La tempérance vous permet aussi de témoigner calmement de ce qui se passe à partir du trône du sage qui a déjà vu ce film et qui sait comment les choses vont se passer, mais qui, pourtant, demeure agréablement engagé dans la vie. Plusieurs jeunes sages apprennent la tempérance à un âge précoce, se rendant compte que les idées de leurs parents sur la réussite ne leur conviennent pas, ou que leurs propres objectifs en ce qui concerne les relations et les amitiés sont différents.

Pour inviter l'ange de la tempérance, il faut faire confiance en l'abondance de l'Univers. Comme le nomade qui voyage vers le nord pour trouver les troupeaux de rennes, vous limitez judicieusement votre consommation, sachant qu'il y en aura plus à votre disposition plus tard. Vous savez qu'un festin vous attend en chemin, de même qu'une autre famine, et un autre festin, et ainsi de suite.

Le chaman accepte que son temps soit limité, mais il ne s'en inquiète pas. Il est en mesure de tempérer le sentiment d'urgence qui encourage la gourmandise. Si nous lui ressemblons, nous exorcisons cette ancienne croyance selon laquelle si nous ne mangeons pas ou n'agissons pas maintenant, il sera trop tard — ce que nous désirons tant sera épuisé, et plus jamais disponible. Le chaman a abandonné sa dépendance à calculer combien il possède et n'a pas besoin d'un autre projet important pour prouver à quel point il est respectable et à quel point il a de l'influence. Être un créateur est un honneur suffisamment impressionnant pour lui. Il n'est pas contrarié si ses réalisations ne sont pas reconnues. La grâce et la dignité qui accompagnent l'initiation au royaume de la sagesse font plus que compenser toute perte de jeunesse. Il reconnaît son devoir envers les générations futures.

La tempérance signifie aussi de durcir notre propre acier. Dans la fabrication d'une épée, ce processus est effectué en plongeant le métal chaud dans l'eau glacée et en martelant les impuretés. Nous tempérer signifie d'acquérir une force intérieure et une force d'âme, pour qu'une cloque ne nous empêche pas d'escalader une montagne ou pour que nos sentiments blessés ne nous poussent pas à abandonner une relation. Dans l'univers des prédateurs, les gens sont devenus durs à l'extérieur, mais mous à l'intérieur. Ils lâchent prise au moment où les difficultés se présentent et ils cherchent la voie facile. Pour nous tempérer, il faut devenir dur à l'intérieur, mais mou à l'extérieur — et envers ceux qui nous entourent.

Le septième démon : l'orgueil, vaincu par l'humilité

D'après l'histoire de Lucifer, relatée dans le Livre d'Isaïe, la chute de l'ange de la lumière a été causée par l'orgueil. Le nom de « Lucifer » a été attribué au diable, mais il est en fait la traduction latine d'un terme hébreu qui signifie « étoile du matin ». L'histoire chrétienne traditionnelle raconte que Lucifer a mis au défi l'autorité divine en osant habiter les cieux les plus hauts, se plaçant ainsi au-dessus de Dieu. Il a donc été banni du ciel et envoyé en enfer. Le mythe chrétien est une métaphore de ce qui se produit chaque aurore dans les cieux quand Vénus — l'étoile du matin — disparait sous l'horizon lorsque le soleil se lève et l'éclipse.

On dit que Lucifer s'est manifesté sous la forme du serpent du jardin d'Éden qui a charmé les humains pour les entraîner à commettre le péché de défier Dieu en mangeant le fruit qui les a éveillés à la conscience de soi. Bien sûr, la conscience de soi est essentielle pour que vous puissiez assumer votre rôle de créateur, parce que cela signifie que vous êtes instruit de votre pouvoir créateur, de même que de votre pouvoir destructeur. C'est lorsque la conscience de soi se transforme en orgueil et en suffisance qu'il y a problème. Vous êtes alors banni à votre propre enfer sur Terre.

De la même manière que les anges vainquent les démons, l'humilité vainc l'orgueil. Les deux extrêmes de l'égocentrisme — trop d'accent mis sur votre individualité et un manque de conscience de soi — disparaissent. Tandis que le démon de l'orgueil vous pousserait à continuer à viser la première place, l'ange de l'humilité vous fait reconnaître la responsabilité que vous avez de servir les autres et de rêver un monde meilleur pour l'humanité.

Le chaman sait qu'il peut tout accomplir s'il est prêt à abandonner le besoin d'être reconnu pour ses actions, ou le désir de maîtriser en détail la façon dont se développe sa création. Il est enchanté de voir que ce qu'il apporte à la table se combine à ce qui est apporté par les autres, et qu'une nouvelle recette est inventée à partir de ces ingrédients. Il n'a pas besoin d'attirer les flagorneurs qui nourrissent son ego et son illusion de puissance, d'importance et d'indispensabilité. Lorsque quelqu'un veut simplement s'approcher de lui pour aspirer son pouvoir, il est en mesure de le reconnaître, et de l'éviter.

La prise de conscience du peu d'importance et du peu d'influence que nous avons vient avec la mort de l'histoire dans laquelle nous nous sommes attribué le rôle du héros, et dans laquelle nous avons accordé à tous les autres un rôle de moindre importance. Nous ne sommes plus aveuglés par notre propre besoin de grandeur, non plus que nous négligeons les actes de courage discrets des autres. Nous ne sous-estimons plus nos adversaires, non plus que nous supposons qu'ils sont presque aussi intelligents que nous le sommes. Nous ne devenons plus des cibles faciles pour ceux qui peuvent se montrer meilleurs tacticiens que nous.

Le démon de l'orgueil vous empêchera de voir les personnes envieuses et cupides qui souhaitent vous exploiter. Il vous empêchera aussi de voir celles qui sont généreuses et sincères, celles qui pourraient vous aider à créer ce que vous désirez le plus. Même si vous prenez plaisir à jouer le rôle du héros, la roue de fortune tournera et votre rôle dans les histoires que vous avez échafaudées se modifiera rapidement : vous passerez du sauveteur héroïque au dictateur exigeant. Tous vos efforts pour conserver le contrôle sur ce qui se passe dans l'histoire et pour continuer à être l'homme ou la femme de premier plan, séduisant et admiré, vous empêchera de célébrer la vie telle qu'elle est.

L'un des exemples les plus flagrants d'un orgueil galopant est l'idée que nous ne sommes pas séparés de Dieu et que par conséquent nous *sommes* Dieu, et que nous n'avons qu'à nous la couler douce en observant l'Univers qui se révèle. Quand nous flottons dans la mare paisible de la félicité égocentrique, nous concentrant sur la délicieuse sensation que nous ressentons, nous ratons l'occasion de nous joindre aux forces de la rivière qui pousse ses eaux porteuses de vie en aval. Nos rêves deviennent des rêveries que nous nous attendons à transformer magiquement en réalité. Nous zappons à travers la vie, et changeons d'amis et de partenaires lorsqu'ils ne nous divertissent plus. C'est le démon de l'orgueil à l'œuvre. En revanche, le chaman reconnaît qu'on nous a confié la tâche de compléter l'œuvre de la création et que nous avons un travail à faire. Il étreint l'idée d'être « décontracté », comprenant que ce que nous faisons est important, mais que nous devrions être à l'aise quand nous agissons. Si nous croyons qu'être une partie de Dieu nous libère de l'obligation d'être des gardiens et protecteurs de la terre et de prendre soin les uns des autres, nous tombons dans le trou noir de l'orgueil. Pour chasser le démon de l'orgueil, nous devons nous débarrasser de ces histoires et nous engager dans la pratique de l'humilité.

« Être humble » signifie littéralement d'avoir la tête sur les épaules. Le terme provient du mot latin « *humilis* » qui est la racine du mot « *humus* » qui signifie « de la terre ». « Être humble » signifie d'être honnête avec ce que vous êtes, pour que vous ne gonfliez pas votre valeur, sans non plus la sous-estimer. Vous reconnaissez votre beauté intrinsèque et votre valeur personnelle et vous êtes à l'aise avec vos dons. Vous n'avez pas besoin de les dissimuler dans l'ombre. Lorsque vous êtes conscient de votre valeur intérieure, vous ne vous sentez pas obligé de rechercher votre identité à l'extérieur de vous-même, ni de vous comporter avec fausse modestie. Nous avons tous des tâches importantes à accomplir en ce monde, et l'humilité nous permet d'y parvenir sans entraver notre propre voie.

L'acte d'humilité suprême consiste à vider votre esprit parce qu'alors vous pouvez vous libérer même de vos propres idées préconçues. C'est à ce moment que vous pouvez tout expérimenter d'une façon nouvelle, comme si c'était la première fois. Vous vous débarrassez d'une attitude de « c'est du déjà vu, c'est du déjà fait » et vous devenez un explorateur. Le côté arrogant de votre nature meurt en même temps que vos histoires limitatives. L'humilité vous permet d'être un amateur, en admiration devant ce que vous pourriez créer, et de faire l'expérience de chaque situation avec une attitude de « c'est du jamais vu, c'est du jamais fait ». Le mot « *amateur* » signifie « amoureux » en français. Vous devenez un amoureux de la vie, qui voie et ressent les choses d'une toute nouvelle façon, ce que les adeptes de la méditation zen nomment « l'esprit du débutant ».

Vous étant détaché de l'emprise de votre orgueil et de votre suffisance, vous abordez les situations comme un sculpteur qui modèle l'argile, prenant conscience de son humidité et de sa résistance, respirant son odeur riche et terreuse, et façonnant quelque chose d'original, de naturel et de magnifique.

CHAPITRE 9

Les initiations de la jeunesse

Le peuple Krobo du Ghana en Afrique occidentale marque la transition des jeunes femmes vers l'âge adulte par un rite de passage connu sous le nom de « *dipo* ». Depuis des siècles, on pratique le « *dipo* » pour marquer la fin d'une étape de la vie et le début d'une autre. Durant la cérémonie, la tête de chaque initiée est rasée et un collier de cornaline rouge est attaché autour de sa taille par une femme plus âgée qui lui sert de guide pendant l'initiation. Un tissu rouge flottant est fixé aux pierres et pend entre ses jambes, symbolisant le sang de ses règles qui apportera fertilité et vie dans le village. Durant le rituel, qui dure trois semaines, les filles sont pratiquement en réclusion et sous la tutelle des grands-mères. Elles apprennent alors les traditions des femmes, incluant l'art de la séduction, la façon de tenir une maison et la danse. À la fin de leurs préparations, elles se présentent devant le « Tekpete », la pierre sacrée qui protège le peuple Krobo. Le pouvoir de cette pierre est nourri et renforcé par les jeunes initiées qui, à tour de rôle, se tiennent sur la pierre.

Chaque fille est accompagnée par sa « nouvelle mère », qui continuera à lui servir de mentor et de guide. Ainsi, elle libère sa mère biologique des lourdes responsabilités qui causent tant de problèmes et tant de différends avec les mères chez nous, en Occident. Puis, elle devient membre adulte du village. La pratique controversée de la mutilation génitale est aussi appuyée et perpétuée par les guides féminines plus âgées, pourtant les Krobos ne la pratiquent pas, et le Ghana est le seul pays africain qui a déclaré illégale la mutilation génitale féminine.

Les trois premières initiations de nos vies se produisent durant la jeunesse — d'abord notre naissance, puis les rites se rapportant à l'atteinte de l'âge adulte, et finalement la découverte du premier amour.

Le rite de la naissance : la paix vainc la colère

La naissance désigne le moment où nous nous séparons biologiquement de notre mère et où nous goûtons pour la première fois notre identité en tant qu'individu. Cette initiation nous libère des péchés de nos pères et des rêves perdus, des déceptions et des problèmes psychologiques qui accablaient nos parents. Lorsque nous ne coupons pas le cordon d'avec nos parents, nous sommes incapables de nous défaire de leur fardeau de négativité ou d'étreindre leur héritage positif. Ce que l'Église médiévale nommait le « péché originel » peut être réinterprété en termes de ce que les biologistes modernes nomment les « facteurs épigénétiques » : les préjugés, les préjudices, et les peurs transmises de génération en génération. Lorsque nous ne réussissons pas à passer cette initiation, la colère devient notre arme — la colère contre nos parents, contre Dieu et contre l'incertitude et l'impuissance suscitée par notre condition génétique et par notre enfance. Un rite de naissance qui nous accueille en ce monde nous procure un sentiment d'appartenance à notre famille et au monde, sans être possédé par l'un ou par l'autre.

Le rite de la naissance ne se produit pas automatiquement au moment où nous passons dans le canal génital. Il est orchestré par des parents qui refusent de voir leurs enfants comme de simples prolongements d'eux-mêmes. Si l'enfant ne se rebelle pas contre cette version de la réalité, il sera obligé d'essayer de plaire à ses parents ou de se rebeller contre eux perpétuellement. Je connais un couple qui approche quatre-vingts ans et qui est aux prises avec le régime d'assurance-maladie, des reconstructions de genoux, et la transition de leur grande maison à un immeuble à copropriété de taille plus modeste. En même temps, ils s'adonnent aux mêmes vieilles dynamiques avec leur fils qui a atteint la cinquantaine et qui cherche leur approbation sans réserve pour toutes ses décisions et qui s'attend à ce qu'ils le renflouent financièrement lorsque les factures découlant de ses décisions arrivent à échéance. Jusqu'à ce qu'il entreprenne l'initiation de la naissance et se sépare émotionnellement de ses parents, il déterminera chacune de ses actions en fonction de ce qu'il croit que seront leurs opinions, que ce soit bon ou mauvais, même s'il prétend qu'il veut être autonome. En même temps, il est consumé par la colère devant l'injustice de tout cela. Un jour, quand ses parents cesseront finalement de le sermonner et de l'implorer d'écouter leurs conseils, peut-être sera-t-il en mesure de faire l'expérience du rite de la naissance, pour ainsi être libéré de la colère perpétuelle. La seule différence, c'est qu'il devra cette fois-ci franchir lui-même le sombre tunnel symbolique du canal génital à la suite d'un traumatisme, comme la perte d'une relation ou un accident.

L'initiation de la naissance annonce notre entrée dans le monde avec un destin qui nous est propre. Nous pouvons passer cette initiation chaque fois qu'une renaissance se produit dans notre vie — après une remise de diplômes, après le début d'un nouvel emploi, ou après la fin d'une relation sérieuse. En fait, même les célébrations de notre anniversaire sont des occasions de célébrer cette initiation sur une base annuelle, fixant de nouveaux objectifs et une nouvelle orientation pour nos vies. Lorsque nous réussissons à traverser l'initiation de la naissance, nous reconnaissons que nous recevons un appel pour servir le monde d'une façon qui nous est propre — pour avoir notre lumière particulière que nous installons au sommet d'une colline pour qu'elle puisse briller dans toutes les directions. Mais si vous ne réussissez pas cette transition, votre cerveau primitif insistera pour que vous vous serviez du pouvoir de votre colère pour vous faire respecter. Vous affermissez votre réputation en tant qu'individu qu'il n'est pas bon d'affronter. Percevant les autres comme des symboles d'autorité qui n'agissent pas honorablement envers vous, vous imposez à vos relations un modèle de personne malfaisante ou à qui on a fait du tort.

Après avoir passé cette initiation, vous cessez de vivre en fonction de ce que vous croyez que votre famille voulait que vous soyez ou vous cessez de vous engager dans des rébellions instinctives. Vous laissez tomber la colère qui vous donne l'impression que vous n'avez pas vraiment votre place ici.

Durant le rite de naissance, tous ceux qui y participent vous accueillent et affirment votre individualité. Une nuit étoilée, peu après la naissance de ma fille, je l'ai emmenée devant un feu de camp. J'ai porté son petit corps gigotant vers la terre et j'ai prié «Mère, voici ton enfant, je ne suis que celui qui en prend soin.» Puis, je l'ai porté vers le ciel, disant «Père, permets-lui de trouver son propre destin, et aide-moi à l'aider à faire pousser les semences qui habitent son âme.» Je l'ai dédiée à ses parents divins, reconnaissant que je ne suis pour elle que quelqu'un qui lui fournit sagesse et protection et qu'elle doit parcourir son propre chemin. Cette responsabilité d'être devenu parent me procurait un très grand sentiment d'humilité. Mais poussant mon enfant vers son propre destin en lui permettant d'aller demander conseil à mère Terre et à père Ciel a facilité la traversée de mon propre passage comme parent. C'est alors que j'ai compris l'adage qui dit que bien que vous apparteniez à vos enfants, ils ne vous appartiennent pas, ils appartiennent à la vie.

Un rite de naissance est souvent une cérémonie de baptême au cours de laquelle l'enfant reçoit un nom qui résume les rêves et les attentes de la communauté à son endroit. Mais, de nos jours, nous pouvons consciemment choisir de nous renommer nous-mêmes, chaque fois que nous entrons dans une nouvelle étape de la vie — tout comme un initié dans un ordre religieux devient sœur Catherine ou frère Joseph. Une femme divorcée peut se confectionner un nouveau nom pour elle-même, et rejeter celui qu'elle a reçu lorsqu'elle était enfant, et celui dont elle a hérité lorsqu'elle s'est mariée, car aucun d'eux ne semble maintenant lui convenir. Elle peut aussi prendre celui d' »expérience réussie de divorce», qu'elle peut annoncer à tout le monde. La fille qui laisse derrière les attentes de ses parents peut remplacer l'étiquette de «fille obéissante» par «femme explorant ses choix». Se renommer, littéralement ou métaphoriquement, peut constituer une partie importante de l'étape du «grand départ» de toute initiation.

Lorsque vous réclamez votre propre identité, vous réclamez le droit à vos rêves et vous cessez de tenir les autres responsables de vos choix. Puis, vous découvrez votre véritable pouvoir, le pouvoir de la paix intérieure. Lorsque j'étudiais avec les chamans dans les Andes, j'ai reçu une variété de noms. Le premier nom qu'ils m'avaient attribué était un peu offensant : « l'étranger». Puis, quand j'ai obtenu mon tout récent doctorat, mon mentor m'a appelé «*el doctorcito*», la forme affectueuse du diminutif de «*docteur*» en espagnol. Plus tard, après avoir gagné le respect des chamans qui m'enseignaient, ils m'ont demandé quel nom je voulais porter. J'ai dit mon nom, et ils ont répondu «C'est le nom que d'autres vous ont attribué. Quel nom choisiriez-vous pour vous-même?»

J'étais totalement perplexe. J'ai pensé à des noms prestigieux comme «aigle qui s'élance vers le ciel» ou «jaguar nocturne», mais ils ont ri quand je les ai suggérés. «Vous êtes beaucoup plus un écureuil», ont-ils dit, parce que je prenais toujours des notes et que j'amassais des pensées et des idées dans mon cahier. Donc, un jour, j'ai dit que je voulais être appelé «Chaka Runa», ce qui signifie «l'homme du pont». À présent, dans les Andes, les chamans me connaissent par ce nom, parce que j'ai servi de pont en les aidant à transmettre les enseignements chamaniques à l'Occident. Si j'avais pris un nom plus poétique, j'aurais manqué l'occasion de m'aligner avec le nouveau sentiment de but et de mission qui sont reliés à ce que je suis venu accomplir en cette vie.

Pour compléter le passage de la naissance d'une façon mythique, vous devez intégrer votre identité comme enfant de vos parents à votre nouvelle identité en tant qu'être individuel. Vous devez rejeter les problèmes que vous avez avec votre mère et ceux que vous avez avec votre père, reconnaissant qu'il s'agit là de rébellions de pouponnières et que ce sont des moyens dépassés de s'engager dans le monde. Une fois initié, vous ne ressentirez plus que votre comportement se reflète sur eux, ou que le leur se reflète sur vous. Après cela, peu importe votre âge, vous pourrez renaître, plein de possibilités et avancer vers votre propre destin, enthousiaste et heureux.

Le rite de la vie adulte : la générosité vainc la cupidité

L'un des plus grands récits d'initiation dans la vie adulte est le mythe grec d'Hercule, qui a dû réaliser douze épreuves pour devenir son propre maître. Dans sa jeunesse, dans une crise de folie provoquée par la déesse Héra, Hercule tue sa femme et ses trois enfants. Prenant conscience de l'horreur de son geste, il consulte le célèbre Oracle de Delphes, une prophétesse qui communiquait avec le dieu Apollon. Elle lui dit que pour rétablir son honneur et expier son crime, il doit servir le roi Eurysthée, l'homme qu'Hercule méprise le plus à cause de son association à Héra. C'est le roi qui ordonne à Hercule d'exécuter douze travaux. Sa première tâche consiste à trancher la tête d'une bête monstrueuse connue sous le nom du « Lion de Némée ». En route pour Némée, Hercule prépare des flèches, ignorant qu'aucune arme ne peut percer la peau impénétrable du lion. Ainsi, Hercule ne réussit pas à trancher la tête de la bête à leur première rencontre. Il pourchasse ensuite le lion dans sa caverne, où il l'assomme avec sa massue et l'étrangle, avant d'utiliser les griffes de l'animal pour lui couper la peau. Lorsqu'il revient à Eurysthée, le roi est impressionné, et Hercule reçoit la peau indestructible en guise de récompense. Pour toutes les tâches subséquentes, Hercule porte cette peau magique et réussit l'impossible, incluant de tuer plusieurs créatures épouvantables.

Le début du mythe montre clairement qu'Hercule n'est pas prêt pour le mariage et la paternité (c'est le moins qu'on puisse dire). Plutôt que de simplement quitter la maison — la façon la plus courante d'éviter les responsabilités familiales — Hercule tue son épouse et ses enfants. Il doit cesser d'être une andouille brutale et puérile pour devenir un homme. Le lion de l'histoire représente la nature violente, primitive et agressive que chaque homme doit trancher de crainte qu'en retour il se tourne contre ceux qu'il aime le plus. Mais les flèches d'Hercule sont inutiles contre la peau impénétrable du lion. Il doit aller à la rencontre du lion dans les sombres recoins de sa propre caverne — (un voyage symbolique dans les profondeurs de son âme) — et se battre à mains nues contre la bête, pour finir par lui arracher la peau en utilisant les griffes de l'animal. Ces forces primitives et redoutables, représentées par la peau du lion, servent ensuite de présents et de protection pour Hercule.

Pour une fille, les règles marquent biologiquement l'initiation à la vie de femme adulte. Elle entre alors dans le cercle des femmes qui partagent le mystérieux pouvoir de saigner sans mourir et de donner naissance à une vie nouvelle. (Dans les sociétés agricoles traditionnelles, la jeune femme apportait le sang de ses premières menstruations dans les champs. Ce geste symbolisait qu'elle rendait la terre fertile et qu'elle était dorénavant en mesure de faire jaillir la vie de son ventre, tout comme la terre fait jaillir la vie de son intérieur sombre et profond.)

Pourtant, pour réussir ce passage, la jeune femme doit devenir autonome sur les plans émotionnel et intellectuel —, ce qui ne se produit pas au moment du passage biologique marqué par ses premières règles. Dans de nombreuses sociétés non occidentales, il est impossible pour les femmes de devenir physiquement autonomes, car elles sont rigoureusement dominées par les hommes. À l'occasion, il nous arrive de lire dans les nouvelles l'histoire d'une femme lapidée à mort pour avoir osé accéder intellectuellement ou physiquement à cette autonomie, même si cela signifie simplement d'exercer une profession autre que celle de maîtresse de maison et de mère.

Ce rite de passage signifie qu'elle n'appartient plus à ses parents et qu'elle est responsable de sa propre fertilité et sexualité. Aux États-Unis et dans plusieurs autres pays occidentaux, une femme est sous la responsabilité légale de ses parents jusqu'à ses dix-huit ans, plusieurs années après l'arrivée de ses règles. Une adolescente qui subit ce passage avec succès n'a plus l'impression que sa valeur personnelle repose sur le nombre d'hommes qu'elle peut attirer. Elle est déjà prête à entrer dans une relation et à donner d'elle-même sans perdre sa liberté, puisqu'elle n'a pas secrètement besoin de maintenir un statut de dépendance. Elle sait qu'elle peut s'occuper d'elle-même. C'est ce que Psyché découvre lorsqu'elle entreprend ses épreuves presque impossibles à réaliser. Elle ne succombe pas au désespoir, même si elle s'enfonce à plusieurs reprises dans la détresse ; et cela, même lorsqu'elle fait face à l'épreuve effrayante où elle doit récupérer la Toison d'or de la farouche brebis qui broute dans un champ. Ne se laissant pas décourager, Psyché convoque le dieu de la rivière, qui lui dit d'attendre à midi, au moment où la brebis dormira, pour ramasser la laine restée accrochée aux roseaux quand la brebis est passée par là pour atteindre la rivière. La collecte de la laine était une tâche réservée aux femmes. Mais, durant son initiation, Psyché doit la ramasser dans le plus dangereux des endroits ; elle doit ensuite la ramener pour finalement la filer et en faire des vêtements. Ce récit nous informe que même nos tâches quotidiennes peuvent nous apporter des occasions d'initiation. Comme toute femme qui réussit à compléter le rite de l'initiation qui conduit à la vie de femme adulte, Psyché devient autonome, plus forte et capable d'affronter toute situation, même si elle semble impossible.

Lorsque ma famille est repartie à neuf à Miami, après avoir fui Cuba, nous nous sommes souvent retrouvés avec, comme seule nourriture dans la maison, ce que le gouvernement américain nous offrait : des œufs en poudre, des légumes congelés, et des sacs de riz et de fèves séchées. Un jour, lorsque j'avais treize ans, un ami m'a enseigné à fabriquer une ligne à pêche rudimentaire à partir d'un bâton et à appâter un hameçon. J'ai marché jusqu'à la jetée et, après quelques heures, j'ai attrapé un poisson. Il me semblait énorme, et je me souviens de la fierté que j'ai ressentie quand j'ai rapporté le poisson dans un sac à la maison et quand je l'ai offert à ma mère. Je rayonnais devant l'attention que tout le monde me servait, et après que ma mère eut nettoyé et cuit ma prise, j'ai insisté pour que mes parents, ma sœur et ma grand-mère en mangent en premier. Je ressentais une énorme satisfaction d'avoir apporté de la nourriture à la table familiale, et il m'importait peu que j'en mange. Il me suffisait de voir les sourires sur leurs visages pendant qu'ils mangeaient ce merveilleux repas que j'avais rapporté. Plusieurs années plus tard, j'ai découvert que le poisson que j'avais attrapé, un poisson-perroquet, était non comestible, et que ma mère s'était secrètement arrangée pour obtenir un poisson de l'un des voisins afin de le cuire à la place. Ils avaient favorisé pour moi un rite de passage extraordinaire !

C'était ma première chasse, un passage hors du stade de l'enfance, où l'on est pris en charge, pour arriver à la vie adulte, où nous devenons des membres d'une plus grande communauté, et où nous contribuons à sa survie. J'avais quitté la compagnie des enfants qui dépendent des autres et j'étais devenu quelqu'un de qui l'on pouvait dépendre. J'avais fièrement fait les premiers pas pour me transformer en un homme qui peut subvenir à ses propres besoins et à ceux des autres et qui suit son propre destin.

La culture américaine possède des rituels associés au fait de devenir un jeune adulte, incluant l'anniversaire des seize ans et le « *quinceñera* » (l'anniversaire des quinze ans pour les sud-américains), les soirées mondaines, la « bar » et « bat-mitsva » — et moins formellement, l'obtention d'un permis de conduire, le fait de s'enivrer la première fois, ou de quitter la maison familiale. Pourtant, beaucoup d'entre nous n'entreprennent jamais l'initiation requise pour abandonner l'enfance et pour devenir un membre actif de la tribu. Nous partons de la maison bien trop tard et nous nous marions bien trop tôt, souvent comme moyen de briser la poigne de la maison parentale et de faire face à notre initiation. Lorsque nous la réussissons, nous prenons conscience de nos réserves de pouvoir et nous nous débarrassons du faux sentiment d'avoir le droit d'être pris en charge par les autres.

La jeune femme qui entreprend cette initiation étreint son indépendance et ne s'attend pas à ce que quelqu'un d'autre soit responsable de payer le prix de ses choix de vie. Le jeune homme qui complète cette initiation ne se concentre plus sur « Qu'est-ce que j'en retire ? »

L'adolescent qui n'a pas été initié entreprendra de confronter le monde des affaires et de vaincre ses concurrents, sans se préoccuper des conséquences de ses actes, et il assujettira la terre avec l'énorme empreinte carbonique créée par son style de vie. Une jeune femme peut suivre cet exemple ou s'engager dans la trajectoire plus traditionnelle de la fille qui ne franchit pas le seuil de la vie de femme adulte, mais qui utilise plutôt ses ruses féminines afin de séduire les autres pour son propre avancement. La personne qui ne franchit pas le seuil de la vie adulte demeure une créature malheureuse dont la croissance est arrêtée et qui ne vient jamais à bout de son sentiment d'insuffisance et de sa crainte de pénurie.

En revanche, l'adolescent qui est complètement entré dans sa vie d'homme adulte regarde le poisson ou le lapin qu'il a attrapé et ressent un sentiment de grande humilité d'avoir pris la vie pour le service de la vie, et il apprécie la générosité de la terre. Il reconnaît qu'on ne tue pas simplement pour le sport ou pour la gloire, et que s'il respecte l'équilibre de la nature, il connaîtra toujours l'abondance. S'il s'engage dans un marché qui nuit à la terre ou à un groupe de personnes, il trouvera un moyen pour les dédommager par rapport à ce qu'il a pris. La jeune fille qui a étreint la vie de femme adulte a du respect non seulement pour le pouvoir de son charme et de sa sexualité et pour ce que cela peut lui apporter, mais aussi pour son pouvoir de créer une vie qu'elle a nourrie à l'intérieur d'elle-même. Elle ne sous-estimera jamais la valeur de ses dons. (Bien sûr, ces expériences de dons à partir d'un sentiment d'abondance peuvent être vécues par les deux sexes — une femme peut s'engager dans une « première chasse » et un homme peut dédier sa fertilité au monde.)

Enfin, si vous avez entrepris cette initiation, vous savez que vous avez quelque chose de valable à offrir aux autres. Ce passage facilite l'émergence d'un sentiment de raison d'être et vous découvrez le pouvoir personnel que vous aviez négligé dans la quête où vous cherchiez à forcer l'Univers à se conformer à vos besoins. Après cette initiation, vous vous sentez heureux de ce que vous êtes et de ce que vous êtes en mesure de donner de vous-même au monde.

Le rite du premier amour : la pureté vainc la luxure

L'anthropologue pionnière Margaret Mead a fait sensation en 1928 quand elle a publié *Mœurs et sexualité en Océanie*. Le livre décrivait comment les jeunes femmes samoanes retardaient le moment du mariage de plusieurs années pendant lesquelles elles prenaient plaisir à des rapports sexuels occasionnels avec différents partenaires, pour finalement s'établir, avoir des enfants et vivre une vie normale. Cette révélation a dérangé de nombreux Occidentaux qui n'étaient pas conscients que des relations sexuelles non censurées avant le mariage étaient courantes dans la plupart des cultures qui n'avaient pas eu de contact avec les missionnaires chrétiens. Mead décrivait une pratique dans une société où le rite de passage de la première expérience sexuelle n'est pas considéré comme un tabou, et où les jeunes hommes et femmes grandissent en adoptant une attitude saine envers leur sexualité. Les travaux de Mead ont été l'objet de nombreux dissentiments, incluant des contradictions exprimées par des Samoanes et un ouvrage controversé par Derek Freeman.

Idéalement, la première expérience sexuelle apporterait la joie de l'intimité et du plaisir mutuels tandis que vous vous partagez avec une autre personne. Pourtant, si peu de gens vivent une merveilleuse histoire de « première fois », que nous supposons que l'on doit tous connaître une initiation amoureuse désastreuse. En réalité, nos premières rencontres à caractère sexuel sont douloureuses parce que tant d'entre nous n'ont pas complété leurs premières initiations et ne sont pas prêts à entreprendre ce passage. Même si nous sommes biologiquement prêts à avoir des relations sexuelles à l'adolescence — et de nos jours, de nombreux adolescents sont sexuellement actifs —, l'initiation du premier amour requiert une certaine maturité émotionnelle qui peut être facilitée par une société tolérante et une initiation réussie dans la vie adulte.

Après cette initiation, vous avez le pouvoir d'évoquer tant les aspects masculins que féminins que vous possédez en vous, tandis que vous et votre partenaire, en alternance, donnez et recevez, agissez et réagissez. L'énergie masculine de la conquête et l'énergie féminine de la séduction sont jouées sur le plan sexuel, et deux partenaires complètent les besoins sentimentaux et physiques de l'un et de l'autre. Ces deux énergies interagissent pour produire la passion, la créativité et un délicieux suspense.

Plusieurs d'entre nous n'ayant pas réussi à compléter les deux premiers rites spirituels de la naissance et de la puberté, la sexualité finit souvent par devenir une pauvre imitation d'une véritable intimité. Nos relations peuvent avoir pour but la conquête et la manipulation plutôt que la connexion et l'abandon à la passion. Dormir avec quelqu'un avant même de savoir comment épeler son nom de famille est devenu pratique courante tandis que nous avons soif de liens, mais que nous craignons l'intimité.

Les humains sont les seuls animaux qui effectuent l'association logique entre l'accouplement et la reproduction. Les animaux sont menés par l'instinct de reproduction ; pourtant, plusieurs espèces semblent s'accoupler pour le pur plaisir et pour la sensation authentique de l'acte. Par exemple, même si elles ont déjà pondu leurs œufs, les femelles de certaines espèces d'oiseaux inviteront les mâles à s'accoupler avec elles. Les biologistes ont donné plusieurs interprétations à ce comportement, croyant qu'il s'agit d'une astuce pour tromper les mâles afin qu'ils prennent soin des oisillons dont ils ne sont pas le père. Mais il s'agit peut-être de l'interprétation humaine d'un comportement animal. La masturbation, un autre comportement sexuel distinct de la reproduction, est aussi observée dans le monde animal. Même les chevaux castrés se lancent régulièrement dans l'autostimulation. Les scientifiques ne sont pas encore parvenus à comprendre pleinement les mystères de la sexualité à ses origines dans le monde animal.

Tout de même, les humains semblent être la seule espèce qui peut être facilement traumatisée sur le plan sexuel. Être l'objet de désir de quelqu'un peut avoir comme conséquence la crainte de l'intimité. Les personnes abusées sexuellement à un jeune âge vont parfois plus tard «extérioriser» l'acte sexuel de façon dramatique, dans un effort inconscient pour reconquérir leur pouvoir. Par exemple, ils peuvent s'enorgueillir d'exceller dans le sexe oral, de tromper secrètement leurs partenaires, ou de s'engager dans des comportements sadomasochistes — tout cela pour récupérer un sentiment de contrôle sur leur sexualité.

Peu importe la façon dont s'est déroulée notre «première fois», nous pouvons vivre une relation sexuelle gratifiante avec notre bien-aimé du moment comme si c'était notre première fois. Sans craindre d'être rejetés ou de nous sentir mal à l'aise à cause de notre manque d'habileté, nous pouvons nous exercer à simplement nous regarder dans les yeux, en nous touchant et en nous embrassant tendrement, en mettant l'accent sur l'intimité plutôt que sur la relation sexuelle elle-même. Après une querelle, il est important d'éviter à tout prix les «réconciliations sur l'oreiller». Cela peut permettre à deux personnes de se reconnecter, mais peut également servir d'excuse pour éviter de résoudre un conflit majeur.

Les chimpanzés montrent d'incroyables manifestations d'intimité les uns envers les autres, mais rarement lorsqu'ils sont en train de s'accoupler. Les humains se sont chargés d'ajouter l'intimité, l'attention, la vulnérabilité et l'abandon à l'accouplement. Notre cerveau est programmé pour avoir un besoin maladif de l'expérience intense de l'orgasme, car c'est un mécanisme sécuritaire conçu pour assurer la survie de notre espèce. Les chamans croient que les énergies de l'amour peuvent les aider à atteindre des états supérieurs de conscience. Suivant la même croyance, les praticiens tantriques se concentrent à diriger le courant de l'extase sexuelle dans la colonne vertébrale, à travers les chakras, et dans la tête, pour éveiller le cerveau supérieur. Les chamans croient que dans l'extase de la sexualité se trouve une transcendance qui est l'expérience la plus proche de la mort qu'on puisse avoir dans la vie. Après cette mort symbolique de l'individu en tant qu'être séparé, nous découvrons un «nous» qui est plus grand que la somme de ses parties. Comme le dit le poète Roumi à sa bien-aimée «Car j'ai cessé d'exister, il n'y a que toi ici.» Vous cessez d'exister en tant qu'individu séparé et déconnecté et vous vous abandonnez à la félicité de la communion.

Un orgasme suppose une dissolution du «moi» et une fusion du «nous» tandis que l'ego s'écarte. En fait, le terme français pour orgasme se traduit par «*la petite mort*». Dans ce moment bienheureux de climax, nous nous détachons de l'emprise de nos histoires personnelles et nous nous abandonnons à notre partenaire et à l'Esprit.

Lorsque nous réalisons avec un partenaire sexuel un rapport basé sur le désir de partager plaisir et exploration, nous pouvons transférer cette dynamique du partage dans nos expériences à l'extérieur de la chambre à coucher. L'expérience du plaisir mutuel éveille les centres de félicité du cerveau et nous ouvre à la joie, à l'amour et aux expériences mystiques. Parmi les régions du cerveau activées durant l'orgasme, il y a l'amygdale et l'hypothalamus, qui produit de l'ocytocine, aussi connue comme «l'hormone de l'amour et de la liaison». Les niveaux d'ocytocine quadruplent durant l'orgasme.

Lorsque nous sentons une certaine chimie avec un partenaire, nous sommes convaincus qu'il ou elle est «le bon» ou «la bonne». Mais, habituellement, la personne qui nous attire profondément nous présente un miroir reflétant les drames émotionnels qu'il nous faut encore régler. Souvent, lorsque nous sommes fortement attirés vers quelqu'un, il ne s'agit pas simplement d'un jeu d'hormones; nous sommes intuitivement attirés par des partenaires qui nous aideront, croyons-nous, à régler des problèmes émotionnels dont nous ne sommes pas encore conscients. Une âme sœur nous procure une excellente occasion d'enfin résoudre ces problèmes; mais tandis que nos partenaires peuvent nous « *aider* » à guérir, ils ne peuvent pas se charger de la guérison à notre place. Si nous choisissons de grandir par notre initiation et d'apprendre nos leçons, nous ne restons pas coincés dans la mauvaise relation, celle qui ne fait que répéter les mêmes vieux drames émotionnels. Notre relation devient la bonne, nous devenons le bon partenaire, et nous cessons notre recherche continuelle pour trouver la bonne personne.

Dans une culture dominée par les valeurs masculines, les hommes, tout comme les femmes, ont ignoré les énergies féminines requises par ce rite de passage. Le principe féminin honore la communion plutôt que la domination. Nous ne nous concentrons plus sur des questions comme « Que puis-je obtenir de cette personne ? M'est-elle utile ? Convient-elle à ma façon de concevoir une famille ou une maison ? » Nos relations ne deviennent plus des transactions d'affaires. Nous cédons à l'offrande, à l'exploration et à la découverte mutuelles ; nos interactions deviennent donc fluides, comme les mouvements des danseurs qui ondulent autour d'un feu sacré. Nous devons être prêts à accueillir la « petite mort », sachant qu'elle nous libère dans une vie véritable. Vous ne pouvez parvenir à un orgasme extraordinaire sans qu'une petite partie de vous succombe au plus grand tout. Dans le cadre de mon travail de counseling, j'en suis venu à réaliser que nombreux sont les hommes qui, terrifiés par la perte de contrôle que représente l'orgasme, éjaculent simplement pour l'éviter. Pendant longtemps, nous avons mis ces deux fonctions sur le même pied, mais l'éjaculation est une libération physiologique localisée dans la région génitale mâle, alors que l'orgasme, d'après le neurologiste Martin Portner, exige un relâchement de l'inhibition, et cela conduit à la mise hors circuit du centre cérébral associé au contrôle et à la vigilance.[13]

---

13. Martin Portner, « The Orgasmic Mind : The Neurological Roots of Sexual Pleasure », *Scientific American Mind*, avril 2008, hhtp : ://www.scientificamerican.com/artoce.cfm ?id=the-orgasmic-mind.

Le rite de la première expérience sexuelle sous-entend bien plus que la sexualité. Il s'agit d'aborder d'autres personnes avec confiance et une volonté d'étendre l'imagination au-delà de ses limites ordinaires. Mais avec l'expérience de la fusion et de l'orgasme vient une conscience aiguë de la mortalité. Dans ce moment d'abandon à votre partenaire, vous pouvez devenir conscient, peut-être pour la première fois, que vous pouvez vous détacher de l'emprise de votre moi limité et séparé.

Les trois premières initiations nous permettent d'interagir avec les autres de façons harmonieuses, aimantes et créatives au lieu de les percevoir comme des ennemis potentiels ou comme des pions dans un combat pour la survie. La prochaine série d'initiations exige que nous transcendions notre identité person-nelle en nous engageant dans des unions dans lesquelles nous renonçons à ce sentiment du moi que nous avons développé et dont nous avons goûté la transcendance lorsque nous nous sommes fusionnés à quelqu'un d'autre.

CHAPITRE 10

Les initiations de la maturité

Pendant 20 ans, j'ai voyagé dans les Andes et en Amazonie, étudiant les enseignements de sagesse des Amériques. Au début, j'accompagnais mon mentor et ami indien dans l'Altiplano, les plaines des régions montagneuses qui s'étendent du Machu Picchu au Lac Titicaca. Plus tard, lorsqu'il est devenu plus âgé, mon ami a dirigé mes voyages de recherche, tandis que je cheminais en solitaire pour travailler avec le dernier chaman encore vivant.

— Vous feriez mieux de voyager seul, m'a-t-il dit un jour. Vous en savez trop peu pour enseigner à quiconque et trop pour avoir un mauvais compagnon.

Ensemble, nous avons étudié le travail de recherche basé sur mes voyages, et nous avons entrepris de retisser la tapisserie d'une ancienne tradition qui avait été mise en pièces par les Conquistadors. Au début, nous n'avons trouvé que des bouts effilochés. Nous avons extrait un peu de connaissances ici et là avec un petit bout de sagesse d'un autre village et des récits laissés par les chroniqueurs espagnols. Puis, nous avons trouvé le bon filon. Nous avons découvert que les enseignements de sagesse dans leur entièreté avaient été laissés intacts et étaient disponibles à ceux qui entreprenaient la grande initiation — la dernière initiation, celle de la mort.

— Où puis-je apprendre ces enseignements ? ai-je demandé au vieil Indien.

— En Amazonie, a-t-il répondu. Vous devez retourner au jardin.

Peu après, il est décédé. Ses dernières paroles ont été « Maintenant, votre temps est venu d'emmener les autres où je vous ai emmené. »

Bon sang. J'étais tellement en colère. Pourquoi fallait-il qu'il meure maintenant ? Lui et moi étions les seuls à savoir à quel point je sais peu de choses…

Journal
Machu Picchu, Pérou

Les trois premières initiations nous donnent les compétences voulues pour être membres du village global en tant qu'individus sains. Avec un sentiment naissant du moi, nous quittons les limites de la maison pour explorer le monde plus grand et pour y prendre notre place. Ensuite, par les initiations du mariage, de la paternité ou de la maternité, et de la sagesse, nous maîtrisons les forces émotionnelles qui sous-tendent ces étapes de la vie, pour finalement nous préparer à rencontrer la mort sans crainte, sans résistance, ni déni.

Le rite du mariage : le courage vainc la paresse

La vision sacrée du mariage se retrouve dans chaque culture. Le «*hieros gamos*», l'union mystique entre un dieu et une déesse, était reconstituée par les prêtres et les prêtresses dans les anciens temples grecs. Une version encore plus ancienne du mariage sacré, datant du VIe siècle av. J.-C., provient de Sumer, une civilisation dans le sud de l'Iraq. Ici, le roi consommait son union avec la grande prêtresse d'Inanna, déesse de l'amour et de la fertilité. Cette union rituelle, qui avait lieu au printemps, avait aussi un objectif pratique, car le peuple la considérait comme une invitation à s'accoupler —, assurant que leur descendance naîtrait au début de l'hiver, à une période où ils auraient plus de temps pour s'en occuper. La notion de mariage sacré existe aussi dans la chrétienté, suggérant une union entre soi-même et Dieu. Cette union d'un être invisible et d'un mortel pouvait aussi produire une progéniture, comme le montre « l'Annonciation » faite à Marie par un ange, qui a abouti à la naissance du Christ.

Notre conception moderne du mariage comporte certains des états exaltés du mariage sacré, tout en étant aussi soumis à la pression d'attentes extraordinaires. D'un côté pratique, nous voulons qu'il comporte une entente légale, avec une protection complète pour chacun des partenaires en cas de dissolution. Émotionnellement, nous voulons un lieu sécuritaire pour faire l'expérience de notre vulnérabilité, et nous espérons vivre un amour romantique et une sexualité passionnée pour des années à venir (même après l'arrivée des enfants qui causent des ravages dans l'intimité et au niveau des cycles de sommeil). Nous voulons que notre partenaire nous accepte comme le ferait notre meilleur ami qui est familier avec chacune de nos excentricités et nos mauvaises habitudes. La réalité du mariage peut être incroyablement décevante quand tout ce que nous croyions vouloir est une grande fête après laquelle nous vivrons heureux à jamais. La peur de l'intimité, que nous n'avons pas vaincue lors de notre passage superficiel dans le rite du premier amour, nous paralyse maintenant. Mais étant donné que quelqu'un d'autre fait maintenant partie du tableau, nous nous imaginons que nous pouvons lui laisser la responsabilité de maintenir la relation en vie. Ensuite, si cela ne réussit pas, nous pourrons jeter le blâme sur notre partenaire et continuer notre recherche du partenaire parfait. L'ego est assurément doté d'un système de croyances bien établi pour justifier sa paresse.

Le « mariage » était autrefois une affaire simple dans laquelle l'homme-chasseur échangeait de la viande riche en fer contre des relations sexuelles avec une femme. Ce que chaque partenaire apportait à la relation était très clair : pas de viande, pas de sexe. Pas de sexe ? Le chasseur mécontent trouvait une autre femelle qui accepterait l'échange. Ce système de troc a assez bien fonctionné et a permis à l' »*Homo sapiens*» d'augmenter la population de façon exponentielle. Plus tard, le mariage fut un contrat négocié dont l'objectif était d'établir la paix entre des tribus en guerre ou de lier d'importantes familles les unes aux autres, tandis que deux jeunes personnes se sacrifiaient pour les besoins du groupe plus important en se mariant. Les deux époux étaient conscients de la nature de leurs devoirs respectifs.

De nos jours, les femmes chassent pour se procurer leur propre viande, et ce sont des entreprises, non des rois, qui maîtrisent les richesses des nations. Dans les pays occidentaux, près de cinquante pour cent des mariages finissent par un divorce. Mais alors que le taux de divorce grimpe, le nombre d'individus qui se marient une deuxième et une troisième fois augmente. Le mariage n'a jamais joui d'une telle popularité! Pourtant, ce que chacun de nous est censé fournir à l'autre n'est pas évident. Chacun nourrit des attentes différentes, et la peur de décevoir et d'être déçu nous paralyse. Si seulement le moment de joie parfaite pouvait être figé dans le temps pour que nous puissions éviter de commettre des erreurs ou d'être blessés.

Le mariage est le passage d'une situation où l'on n'appartient qu'à soi-même vers une situation où l'on appartient à une union et où l'on s'engage ensemble dans un voyage fantastique. Dans une relation, le fait d'être mariés» suppose de créer une loyauté primordiale qui peut devenir un contenant pour une famille, que cette famille inclue ou non des enfants un jour. Deux personnes qui n'élèveront jamais d'enfant ensemble peuvent s'unir et créer une entité qui fournit une arène pour leur épanouissement personnel tandis que la relation elle-même s'épanouit.

La famille est l'unité de base de la société, et tout le monde pratique des rites de mariage, des villageois de l'Amazonie brésilienne aux cosmopolites new-yorkais. Mais le mariage n'a pas toujours été un acte entre adultes consentants. Malgré des efforts de réforme, la pratique de marier une enfant contre son gré est toujours largement pratiquée en Inde. Dans l'histoire européenne, le mariage était un contrat d'affaires entre deux familles qui arrangeaient les fiançailles de leurs enfants. Au XIIe siècle, au moment où l'Europe s'engageait dans une mini-Renaissance, on croyait que le mariage et l'amour étaient incompatibles et qu'on ne pouvait trouver l'amour que dans des aventures et des rendez-vous galants secrets. L'association du mariage et de l'amour est un phénomène relativement récent en Occident.

Malgré la nature souvent fantastique des mythes grecs, le mariage de Zeus et d'Héra fait un peu la lumière sur ce qui peut mal fonctionner dans un mariage. Héra était la déesse de la fécondité et la créatrice du monde entier. Elle était la sœur aînée de Zeus, roi des dieux et seigneur du ciel et de la foudre. Les temples consacrés au culte d'Héra sont beaucoup plus anciens que ceux de Zeus, mais lorsqu'il a commencé à la dépasser en importance, il l'a obligé à l'épouser. Héra était malheureuse parce que Zeus courrait les femmes (et les hommes) et les séduisait. Elle a donc décidé de refuser de faire l'amour avec lui, ce qui lui valut plus tard le surnom de « déesse garce » au sein d'un clergé nettement dominé par des hommes.

Dans l'Antiquité, le mariage pouvait être une affaire sanglante et violente. D'après la légende romaine, Romulus, le fondateur de Rome, cherchait des épouses pour ses fils dans le but d'augmenter la population de la ville. Comme il ne réussissait pas à trouver des épouses consentantes parmi les Sabines voisines, Romulus a invité les Sabins à une très grande fête. À la fin de la célébration, les Romains ont tué les hommes et kidnappé les femmes. (Le »viol des Sabines » est devenu un sujet populaire parmi les peintres de la Renaissance.) Dans la vraie vie comme dans la légende, il était courant pour les armées conquérantes de s'attribuer les femmes d'une nation vaincue.

Le mariage moderne a fini par devenir un véhicule de développement personnel. Nous investissons notre énergie dans la relation en croyant que chaque individu s'engagera totalement. Si l'homme n'a pas complété son initiation du premier amour, il se lassera bientôt de faire des efforts et retournera vers ses copains ou pourchassera d'autres femmes, comme l'a fait Zeus. La femme, frustrée par l'immaturité de son homme, est alors rabaissée et traitée de « garce qui se plaint ».

Le lien émotionnel entre des partenaires peut être si puissant que des amoureux séparés depuis longtemps peuvent ressentir les étincelles de la passion presque instantanément lorsqu'ils se rencontrent à nouveau des années plus tard. Parfois, cette passion est positive, comme lorsque des amoureux du lycée se rencontrent dans une résidence pour personnes âgées et reprennent l'épisode là où ils l'ont laissé. Dans d'autres cas, les amoureux sont toujours aussi furieux l'un contre l'autre et retombent dans les mêmes querelles d'il y a trente ans. Lorsque cela se produit, c'est un signe évident que les deux partenaires n'ont pas réussi à compléter l'initiation du mariage.

Nombreux sont ceux qui sautent complètement l'initiation et demeurent des jeunes immatures alors qu'ils entrent dans le mariage — ou pire encore, dans la paternité ou dans la maternité —, sans accepter ce que ce nouveau rôle exige d'eux. Nous le constatons chez un homme qui, à la naissance de son premier enfant, se sent abandonné par son épouse et se plaint « Aussitôt que le bébé est arrivé, la sexualité, la relation et l'intimité, tout est disparu ! » Plutôt que de s'efforcer à enflammer de nouveau la passion sexuelle et à partager les soins de l'enfant avec la jeune mère épuisée, le nouveau père devient paresseux et plein de ressentiment. Leur enfant devient aussi la cible de ses accusations. Tout comme pour les autres rites, les quatre stades de toute initiation s'appliquent au rite du mariage. Au début de mon mariage, j'étais tout à fait impressionné lorsque je faisais référence à « mon épouse » dans une conversation. Être marié était un insigne d'honneur. Avoir une épouse signifiait que j'étais un adulte désiré, exclusivement, par quelqu'un — ce qui faisait de moi une personne très importante. C'était le stade où j'étreignais mon identité comme « partenaire » et le début de mon initiation.

Ensuite arrive le grand départ : « après la lune de miel ». Lorsque la robe de mariée a été rangée dans la boîte du nettoyeur, l'album recouvert de dentelle blanche déposé sur l'étagère, et que cette idiote que vous avez mariée a mis le compte chèques à découvert encore une fois, vous entrez dans ce stade. Il se peut que vous deveniez nostalgique en pensant à vos jours de célibat. Si vous avez une aventure, que vous retournez aux soirées de poker avec les copains, ou que vous continuez à confier vos sentiments les plus intimes à vos anciennes copines, vous demeurez coincé à l'entrée de ce passage. Les hommes, surtout, éprouvent de la difficulté à intégrer leur nouvel état à l'identité de l'ancien guerrier toujours au centre de leur image de soi. Par exemple, un mari peut se débattre pour maintenir son sentiment d'indépendance et de compétences masculines quand son épouse l'appelle pour lui demander pourquoi il est encore en retard et pourquoi il a oublié de poster le chèque de paiement de l'hypothèque. Je me souviens d'avoir atteint ce stade dans mon mariage ; j'avais quitté la maison pour diriger une expédition d'un mois en Amazonie sans payer la facture de gaz et d'électricité. Le jour après mon départ, on a coupé l'électricité et mon épouse et mon fils se sont retrouvés coincés à la maison, sans chauffage pendant la première tempête de neige de l'année. Lors de mon premier appel à la maison, mon épouse m'a présenté la situation en grands détails —, incluant à quel point j'avais été irresponsable. Et elle avait absolument raison. Selon mon moi guerrier, j'aurais pu simplement rester dans la jungle où je n'avais aucune obligation.

Dans le rite du mariage, vous devez faire face au test qui consiste à intégrer votre ancien moi célibataire à votre nouveau moi en couple tout en plongeant dans une intimité profonde.

Pour moi, cela signifiait de ne pas sortir de la pièce quand j'étais confronté au fait que j'avais tout gâché. Cela signifie aussi de ne pas menacer de partir simplement parce que vous vous sentez ennuyé ou agité, ou parce que vous croyez qu'il peut y avoir quelqu'un qui vous convient mieux ailleurs. Kahlil Gibran a décrit ainsi la façon saine de relever les défis d'une vie à deux :

Et tenez-vous ensemble, mais pas trop proches non plus :
Car les piliers du temple se tiennent à distance,
Et le chêne et le cyprès ne croissent
pas à l'ombre l'un de l'autre.[14]

Alors, il vous est facile de passer d'une discussion intime avec votre partenaire à un peu de temps personnel, à une soirée avec votre ancien gang de vos jours de célibataire. À ce stade, vous perdez toute peur de ce qui pourrait se produire si vous n'étiez plus marié. La pensée anxieuse «Je ne veux pas être célibataire à quarante ans et être obligé de recommencer à sortir» n'est plus ce qui vous fait demeurer dans une relation.

Dans le stade final, l'illumination, vous découvrez que votre état matrimonial n'est plus ce qui vous définit. Vous avez accompli l'union alchimique, ou «*coniunctio*», et vous avez façonné la pierre philosophale, connue par les Grecs comme «*chrysopoeia*» — littéralement «fabriquer de l'or». La «*chrysopoeia*» était l'élixir de la vie, de l'immortalité. La mort imminente que vous avez goûtée lors de l'initiation du premier amour vous conduit maintenant dans le «à jamais» que vous découvrez à l'intérieur d'une union sacrée. Cela m'est arrivé quand j'ai pu partager chaque moment avec ma bien-aimée, même lorsque nous étions séparés. C'était comme si nous étions devenus «une chair» et, par conséquent, nous pouvions sentir la présence de l'autre dans notre cœur.

---

14. Kahlil Gibran, « Le mariage », *Le prophète*, (1923).

Une fois que vous avez atteint le stade de l'illumination, vous avez complété l'initiation du mariage. Même si la relation devait finir par se dissoudre, il sera plus facile de lâcher prise et d'effectuer la transition pour vous appartenir à nouveau en tant que célibataire. Tous ceux qui ont été divorcés savent à quel point on peut avoir une impression d'échec personnel. En fait, le divorce peut comporter son propre rite d'initiation. Notre culture ne fournit pas de guide pour savoir comment divorcer de façon telle que les deux partenaires puissent croître et guérir. Mais, si vous vivez une rupture, prenez conscience que vous pouvez réviser ce en quoi consiste cette initiation, l'utilisant comme une occasion d'opérer la guérison que vous avez évitée.

Le rite de la paternité ou de la maternité : la compassion vainc l'envie

Dans la mythologie occidentale, nous avons peu de modèles positifs de parents. Dans la littérature grecque, nous découvrons que, dans une crise de rage provoquée par sa belle-mère, Héra, Hercule tue ses enfants ; nous apprenons aussi qu'Aphrodite est née des testicules tranchés de son père, Cronos, et que Psyché est abandonnée à son sort par son père tyrannique. L'Ancien Testament, s'il est interprété à la lettre, donne à la plupart des gens l'impression que Dieu le Père n'a d'autres intérêts que de voir ses enfants lui rendre hommage, et qu'il ordonne périodiquement à ses anges de détruire sa progéniture lorsqu'elle l'a offensé, comme dans le cas de Sodome et Gomorrhe. Pour leur part, Adam et Ève ont tellement échoué dans leur rôle de parents que leur fils Caïn a tué son frère Abel. En conséquence, beaucoup d'entre nous doivent découvrir par eux-mêmes l'art d'être parent.

Il y a quelques années, j'ai acheté une Volvo. Quand le vendeur m'a demandé « Voulez-vous commander des sièges de cuir ? », j'ai répondu « Non, je prendrai du naugahyde, du vinyle, peu importe le nom que vous lui donnez. » Je crois qu'il était surpris que je veuille des sièges de plastique, mais étant père de deux enfants à l'école primaire, je pouvais tout à fait imaginer leurs boissons gazeuses, leurs jus et leurs gommes à mâcher se fondant dans le cuir sous le chaud soleil d'été. Mon désir de maintenir l'image d'un homme dans la fleur de l'âge trop aventureux et sophistiqué pour permettre à sa peau de toucher du tissu synthétique est passé au second plan, derrière la réalité de la paternité. Si je ne pouvais pas nettoyer la voiture avec un tuyau d'arrosage, je n'en voulais pas. Dans ce véhicule utilitaire, je ferais difficilement l'envie de mes pairs, mais je n'avais aucunement besoin d'être l'homme avec la meilleure voiture du pâté de maisons.

Même si, biologiquement, nous pouvons très bien ressentir la forte envie de procréer, ce n'est pas tout le monde qui veut être, ou qui est fait pour être parent dans le sens littéral du terme. Si, au moment où nous devons faire face à la condition de parent, nous n'avons pas passé toutes nos initiations, la condition parentale peut être intensément troublante. Si nos propres parents sont demeurés sur le seuil de cette initiation et n'ont jamais réussi à la compléter, ils nous ont peut-être transmis la malédiction d'être incapable de relever les défis que présente ce passage. C'était le cas de mon père, qui a été un merveilleux partenaire et ami pour ma mère, mais qui n'a jamais découvert la façon d'être parent. Il a essayé très fort, mais c'était un guerrier et un entrepreneur qui ne pouvait se résoudre à tenir ses propres petits-enfants dans ses bras de crainte qu'ils bavent sur lui. Pendant un bon moment, j'ai été fâché contre mon père, et ma relation avec lui a été compliquée jusqu'à ce que je devienne à mon tour père et que je doive relever le défi de cette initiation pour laquelle les hommes de notre culture sont si mal préparés.

Deux semaines avant la naissance de mon fils, je me suis rendu dans le rayon des nouveau-nés d'un grand magasin et j'ai acheté poussette, parc et toute la technologie qui, selon moi, allait faire de moi un bon parent. Pendant que je payais mes achats à la caissière, je me suis mis à rire lorsque j'ai pris conscience que je ne pouvais pas acheter suffisamment de gadgets pour faire de moi un bon père. C'est mon fils qui me l'enseignerait, si je le lui permettais. Un instinct profondément enfoui en moi est monté à la surface et a pris le dessus. Tout ce dont cet enfant aura besoin, je le lui fournirai, peu importe le coût — du moins, c'était ma réaction instinctive. Ma conviction a cédé à plusieurs reprises, comme c'est le cas pour tous les parents, surtout quand mon fils est devenu un adolescent ; mais j'ai pris conscience d'un point fondamental : à partir de ce moment-là, les besoins de cette petite personne passeraient avant les miens.

Le père qui peut mettre de côté ses propres besoins et être au service de ceux de son enfant ou la mère qui est capable de couper le cordon ombilical symbolique est le parent qui a réalisé son initiation au plus profond niveau de son âme. Cette personne est prête à être parent plutôt que de simplement avoir un bébé. Ses craintes et ses insécurités ont été guéries au point où elle peut prendre plaisir à la liberté et au rire facile de son enfant sans éprouver de ressentiment parce que sa propre enfance est maintenant vraiment terminée. Lorsqu'une femme dit « Je veux avoir un bébé », elle est peut-être en train de dire « Je suis prête à faire d'un enfant le centre d'intérêt de ma vie et à m'engager dans une maternité créative en même temps que je découvre les possibilités du rôle de mère. » Sinon, elle peut être en train de dire « Je ressens un vif besoin biologique de donner naissance, et je veux avoir un nouveau-né parfait qui est un reflet de moi-même. »

Encore une fois, il est important de ne pas percevoir ces rites uniquement comme des passages biologiques. Même ceux qui ne deviennent pas des parents au sens littéral ont l'occasion, d'une manière ou d'une autre, d'accomplir du mentorat auprès d'une autre personne ou de parrainer un projet ou une cause importante. Les mêmes problèmes émotionnels s'appliquent alors. La condition de parent biologique signifie d'accepter un certain destin en disant « Oui, je donnerai de mon corps et de ma force vitale pour donner naissance à cet enfant. Cette grossesse n'est pas accidentelle, et je n'emmènerai pas un enfant dans ce monde pour cimenter une relation. » Vous faites la même chose quand vous démarrez un projet. Vous solidifiez votre partenariat avec une autre personne (parce qu'aucun projet ne réussit sans aide), et ensuite, vous façonnez un contenant pour tenir votre délicat nouveau « bébé » jusqu'à son arrivée. Vous reconnaissez qu'autrement le « bébé » souffrirait et que vous devez le nourrir et le protéger. Vous êtes en mesure d'évaluer les réels besoins de votre entreprise et vous n'éprouvez aucun ressentiment par rapport au dur travail que vous devrez y investir.

Planter une graine, commencer un projet est facile. Mais vous devrez l'entretenir avec soin pour que vos « enfants » aient une base sûre et sécuritaire. Un enfant en situation instable cherchera la structure et les règles qui lui sont nécessaires à l'extérieur de sa famille. Les sociologues ont découvert que les gangs prennent souvent la place d'une famille élargie, la remplaçant en imposant des règles strictes sur la loyauté, la conformité et la hiérarchie. Une famille métaphorique, comme un groupe musical ou un projet caritatif, a aussi besoin d'une fondation solide pour la soutenir. L'idée de donner naissance à un enfant et de s'occuper de ses besoins pratiques est une métaphore naturelle pour presque toute entreprise. Vous transpirez, vous préparez, vous affûtez, vous y mettez de l'art, et vous élaguez. Vous commencez par de la passion, vous devenez enceinte, vous portez l'idée en vous, et vous la nourrissez de votre force vitale. Si votre force vitale n'est utilisée que pour vous soutenir vous-même, vous ne pouvez rien créer. La biologie suspend votre fertilité lorsque vous mourez de faim. Les drames émotionnels épuisent toute la nourriture dont un projet de livre ou de construction ou une nouvelle entreprise ont besoin, et tout cela se flétrit et meurt. Mais si vous prenez votre place comme un joueur d'équipe, négociant et faisant des compromis sans porter atteinte à votre intégrité, vous mettrez les besoins du projet au-dessus des vôtres lorsque ce sera nécessaire.

Les parents, les enfants et les sacrifices

Pour mieux comprendre ce qu'est un parent illuminé, laissez-moi décrire l'histoire plutôt difficile du parent humain. La société n'a pas toujours perçu les enfants comme nous le faisons maintenant —, comme des êtres spéciaux, plutôt différents des adultes et méritant un traitement exceptionnel et stimulant. Dans les sociétés de chasseurs-cueilleurs, les enfants ne contribuaient pas beaucoup à la tribu, car il était très difficile de distancer un prédateur ou de parcourir de longues distances avec un nouveau-né à ses côtés. Les femmes d'une tribu employaient des herbes pour empêcher la conception et, dans le but de retarder la fertilité et de limiter le nombre de bébés qu'elles portaient, elles enseignaient aux nouvelles mères à rallonger la période d'allaitement après la naissance d'un enfant. Dans les sociétés agricoles, les enfants acquéraient rapidement de la valeur parce qu'ils pouvaient aider aux travaux de la ferme ou garder les troupeaux à un âge précoce, mais c'était leur seule valeur. Dans l'espoir que quelques-uns d'entre eux survivent assez longtemps pour prendre soin des vieillards et pour travailler aux champs, les femmes des pays en développement continuent de donner naissance à de nombreux enfants, même si elles disposent de peu de ressources pour leur marmaille. Elles ne se demandent pas « Mon fils se sentira-t-il jaloux si j'ai un autre enfant ? » Dans ces familles,

les jeunes enfants ne passent pas leur temps à jouer ; ils prennent soin de leurs frères et sœurs et cousins plus jeunes qu'eux, laissant les plus forts et les plus agiles être productifs dans les champs. À l'âge de sept ans, un enfant peut garder les troupeaux. La notion qu'un enfant est une entité très différente d'un adulte miniature, et que l'enfance est un moment privilégié pour jouer, apprendre et se développer — une période exigeant un dévouement parental complet — est très récente.

Une de mes étudiantes est garde forestière dans un parc national en Éthiopie. Son travail consiste, entre autres, à diriger une clinique de soins d'urgence. Un de ses patients était un garçon d'un village voisin ; il avait été accidentellement atteint d'un projectile à la jambe et celle-ci était devenue gangréneuse. Les médecins avaient suggéré l'amputation du membre pour sauver la vie de l'enfant et mon amie a offert de défrayer les coûts de l'opération. La mère, qui vivait dans la pauvreté, a réagi d'une façon qui nous semble brutale et cruelle, mais qui, dans son cas, était très pragmatique. « À quoi me servira-t-il avec une seule jambe ? Laissez-le mourir et rejoindre ses deux autres frères qui sont morts à la naissance. » Heureusement, mon amie est une guérisseuse douée, et elle a passé plusieurs mois à nettoyer le membre infecté. Aujourd'hui, le garçon est vivant et en santé.

Si vous ne complétez pas votre initiation à la paternité ou à la maternité, vous avez l'impression que le principal objectif de votre progéniture est d'augmenter votre propre survie et à votre sécurité. Au lieu de vous sacrifier pour eux, vous attendez le jour où ils commenceront à vous rendre la pareille. Vous êtes prêt à sous-estimer vos projets dès que vous vous sentez débordé et qu'ils cessent de vous apporter de grosses récompenses. Ou vous vous lancez dans trop d'entreprises, ne nourrissant aucune d'elles convenablement. Vos « enfants » souffrent, parce que vous n'avez pas l'énergie et la concentration nécessaires pour prendre soin de chacun d'eux.

Un parent qui connaît un retard dans sa propre croissance peut projeter ses rêves perdus sur son fils et exiger que le garçon soit le héros de football qu'il n'a jamais été, ou il pourra le ridiculiser parce qu'il n'est pas un athlète.

Le rite de la paternité ou de la maternité, comme toutes les initiations, suppose de vaincre un de nos sept démons — dans ce cas, l'envie. Lorsque vous vous sentez à l'aise avec la personne que vous êtes et avec ce que vous possédez, vous êtes en mesure de vous consacrer totalement à votre progéniture et de l'aider à reconnaître ses dons.

Le rite de l'âge de la sagesse : la tempérance vainc la gourmandise

Chez les gnous d'Afrique, les plus jeunes mâles, plus fertiles et plus forts, chassent les mâles plus âgés, assurant ainsi à la progéniture de la horde de porter les gènes de ses membres les plus hardis. Lorsque la survie est au premier plan, les animaux âgés et faibles sont écartés à la faveur des jeunes. Cependant, les êtres humains ont découvert que la force pure et simple et la capacité de procréer ne sont pas les seuls attributs qui nous aident à bien nous développer. Tandis que nous acceptons le déclin de notre fertilité ou de notre puissance, nous pouvons profiter d'un nouveau pouvoir : la sagesse. Pour les humains, la survie ne dépend pas simplement du plus capable, mais aussi du plus sage.

Vous n'avez pas besoin d'attendre d'être vieux, ou vieille, pour devenir sage. Lorsqu'un nouveau-né arrive, il supplante les frères et sœurs plus âgés tandis que l'attention des parents est tournée vers lui. Comme les vieux gnous, l'enfant plus âgé observe d'un air de convoitise sa mère en train de câliner le plus jeune. Il doit développer une certaine sagesse à ce jeune âge, sinon il est probable qu'il remâchera sa colère sa vie durant.

Notre culture vénère l'idéal de la jeunesse perpétuelle. Nous combattons donc le passage vers les stades de la sagesse et de la vieillesse. Les psychologues utilisent l'expression latine «*puer aeternus*», signifiant «garçon éternel», pour décrire un homme qui est incapable de grandir ou qui n'a aucun désir de le faire et qui demeure attaché à sa mère tout le long de sa vie. Michael Jackson était un exemple vivant de cet archétype et il a même admis qu'il s'identifiait au personnage Peter Pan, le garçon qui ne grandissait jamais. On peut aussi voir l'image publique de Paris Hilton comme son équivalent féminin, l'»*éternelle fillette*» ou la «*puella aeterna*». Quel contraste entre ces modèles culturels de comportement par rapport à ceux des aînés inuits qui reconnaissaient que la meilleure façon d'assurer la survie de la tribu était de marcher jusqu'à une banquise flottante et d'attendre calmement de se faire emporter par la mort.

Une culture matérialiste ne semble pas avoir vraiment besoin du jugement du sage. L'histoire du clan ou la perspective que l'on acquiert après des années à vivre et à travailler la terre n'est plus valorisée — les gens ont tendance à être plus intéressés par ce que la splendide célébrité d'une vingtaine d'années a à dire sur la signification de la vie. Mais c'est le sage, tout comme l'enfant innocent, qui peut prévoir des occasions là où tous les autres voient des problèmes. Les plus grands sages de notre époque n'ont pas été les personnes les plus âgées — puisque les personnes âgées sont réduites à se concentrer à protéger leurs emplois ou leur retraite —, mais plutôt de jeunes visionnaires qui ont lancé des entreprises d'informatique et d'Internet qui connaissent un succès fou. Ils ont discerné le changement de la brique et du mortier au monde virtuel, et de l'âge de l'information à une nouvelle société plus sage.

Nous avons tous rencontré des enfants précoces qui semblent tellement plus sages que leurs parents. Une jeune visionnaire de l'histoire a été sainte Jeanne d'Arc, une jeune paysanne qui a mené les armées françaises dans plusieurs étonnantes et décisives victoires contre les Anglais pendant la guerre de Cent Ans. Jeanne n'avait que dix-huit ans en 1430 lorsque le roi Charles VII l'a envoyée au siège d'Orléans pour participer à une mission de sauvetage. Il n'a fallu que quelques jours après son arrivée pour qu'elle gagne le respect de commandants militaires endurcis. En suivant ses tactiques, ils ont réussi à clore le siège en neuf jours. Parce qu'elle a prétendu être guidée par Dieu, Jeanne a été brûlée sur un bûcher comme hérétique. Pourtant, cette même église l'a plus tard canonisée comme sainte. Même si les perceptions sur le vieillissement sont en train de se modifier en Amérique, tandis que la population importante d'enfants du baby-boom résiste aux anciens stéréotypes sur le fait de vieillir, atteindre la cinquantaine signifie tout de même qu'il vous faille reconnaître que vous ne faites plus partie de la population ciblée par la publicité —, car personne n'est vraiment intéressé à connaître les marques que vous achetez. Cela signifie que la musique de votre jeunesse, qui semblait si rebelle et si culottée, se joue maintenant dans les stations qui diffusent de vieux succès de même que dans des annonces à petit budget d'analgésiques.

L'homme qui complète son initiation à la sagesse ne voit plus les hommes plus jeunes comme des concurrents et il commence à leur servir de mentor. De jeune et beau prince, il entre avec grâce dans son rôle de roi. Il ne devient pas un vieil homme amer et irrité, et il peut forger des partenariats avec d'autres et se montrer tolérant et admiratif envers ceux qui sont plus jeunes, plus rapides et plus énergiques. Il ne cache pas ses faiblesses derrière une Rolex sertie de diamants ou une maîtresse bien entretenue. La femme qui étreint ce stade de la vie ne joue plus la princesse qui fait la moue. Les princesses ne vieillissent pas bien. Les femmes doivent adopter une attitude royale — et éviter de se transformer en reines méchantes ou mélodramatiques, complices pour amasser le pouvoir, l'influence et la richesse matérielle.

La sage ne remplace pas les rôles précédents de jeune fille et de mère; elle les transcende et les inclut. Elle a intégré ses identités. En même temps qu'elle contribue de façon valable à une communauté et à un partenariat, la femme sage s'appartient en tant que femme; c'est une mère, une jeune fille sensuelle sexuellement active, et une grand-mère qui a transcendé les limitations de tous les rôles qu'elle a joués dans sa vie. Même si elle ne peut plus physiquement donner naissance, elle continue à mettre au monde et à nourrir ce qui a de la valeur pour elle et pour les autres.

De façon similaire, un homme peut intégrer les plus grandes qualités de sa jeunesse dans une nouvelle identité de sage s'il a le courage de compléter cette initiation plutôt que de simplement franchir la vieillesse gracieusement, mais machinalement. Un de mes amis de la génération de la Deuxième Guerre mondiale continue à mettre la main à la pâte dans différents projets d'affaires parce que, comme il le dit, il excelle au jeu des affaires et il y prend plaisir. Il s'engage dans des projets communautaires qui rejoignent ses intérêts et il réserve du temps pour sa vie personnelle, qui inclut son épouse, ses fils, ses petits-enfants et ses amis. Il est sans équivoque par rapport à ce qu'il veut faire et il n'hésite pas à consacrer ses dernières années à vivre exactement comme il le veut. Plus encore, il inspire les plus jeunes — que ce soit en leur enseignant à travailler efficacement dans un organisme à but non lucratif ou en partant pour un périple en vélo avec son épouse dans une région éloignée de l'Asie.

Mon ami sait que la perte de fertilité ne doit pas être aussi une perte métaphorique de valeur personnelle. Il sait qu'il est bien de renoncer aux parties de bingo et d'entreprendre une aventure de randonnée. En tant que sages, nous ne nous résignons pas à être des parias ou des déchets. Durant mes voyages dans les hautes montagnes des Andes, j'ai appris que, traditionnellement, les gens entraient dans ce stade à l'âge de quarante ans, parce que, après cela, ils ne vivaient pas longtemps. Aujourd'hui, nous redéfinissons le vieillissement et nous faisons à soixante-dix ans ce que nos grands-parents accomplissaient dans la quarantaine ou la cinquantaine. Si nous pouvons ouvrir nos yeux à l'initiation de la sagesse, nous pouvons découvrir tous les moyens par lesquels nous pouvons contribuer à notre monde au lieu de nous concentrer à accumuler le plus de richesses possible pour guérir l'inconfort que nous ressentons par rapport à l'idée de vieillir.

La sagesse exige que nous redécouvrions continuellement notre valeur en même temps que nous acceptions de ne pas être la somme de nos réalisations, qu'il nous reste peut-être encore des présents simples à offrir — qui parfois ne nous attireront pas tellement d'attention —, mais qui sont quand même importants.

L'un des avantages de demeurer physiquement, mentalement et socialement actif en vieillissant est que nous reconnaissons que nous avons un minimum de contrôle sur le processus de vieillissement. Cette attitude réduit la peur qui nous envahit quand nous prenons conscience que notre prochaine initiation sera la dernière de notre vie.

Le rite de la grande traversée : l'humilité vainc l'orgueil

Dans les sociétés traditionnelles, les chamans croient que, pour vaincre la peur de la mort, nous devons en faire l'expérience *de façon mythique*. Dans certaines cultures, on peut enterrer un initié dans le sable pendant plusieurs jours en ne lui laissant qu'une paille dans la bouche pour respirer. En Amazonie, l'initié peut ingérer de l'»*ayahuasca*», une préparation hallucinogène puissante destinée à provoquer un état altéré de conscience, dans lequel il s'entraînera à affronter sa mort de façon symbolique. Je me souviens de la première fois où j'ai fait l'expérience de cette infusion de la jungle. Après avoir vaincu la nausée et avoir purgé mon corps plusieurs fois par chacune de ses ouvertures, j'ai senti une odeur putride. Je me suis tourné vers ma droite et j'ai vu que mon bras était en train de se décomposer et qu'il y avait des vers et des asticots qui rampaient à travers ma peau. J'ai essayé de hurler pour obtenir de l'aide, mais je ne pouvais pas émettre un son. Je ne pouvais plus maîtriser ma bouche. J'étais terrifié à la vue de mon corps qui continuait à pourrir, avec une puanteur accablante, jusqu'à ce que toute la chair soit partie, laissant derrière seulement les os blanchis de mon squelette. Je me souviens de m'être dit « Bien, je suis déjà mort, c'est le pire qui peut arriver. » Mais j'avais tort.

Ensuite, j'ai commencé à voir des images de toutes les souffrances que les humains s'étaient infligées les uns aux autres au fil du temps. C'était comme si je regardais un film que j'étais incapable d'arrêter, en même temps que je faisais l'expérience de tous les sentiments et de toutes les sensations de chaque acte malheureux dont j'étais témoin. Je n'avais pas encore appris qu'on pouvait guider ces expériences, littéralement changer de chaîne, et j'étais coincé à regarder la chaîne qui rejouait toutes les atrocités que les gens avaient commises contre l'humanité. Puis, tout cela s'est arrêté, et il n'est resté que le ciel de la nuit et un vide magnifique. J'ai alors entendu une voix me dire que j'avais toujours existé, avant même le début du temps, et que même si c'était là l'histoire de l'humanité, il n'était pas nécessaire que ce soit mon histoire à moi. Puis, dans une interprétation saisissante de ce à quoi le Big Bang de la création avait dû ressembler, la voix m'a montré comment le temps avait commencé. Ensuite, j'ai baissé les yeux et j'ai vu que mon corps était à nouveau complet. J'étais épuisé, mais je ressentais une grande béatitude. J'avais vu que la mort n'est qu'un passage menant à l'éternité et j'ai compris pourquoi cette expérience portait le nom de « grande initiation ».

Le but des pratiques chamaniques de ce type est de découpler notre conscience de notre corps physique pour que nous puissions nous identifier à un moi qui est éternel. En fait, afin de maintenir leur perspective d'éternité à la lumière de l'illusion durable que le monde de la chair est tout ce qui existe, les chamans répètent régulièrement des expériences comme celle que j'ai vécue en Amazonie. Après les premières fois, il ne leur est plus nécessaire de traverser la mort horrible du corps physique, et ils se rendent directement dans un état d'illumination. Lorsque viendra le moment de la mort physique, ils effectueront facilement la grande traversée, sans connaître la peur, puisqu'ils savent déjà comment retourner chez eux.

La mort peut nous apparaître comme étant la rencontre suprême avec la terreur. Il se peut que vous ayez goûté cette peur lorsque quelqu'un est mort en votre présence — que ce soit un être cher, une personne que vous admiriez de loin, ou un étranger qui a péri dans un accident de voiture et dont vous avez vu le corps recouvert et étendu sur la route pendant que vous et les autres banlieusards passiez discrètement près de la scène. Dans de tels moments, le mécanisme du déni s'effondre et nous nous rappelons notre mortalité.

Vaincre la peur de la mort nous permet de faire l'expérience de notre pouvoir même si nous ressentons de l'humilité en réalisant notre petitesse face à l'ordre élargi. Cela nous permet de rêver grand, même si nous devons toujours nous lever aux aurores et accomplir une longue liste de travaux avant de pouvoir poser de nouveau notre tête sur l'oreiller. C'est ce qui nous permet d'avancer avec une raison d'être, sachant que si c'était notre dernier jour sur Terre, nous en aurions bien profité. C'est ce qui nous donne la force de simplement sourire quand quelqu'un nous sous-estime, sans ressentir le besoin de prouver qu'ils ont tort. Nous réservons notre énergie pour accomplir ce qui nous importe, non pour convaincre le monde entier que nous sommes très importants.

Lorsque nous vivons ainsi, la mort devient un processus naturel. Nous ne résistons pas violemment ni ne tenons bon jusqu'au dernier souffle. Notre orgueil se dissout parce que nous prenons conscience de notre petitesse, et nous éprouvons un sentiment d'humilité devant notre rôle dans la Création. Notre peur fait place à un respect mêlé d'admiration et de confiance. Lorsque nous faisons ainsi l'expérience de la grande traversée, nous ne la reportons pas aux derniers jours de notre vie.

Le moment où nous sommes étendus sur notre lit de mort à dire au revoir à tout le monde et à tout ce que nous aimons n'est pas le meilleur temps pour faire l'expérience de cette initiation. Il se passe alors trop de choses pour que nous soyons capables de complètement savourer la liberté et la grâce qui nous sont conférées. Le chaman sait qu'il est préférable de réaliser cette initiation à un niveau mythique afin d'être préparé à la fin de la vie sur cette Terre.

Initiation et résurrection

En Occident, l'histoire de mort et de résurrection la plus poignante est celle de Jésus. Il nous a enseigné que nous pouvons renaître dans une vie dans laquelle nous nous identifions à l'esprit, non à la chair. Mais alors que la résurrection physique fait appel au mythe et à la légende, la résurrection spirituelle est commune à toutes les initiations et n'est pas censée se produire une seule fois dans notre vie. Chaque fois que nous entreprenons une initiation, nous faisons l'expérience d'une mort de notre ancienne identité. Lorsque nous sortons de l'autre côté, c'est comme si nous étions une nouvelle créature, émergeant glorieusement du limon primordial qu'était notre ancienne vie. Secouant les saletés et la peur, nous tournons notre visage vers le soleil et nous avançons bravement dans notre nouvelle peau. Après l'initiation de la mort, nous ne nous identifions plus aux circonstances qui nous semblaient auparavant si importantes. Le nouveau moi est doté d'une sagesse qui manquait à l'ancien moi. Lorsque vous ressuscitez, vous vous rendez compte que vous disposez d'un pouvoir sacré pour aider à faire de votre monde un paradis.

La résurrection suppose de réclamer notre droit acquis à la naissance de vivre dans la joie et l'optimisme. La plupart du temps, notre monde ne semble pas du tout céleste, et considérant tout ce que nous savons et avons vu, il est difficile d'abandonner notre cynisme et de revenir à un état d'innocence semblable à celui de l'enfant. Si nous ne complétons pas une initiation, nous ne pouvons renaître parce que nous ne sommes pas encore morts. Le mieux que nous puissions faire sera de réaliser des changements superficiels dans notre vie, nous réparant et nous réinventant nous-mêmes.

Il n'est pas facile de passer de la chenille au papillon et les tout premiers vols peuvent nous effrayer un peu. Si vous vous contentez d'une simple réinvention, vous verrez bientôt que vous portez toujours l'ancienne coquille de chenille de « celui qui travaille trop et n'est pas apprécié » ou de « l'épouse qui est maintenant divorcée, mais qui est encore mariée à l'idée qu'elle ne peut être complète sans un homme ». Par contre, avec du courage, vous pouvez parvenir à l'autre côté, et être en mesure de réclamer votre droit à la sagesse et au pouvoir. Si vous n'avez pas commencé à vous identifier à votre moi immortel, cette sagesse et ce pouvoir seront limités, tout comme l'est votre moi mortel. Votre sagesse se rapportera aux œuvres du monde, et non aux œuvres de l'Esprit. Mais si vous voyez que vous êtes une partie essentielle et indispensable de la Création, vous comprenez que vous êtes responsable de créer votre propre expérience en cette vie. Vous cesserez de croire que la création se produit du haut vers le bas, à partir d'un être surnaturel et sage qui dirige la circulation en ces rares occasions où il a envie de s'engager dans le monde. Vous comprendrez plutôt que vous êtes essentiel au processus créatif et que l'Esprit attend une contribution et une orientation de votre part.

La dernière tâche du chaman consiste à prendre possession de son pouvoir personnel, pour qu'il puisse y puiser afin de créer. Il doit demeurer éveillé, se souvenant de ce qu'il a appris lorsqu'il a goûté l'immortalité.

CHAPITRE 11

Les dons du chaman :
construire son pouvoir personnel

« Et le secret ? » ai-je demandé alors qu'il baissait les yeux pour croiser les miens à travers le feu.

« Le secret suit la maîtrise de l'invisibilité et du temps. Ce n'est pas le secret qui est important ; c'est notre habileté à conserver ce secret ; c'est la façon par laquelle nous le gardons. Le connaître, c'est connaître l'avenir et qui, à part ceux qui comprennent que le temps tourne comme une roue, peut arriver à connaître le futur sans laisser cette connaissance perturber son équilibre ? Si votre foi en la réalité est fondée sur la croyance que le temps ne se déplace qu'en une seule direction, alors les bases de votre foi seront démolies par une expérience du futur. Ceci ne concerne pas le chaman, parce que le chaman n'a pas besoin de la foi — le chaman possède l'expérience. Néanmoins, il faut une très grande habileté pour connaître le futur et ne pas permettre à votre connaissance de nuire à vos actions ou à votre intention.

Ceux qui sont enterrés ici connaissent de telles choses. Ils ont glissé à travers le temps et ont goûté à notre destin. »

Island of the Sun
Alberto Villoldo et Erik Jendresen

Le chaman développe trois dons qu'il acquiert au cours de ses initiations. Réunis, ces dons l'aident à se libérer de la notion d'échelle de temps linéaire, et de la crainte d'être à court de temps, pour faire l'expérience de son immortalité. Le cerveau préhistorique ne comprend que le temps présent, non le temps futur. Il n'opère qu'au temps présent. Le nouveau cerveau saisit le passé et le futur, incluant le temps tel que décrit par la physique quantique, avec ses mouvements dans tous les sens, passant par des tunnels cosmiques, d'arrière en avant se retournant sur lui-même. Dans les traditions chamaniques, cette expérience du temps correspond à l'infini.

Les trois dons sont le don de l'audace, le don de la patience et le don de discernement.

Ces dons vous permettent de transcender l'univers de prédateurs et de proies, où le temps est une précieuse matière première qui s'épuise rapidement. Ces dons vous fournissent tout le temps qui vous est nécessaire et vous accordent la liberté de cesser de vous inquiéter du manque de temps. Ils vous empêchent de vous perdre dans les drames et les traumatismes passés ou dans les rêves non réalisés du futur. Ils connectent totalement les dons du néocortex.

Le don de l'audace

Pour qu'un gland puisse germer, il doit faire éclater son écale. Le jeune plant reçoit peu de nourriture pour alimenter sa croissance lorsqu'il commence à pousser vers la lumière du soleil. Mais il ne peut voir le soleil de l'endroit où il se trouve sous terre, il doit donc avoir confiance et croire que, juste au bon moment, il trouvera la lumière source de vie du soleil. Il ne demeure pas à l'intérieur de la cosse à se dire « Il n'y a pas beaucoup d'eau ce printemps, il est donc préférable que j'attende l'an prochain. Qui sait ce qui arrivera au très grand chêne en moi si je rate mon unique chance ? »

Pour être audacieux, vous devez agir. Toutes les bonnes intentions du monde et toutes les révélations et les intuitions spirituelles les plus profondes sont inutiles si vous demeurez dans le confort de l'utérus, dans la sécurité de la classe du collège, ou dans la familiarité d'une relation éteinte, espérant qu'à un moment donné, vous deviendrez assez confiant pour entrer dans le monde des grands. Vous devez aussi abandonner l'illusion que toutes les actions sont efficaces dans la même mesure. Nous pouvons créer beaucoup de travail inutile et stupide pour nous-mêmes. Récemment, j'ai rencontré une femme qui était épuisée par sa vie et frustrée par tout ce qu'elle devait faire. Lorsque nous sommes allés chez elle pour le repas du midi, j'ai découvert que tout était immaculé : pas une trace de doigt ne gâchait les surfaces rutilantes de ses électroménagers ou de son comptoir de granite, et tout était parfaitement organisé et sans tache. L'énergie qu'elle mettait à garder sa maison propre aurait pu être utilisée autrement pour lui permettre d'être plus innovatrice et plus audacieuse. Plus elle polissait et perfectionnait son espace, moins elle était disponible pour agir de façon créative. Vous pouvez polir votre curriculum vitae, vos dessus de comptoir, ou votre halo, mais rien de tout ceci n'est important si vous ne passez pas la porte pour mener une vie créative.

J'ai aussi rencontré des gens qui ont lu des centaines de livres d'aide personnelle et qui ont assisté à d'innombrables ateliers au fil des années, mais qui sont toujours aux prises avec les mêmes problèmes depuis leur enfance. Leur effort extraordinaire de développement personnel s'est transformé en une dépendance. Ils agissent, mais sans audace. Passer du temps à parler d'un problème, à imaginer comment s'en sortir, et se tracasser à ce propos, tout cela donne une illusion de mouvement, mais ne vous propulse pas vers d'autres possibilités. Vous ne pouvez pas planifier votre voie vers la vraie créativité. Vous ne pouvez qu'inviter sa force génératrice dans votre vie et prendre plaisir à n'avoir aucune idée de ce qui se produira ensuite.

Être audacieux exige que nous cessions de ruminer sans fin à propos de ce qui pourrait se produire si nous agissions et de sim-plement suivre notre instinct —, comme le gland qui pousse vers la lumière du soleil. N'étant pas en mesure de prédire le résultat exact de notre action, nous avançons hardiment de toute façon, excités et impatients de découvrir ce que nous provoquerons. Nous épousons notre rôle d'artiste, sachant que nous ne sommes pas le seul à être muni d'un pinceau et que la vie nous apporte aussi ses propres idées.

De nombreux artistes diront que les meilleurs travaux qu'ils ont créés sont ceux qui ont semblé prendre leur envol par eux-mêmes, comme s'ils avaient jailli de leur stylo ou de leur pinceau. Ils décrivent ainsi le type de créativité qui est relâchée lorsque vous cessez de vous préoccuper du résultat final. Après un examen plus approfondi, chaque action vraiment innovatrice semble incroyablement difficile et tout à fait folle, de la construction de la tour Eiffel à l'idée que, au courant des années 1970, des jeunes de jardins d'enfants en Amérique pouvaient correspondre avec leurs pairs de l'ancienne Union soviétique dans le but de promouvoir la paix dans le monde. Si une action paraît confortablement familière, bien qu'emballée dans une nouvelle peau étiquetée «nouveau et amélioré», il est probable qu'elle vous ramènera vers les mêmes situations qui n'ont pas fonctionné pour vous auparavant.

En étant audacieux, vous vous éveillez du cauchemar d'une enfance défaillante, où vous rêviez de posséder les mêmes jouets que tous les autres enfants; hors de la transe d'une jeunesse prolongée, où vous avez dû vous habiller et vous comporter comme tous les autres; hors de la désillusion de l'intimité imparfaite, par laquelle vous croyiez que votre relation devait toujours ressembler aux moments où vous sortiez ensemble; hors de la chimère de l'état de parent imparfait où vous êtes gouvernés par les caprices de vos enfants et où vous vous efforcez d'être la maman parfaite ou le papa parfait. Si vous n'êtes pas éveillé, vous êtes voué à fixer éternellement votre reflet dans la flaque, obsédé par l'idée de vous améliorer, mais trop effrayé pour effectuer plus que des changements superficiels.

La plupart d'entre nous ont oublié comment approcher la vie avec audace. Nous avons appris à nous conformer à un âge précoce. Nous nous souvenons du professeur d'art qui circulait dans notre classe de troisième et qui a saisi notre création d'argile totalement disproportionnée pour l'écraser en une boule compacte en disant « Recommencez — ça ne valait pas la peine de conserver cette chose ». L'innovation authentique peut exiger de la patience et du courage. Il est rare d'obtenir le résultat instantané et parfait, un glorieux chef-d'œuvre qui apparaît magiquement, sans effort, art ou affûtage.

Plutôt que d'avoir confiance en notre habileté de créer ce que nous voulons vraiment, nous fournissons un effort symbolique à la réinvention et nous nous contentons d'une ébauche grossière de ce que nous désirons. Nous nous engageons dans une aventure romantique avec une personne que nous n'aimons pas tellement, ou nous investissons dans un style de vie totalement déphasé par rapport à nos valeurs, nos espoirs et nos désirs. Nous nous contentons de la version « instantanée » et grandement transformée de la vie, croyant que si nous ajoutons un tout petit peu d'électricité, nous ne remarquerons pas à quel point elle est artificielle et inadéquate.

Le chaman vit avec audace en osant agir différemment, encore et encore. Il ne se sent pas obligé de présenter un plan d'affaires pour chacune de ses démarches futures. Il vit plutôt audacieusement et agit avec inspiration par de petits gestes quotidiens, sachant que c'est ainsi que l'on crée quelque chose de vraiment original. Nous vivons à une époque de grands défis qui nécessitent des réponses hardies, authentiques et créatives. Nous devons imaginer la vie sans combustibles fossiles ou sans voiture. Nous devons comprendre comment laisser tomber les anciennes relations, les anciens comportements, les anciennes institutions et les anciens systèmes — et rêver de quelque chose d'entièrement nouveau. L'audace exige que nous questionnions tout, même tout ce que nous savons sur nous-mêmes.

L'audace, c'est d'accepter de vivre hardiment, mais pas stupidement, mettant à risque la sécurité du familier et fouillant l'inconnu. Cela signifie de modifier les adjectifs pour en faire des verbes, pour que vous ne soyez plus seulement une « personne aimante », mais que vous *aimiez*, tout simplement, sans avoir peur. Vous n'êtes plus une « personne qui prend soin des autres », vous vous *souciez* des gens. Vous n'êtes plus un « individu créatif », vous *créez*. Cela signifie que vous n'attendez pas de maîtriser la situation pour plonger, parce que vous reconnaissez que si vous agissez ainsi, vous ne vivrez pas courageusement aujourd'hui. Lorsque vous vivez sans audace, vous pouvez être très occupé, mais vous ne vous approcherez pas d'une vie faite d'originalité. De petits gestes de courage, qu'il s'agisse de confronter la tension dans une relation ou de remettre en question les règles de fonctionnement d'une institution, sont des choses qui vous permettent de demeurer original.

L'audace met en marche le néocortex, le cerveau qui vous permet de percevoir votre nature infinie. Le grand éveil vers l'infini vous fera prendre conscience qu'aucune réputation ou accumulation de pouvoir, prestige, ou possessions, ne peut s'approcher de la valeur d'une vie vécue avec originalité. Elle vous permettra de comprendre et d'accepter qu'il n'existe aucune sécurité à part celle qui se trouve en vous, il est donc inutile d'essayer de s'en fabriquer une.

Le don de la patience

La discipline de la patience n'a rien à voir avec l'attente. La patience, c'est de comprendre quel est le bon moment pour agir et quel est le bon moment pour demeurer inactif. Notre confusion entre l'action fructueuse et l'action futile nous garde très occupés à essayer de résoudre ce qui se passe dans notre vie et dans notre univers. Nous devons pratiquer l'audace, mais aussi la patience.

Lorsque vous êtes patient, vous ne dilapidez pas les ressources et vous ne vous laissez pas écraser par vos problèmes. Vous absorbez chaque rayon de soleil pour vous nourrir avant que vos feuilles jaunissent et vous ne jaillissez pas trop tôt de la terre de peur de vous faire prendre par une gelée précoce. Vous attendez le bon moment au lieu d'essayer de forcer les choses, uniquement pour vous donner l'illusion du progrès.

La patience vous aide à reconnaître que plusieurs des situations les plus pénibles se régleront d'elles-mêmes en temps opportun. Pour le chaman, la patience signifie d'avoir confiance en « *mañana* », le moment qui réglera tout sans que vous ne deviez orchestrer quoi que ce soit ou maîtriser le processus en détail.

Avec tous les problèmes auxquels nous devons faire face dans notre vie personnelle et partout sur la planète, il est facile de devenir obsédé et de faire tout ce qui est en notre pouvoir pour tout régler immédiatement. Le chaman se souvient que la transformation exige toujours une mort — la mort des rêves, des anciennes façons de faire les choses, de la fierté, de la réputation, et de l'importance que l'on s'accorde.

Nous sommes préoccupés par notre propre importance lorsque nous nous engageons dans des drames qui gaspillent notre temps — que ce soit une vilaine rupture ou un violent combat d'experts convaincus qu'ils savent comment nous sauver. Le chaman abandonne son besoin d'affirmer par la force son influence sur le monde. Il choisit plutôt de trouver le juste milieu entre l'action rapide comme l'éclair et l'immobilité. Il sait qu'il joue un rôle dans le rêve d'un monde meilleur.

La partie primitive de notre cerveau qui ne perçoit que notre existence limitée par le temps ne peut supporter d'attendre. Elle veut de l'action *maintenant*. Nous passons beaucoup de temps à agiter notre poing en direction de la vie. Nous sermonnons, nous tempêtons, nous discutons et nous pressons les gens de prendre des décisions *immédiatement*. Nous appuyons furieusement sur le bouton de l'ascenseur comme si les mécanismes pouvaient réagir plus rapidement face à notre sentiment d'urgence. La pratique de la patience, d'attendre le « *mañana* » — « matin » ou « lende-main » en espagnol — pour résoudre la majorité de nos pro-blèmes, nous donne l'énergie nécessaire pour traiter ce dont il nous faut vraiment nous occuper. Une de mes amies devait remettre un projet important qu'elle avait trois jours pour com-pléter et qui exigeait la coordination d'équipes dans quatre pays différents, et ce, dans sept fuseaux horaires. Elle était accablée à la seule pensée de réussir à obtenir tout le monde au téléphone en même temps. Puis, elle a pris conscience qu'elle devait s'oc-cuper de sa part et laisser l'Univers faire le reste. La seule façon d'y arriver était de clarifier ce qui lui était possible de déléguer, à quelqu'un d'autre ou à « *mañana* ». Et tout s'est passé exactement comme il le fallait.

La patience nous permet aussi de cesser d'être obsédés par ce qui ne se produit pas et de prendre plaisir au mouvement que nous observons, même s'il ne s'agit que d'un tout petit mou-vement. Nous nous sentons à l'aise avec ce que nous sommes capables d'accomplir, et nous n'abandonnons pas nos rêves sim-plement parce qu'ils prennent du temps à se manifester et qu'il faut faire des efforts pour les concrétiser. Nous sommes heureux de pouvoir ajouter quelques coups de pinceau ici et là. Nous ne nous enlisons pas dans la planification et nous ne nous laissons pas accaparer par du travail inutile. Ce qui doit être fait se fait tout simplement. C'est une pratique incroyablement difficile dans une société qui croit que nous devrions nous hisser à la force du poignet. C'est bien si vous essayez de renforcer vos bras, mais autrement, c'est stérile. Les bonnes choses arrivent à ceux qui savent attendre.

Le don du discernement

Le discernement est un examen des faits sans émotion. Sans discernement, nous volons sans visibilité et nous devons nous en remettre au système de pilotage automatique, réagissant à la vie à partir du cerveau primitif et de sa tendance naturelle à juger émotionnellement. Être un témoin perspicace nous permet d'observer ce qui se passe et d'être honnêtes avec nous-mêmes et avec les autres à ce sujet. Une fois que nous avons observé les faits sans émotion, nous pouvons écarter nos croyances afin de ne pas rejeter les faits que nous n'aimons pas, tandis que nous exagérons l'importance de ceux qui appuient notre propre vision du monde. Nous pouvons alors écrire une nouvelle histoire sur notre situation du moment parce que notre vision est claire.

Un jour, lorsque je me trouvais en Amazonie, je m'étais éloigné de la piste et j'ai réalisé que j'étais incapable de retrouver mon chemin vers le camp. Nous étions à plusieurs heures du village le plus proche, dans une magnifique région, pourtant désolée, de la forêt tropicale. Après avoir passé quelques heures à suivre des traces d'animaux, je me suis rendu compte que j'étais perdu et j'ai commencé à avoir peur, car la nuit allait tomber. Alors, je me suis arrêté et je me suis dit « Tu n'es pas perdu. Être perdu est un état d'esprit. Tu ne sais tout simplement pas où tu es. » En reformulant les faits, j'ai pu éviter de paniquer, et peut-être aussi, de faire un geste idiot. J'ai plutôt trouvé un petit ruisseau et je l'ai suivi jusqu'à l'endroit où il fusionnait à l'Amazone. Je suis revenu au village dans un canot indigène — équipé d'un puissant moteur hors-bord — qui passait par là.

La discipline du discernement vous permet de cesser de penser à ce que vous auriez pu être, ou à ce que vous serez un jour quand vous en trouverez le temps, pour devenir exactement ce que vous êtes aujourd'hui. Vous reconnaissez que vous faites partie de la création qui est en train de se révéler et que cette création est parfaite en ce même moment.

Il peut être très difficile d'avoir le sentiment que votre vie est parfaite. Même si votre vie se déroule avec douceur et que vous ne ressentez pas de très grande souffrance, il est probable que vous regarderez ce qui se passe dans le monde et que vous croirez qu'il est incroyablement troublé et qu'il a besoin de réparations immédiates et majeures. Votre frustration ne pourra convaincre la Chine d'améliorer sa façon de traiter le Tibet. Vraiment jouer votre rôle dans la guérison du monde, au-delà du fait de poser un autocollant « Vive le Tibet libre ! » sur le pare-chocs de votre voiture, consiste à témoigner de la complexité de la situation et à observer comment l'histoire se déroule. Quand personne n'y porte vraiment attention, l'histoire se répète, mais un jour — s'il y a des gens préoccupés qui veulent s'engager — les problèmes se régleront par eux-mêmes.

Votre besoin de tout réparer, *immédiatement*, est enraciné dans une inhabileté de faire l'expérience de la perfection dans les choses telles qu'elles sont. Languir après un immense canevas alors que vous en avez plusieurs petits devant vous à tout moment n'est pas une excuse pour ne pas peindre. Souhaiter la paix dans le monde n'est pas une excuse pour manquer de considération envers vos voisins. Le discernement vous permet de cesser de personnaliser les problèmes et de prendre les mesures nécessaires pour être un noble sauveur.

Toutes les très grandes traditions de sagesse incluent le concept d'un observateur qui ne s'identifie avec rien de ce qui se produit, mais qui se contente d'observer, qu'il soit témoin d'une tragédie ou d'une comédie. L'image du vieil homme sage ou de la vieille femme sage faisant claquer sa langue devant la sottise humaine nous enseigne de prendre du recul pour voir comment la vie se chorégraphie par elle-même avec un peu d'aide de nous tous. Comme Lord Krishna l'a dit au guerrier réticent Arjuna dans le Bhagavad-Gita, nous ne pouvons réussir dans la vie ou dans la voie spirituelle en évitant les défis et en étant inactifs. Nous devons jouer notre rôle dans la vie compte tenu de notre nature, mais avec détachement, sachant que quelque chose de plus grand que nous agit par notre entremise.

CONCLUSION

Il y avait trois symboles gravés dans la pierre. La pierre était vieille et les symboles étaient lisses à force d'avoir été frottés par des doigts.

— C'est une pierre de prière, dit Don Antonio. Les chamans ne prient pas avec des mots, comme vous le faites. Nous prions en invoquant le pouvoir des images.

J'ai regardé la pierre lisse entre mes mains et j'ai essayé de m'imaginer en train de prier, mais je ne ressentais rien et je ne voyais aucune image. Étrange, ai-je songé, car récemment, j'avais perdu mon père, mon mariage s'était dissolu, et pendant les derniers mois, je n'avais été qu'une suite sans queue ni tête de sentiments et de larmes. Pourtant, je ne ressentais aucune émotion.

— Je ne sais que prier avec des mots, ai-je marmonné maladroitement.

— Alors, vous ne savez pas comment prier, murmura-t-il, et il regarda l'horizon, en direction du soleil qui se couchait quelque part sur l'Océan Pacifique.

Derrière nous, les Andes couronnées de neige luisaient doucement dans les tons de rose et d'orange.

— Ces symboles représentent les trois disciplines du chaman. Gardez la pierre, c'est un cadeau, dit-il.

La pierre avait la forme et la taille d'une souris d'ordinateur, et elle tenait bien dans ma main. « Apple devrait fabriquer une souris comme celle-ci », ai-je pensé. Puis, je me suis réprimandé d'avoir pensé à quelque chose d'aussi banal après avoir reçu un objet de pouvoir de la part d'un chaman aussi honorable des Andes. « On peut sortir l'homme de la ville, ai-je soupiré, mais on ne peut sortir la ville de l'homme. »

Plus tard, ce soir-là, je me suis assis près du feu en tenant la pierre. Je reconnus les symboles ; ils faisaient partie de l'iconographie laïka, ou pré-inca, que j'avais étudiée au fil des ans. Le Soleil, les étoiles et l'Univers représentés par un cercle avec un point au centre, l'étoile familière à cinq pointes, et des flèches pointant dans quatre directions. D'après la mythologie des Laïkas, ils étaient les enfants du Soleil et provenaient des étoiles. Mais qu'étais-je censé faire de cette pierre dans ma main ?

De l'autre côté du feu, Don Antonio m'a regardé.

— Dormez avec elle et découvrez comment prier dans le royaume où l'esprit ne peut se rendre, dans vos rêves.

Sans prononcer un autre mot, il s'est levé, a marché jusqu'à sa tente, et est allé se coucher.

Pendant un moment, l'idée m'a traversé l'esprit de tout simplement lancer la pierre dans le feu. Je n'ai pas de talent pour les énigmes et je ne les aime pas. Mais je connaissais cet homme depuis des années, et il avait été comme un père pour moi, m'enseignant tout sur une sagesse ancienne que les Conquistadors espagnols avaient presque éradiquée. Tels étaient les enseignements des Laïkas, les chamans qui avaient vécu longtemps avant les Incas. À contrecœur, j'ai apporté la pierre dans ma tente et je me suis glissé dans mon sac de couchage. Dans les Andes, les journées sont chaudes ; pourtant, aussitôt que le soleil se couche, la température à 4 500 mètres chute abruptement. Je me suis pelotonné dans le sac bourré de duvet, sentant mes orteils se réchauffer tandis que je les pressais contre la bouillotte que j'y avais placée plus tôt —, ma seule concession au luxe en haute altitude.

Cette nuit-là, j'ai rêvé. J'étais un garçon, d'environ neuf ou dix ans, de retour dans ma maison familiale à La Havane. C'était le temps de Noël. On ne m'avait guère appris sur le père Noël, mais chaque sixième jour de janvier, le jour où les trois Rois Mages étaient venus porter des cadeaux à l'enfant Jésus, il y avait des présents sous l'arbre pour tous les enfants. Dans mon rêve, les Rois du désert, debout dans mon salon, me tendaient chacun un petit coffre. Je leur ai dit « Ce n'est pas pour moi. » Ils n'ont rien dit et ont ouvert les boîtes. Dans chacune, il y avait une tablette où était inscrit un seul mot :

AUJOURD'HUI
DEMAIN
TOUJOURS

— Mais où sont l'encens, la myrrhe et l'or ? ai-je crié.

Je me suis réveillé pendant qu'il faisait encore sombre, dérangé par le rêve, attendant la chaleur des premiers rayons du soleil. Aussitôt que l'aurore s'est glissée dans ma tente, on aurait dit un four, et je suis sorti à la hâte pour rallumer notre feu et pour y déposer une marmite d'eau. Un peu plus tard, le vieil homme est sorti de sa hutte. Il m'a regardé et m'a souri.

— Pourquoi souriez-vous ? lui ai-je demandé, puis j'ai vite ajouté : Bonjour !

— Vous avez reçu trois présents, a-t-il répondu. Les rêves ne cessent jamais de m'étonner.

Et il a hoché la tête en même temps qu'il tendait le bras vers la marmite de café bouillant.

Don Antonio croit que mon rêve porte une sorte de signification chamanique. L'anthropologue en moi est consterné. Pourquoi les Rois Mages m'apportent-ils des présents ? D'un côté, j'ai vraiment l'impression que les enseignements des chamans peuvent m'aider, et je semble avoir été choisi par hasard ou par destin pour être leur chroniqueur. Mais je n'ai rien d'un chaman. En fait, tout ce que je veux, c'est de passer un moment agréable à escalader les montagnes et ne pas prendre tout ceci trop au sérieux.

Mon thérapeute s'amuserait grandement avec ce rêve. Tout de même, peut-être que c'est le message qui est important. Aujourd'hui, demain, toujours.

— Commençons par demain, a dit Don Antonio. Mañana. Pour vous, ce n'est que la journée qui vient après celle-ci, le temps réglé par

l'horloge qui avance inexorablement. Pour nous, **mañana** *est une philosophie, un mode de vie très mal compris des Occidentaux. Vous
employez le mot pour nous décrire comme des Indiens paresseux.*

*Il a fait une pause. Tendant le bras vers le feu, et il a ramassé un
tison luisant qu'il a laissé tomber dans sa pipe de bois incrustée de fer.
Je lui avais rapporté cette pipe de la jungle comme cadeau. Il a tiré profondément dans la pipe et a soufflé un nuage de fumée bleue vers le
soleil.*

— *Pour nous,* **mañana** *signifie de ne pas faire aujourd'hui ce qui
se fera de lui-même demain.*

Il m'a regardé d'un air sévère.

— *Mañana signifie de faire confiance à l'ordre implicite de
l'Univers, même si vous ne pouvez le comprendre en ce moment. Mira,
a-t-il dit. Regardez. Le soleil se lèvera demain même si nous ne sommes
pas là pour en être témoins, n'est-ce pas ?*

*Quelques soirées plus tôt, je lui avais parlé de la vieille énigme
philosophique : Si un arbre tombe dans la forêt et que personne n'est
présent pour l'entendre, y aura-t-il un son ?*

— *Mais ce concept de* **Mañana** *n'est qu'une façon d'éviter la responsabilité personnelle, ai-je dit.*

— *Non, a-t-il répondu, hochant la tête. Vous faites ce qui doit être
fait aujourd'hui — et pas plus. Pas un centimètre de plus. Vous pouvez
aussi le nommer le « don de la patience ». Cette discipline est très difficile pour les gringos, qui veulent tout aujourd'hui.*

— *Vous parlez d'apprendre à attendre ? ai-je demandé.*

— *Non, pas attendre, a répondu le vieil homme. Vous n'attendez
pas les autobus, les taxis, les amis ; vous n'attendez pas que votre chance
tourne. Pas attendre. Lorsque vous êtes à l'arrêt d'autobus, vous prenez
plaisir au soleil chaud sur votre dos, ou la pluie. Mais vous n'attendez
pas l'autobus. Attendre vous rendra fou.*

— *Mais n'attendiez-vous pas que l'eau bouille à l'instant pour
pouvoir avoir une tasse de café ?*

— Non, je prenais plaisir à la chaleur des charbons, et puis l'eau a bouilli et je me suis versé une tasse, pas plus tôt, pas plus tard.

Puis il a ajouté :

— Je n'attends plus maintenant, et tout vient à moi. Mon propre maître ne l'a appris que lorsqu'il était déjà vieux, mais pas parce qu'il avait pris de l'âge, parce qu'il avait découvert la pratique de mañana, de demain.

Ce qui nous amène à aujourd'hui, a-t-il continué. Aujourd'hui supprime hier. La personne qui est allée dormir hier n'existe plus. Mais vous aimez vous accrocher à l'idée que vous avez une histoire person-nelle, un passé, et que c'est là votre identité.

— Mais bien sûr que j'ai un passé. J'ai une mère et un père, me suis-je opposé. Et de plus, je suis allé à l'université et j'ai obtenu un doctorat. Tout ceci fait partie de ce que je suis.

— C'était quelqu'un d'autre, a-t-il répondu. Vous vous souvenez de ce ruisseau que nous avons dû traverser pour atteindre ma hutte ici dans les montagnes ? Eh bien, quand nous retournerons, nous ne tra-verserons pas le même ruisseau. Ce sera un courant d'eau tout à fait différent qui transporte les pluies qui sont tombées ce matin sur le sommet des collines.

— Vous voulez dire que nous ne traverserons pas le même ruis-seau deux fois ? ai-je demandé, répétant l'adage usé par le temps.

— Oui, a-t-il répondu, et il a retourné ma réponse dans sa tête. En fait, vous ne traverserez même pas le même ruisseau une fois.

Il a tendu le bras vers la marmite d'eau bouillante et a rempli sa tasse à nouveau.

— La pratique d'aujourd'hui est de prendre conscience que vous n'existez pas du tout. Il faut beaucoup de courage pour la pratiquer. C'est pourquoi on l'appelle aussi le « don de l'audace ». Parce que si vous n'existez pas, aucune des choses que vous faites n'a de significa-tion. Et rien ne terrifie plus les hommes que de perdre leur sentiment d'importance personnelle.

Il a balayé son bras d'un côté à l'autre de l'horizon pour embrasser les sommets couronnés de neige et la rivière plus bas.

— Vraiment, rien de tout ceci ne veut rien dire.

— Pas même vos enseignements de sagesse sacrée ? lui ai-je demandé, espérant le déconcerter —, me sentant toujours piqué au vif par son rejet désinvolte de tout ce que j'avais accompli, par sa façon de balayer du revers de la main mon histoire personnelle.

— Pas même les enseignements de sagesse, a-t-il répondu. Chaque génération doit les redécouvrir. Autrement, ils ne sont qu'un mensonge. Ils ressemblent à cette pile de merde de lama, a-t-il dit, pointant derrière lui avec sa pipe. Il n'y reste aucune nourriture.

— Mais les montagnes sont réelles, n'est-ce pas ? ai-je demandé.

— Elles sont réelles, évidemment, a-t-il répondu. Ne me posez pas de questions stupides. Puis il a ajouté : Mais elles ne sont réelles que parce que vous les percevez ainsi.

Maintenant, j'étais vraiment confus. J'ai demandé au vieil homme de m'expliquer comment elles pouvaient être réelles seulement si je les percevais comme étant réelles.

— Vous pouvez y penser comme ceci, vous vous éveillez le matin et vous vous regardez dans le miroir et vous êtes surpris.

— Donc, ai-je dit, un sourire se formant sur mes lèvres, vous êtes en train de me dire que je devrais me regarder dans le miroir à mon réveil et me dire « Je ne sais pas qui tu es, mais je te raserai quand même... »

— Oui ! Exactement !

Il s'est mis à rire et il m'a passé la marmite d'eau bouillante.

— Allez-y, prenez une autre tasse de café.

— Mais qui boit ce café si je n'existe pas ? ai-je demandé.

— Ah, ah ! s'est-il exclamé. C'est la question éternelle qui a préoccupé les chamans et les initiés de toutes les disciplines spirituelles. Certains l'ont transformée en une pratique, répétant la question « Qui suis-je ? » avant de demander « Qui est celui qui pose cette question ? »

— Cela me semble être un bretzel, comme une boucle sans fin.

— *Oui, a répondu le vieil homme. C'est ce que les anciens cha-mans ont découvert. Ils ont découvert qu'il était plus important de poser la question que de trouver la réponse. Et puis, ils en sont venus à l'inévitable conclusion qu'ils n'existaient pas. Ils ont perçu qu'ils étaient comme une série de cordes vibrantes faites de lumière qui for-maient un corps pendant une brève mesure du temps. Après en avoir pris conscience, ils étaient libres d'entrer dans le toujours.*

J'ai jeté le marc de café au fond de ma tasse et j'ai commencé à fouiller dans mon sac à dos pour en sortir la minuscule cafetière à expresso que j'apporte toujours en voyage. Cette conversation commen-çait à devenir trop lourde pour moi, et j'avais besoin d'une dose de caféine pour relancer mes cellules cérébrales qui ne tournaient pas convenablement à cette altitude. J'adore le café, mais, en général, je l'évite. Pourtant, je ne croyais pas pouvoir le suivre dans « toujours » sans un double expresso.

J'ai dévissé le filtre, j'ai rempli la moitié du fond avec de l'eau, et j'ai rempli la partie supérieure de mon mélange colombien préféré. J'ai déposé la minuscule cafetière d'aluminium en équilibre entre deux pierres et j'ai poussé quelques braises en dessous avec une branche.

Je me suis retourné vers le vieil homme et je lui ai demandé :

— *Comment se fait-il que vous ne m'ayez pas parlé de ces trois pratiques avant ?*

— *Parce que vous n'aviez jamais traversé votre initiation, a-t-il répondu.*

J'étais confus. J'avais passé les quinze dernières années à étudier avec lui et avec des chamans en Amazonie et j'avais accompli tous leurs rites de passage. En fait, je lui ai rappelé que j'avais obtenu le même niveau et la même formation que lui ; même si, bien sûr, il avait beau-coup plus d'années d'expérience et de sagesse.

— *Ces rites sont simplement des reconnaissances de votre appren-tissage, a-t-il dit. L'initiation, c'est différent. C'est la nuit noire de l'âme qui vous dépose dans le hache-viande de la vie. L'initiation, cela signifie en sortir endurci par la souffrance, ayant grandi grâce au* sacrifice et au courage. Comme ce que vous avez traversé en vivant la perte de votre père et de votre famille. Avant, vous étiez un enfant tentant d'élever une famille, répétant les mêmes erreurs que celles de votre père. Vous êtes maintenant un homme, et vous deviendrez un bon père. Plusieurs échouent ce passage et demeurent handicapés ou blessés, en colère contre le mauvais tournant qu'a pris leur vie. Ceux qui réussissent acquièrent un nouveau niveau de pouvoir et d'humilité.

J'ai compris. J'ai fermé les yeux, et à ma grande surprise, j'ai senti glisser une larme, mouillant mes lèvres desséchées par le soleil. Je savais ce qu'il voulait dire sur le fait d'être maintenant un père — pas biologiquement, ce que tout le monde peut faire —, mais être un père consciemment. C'était un passage auquel j'avais résisté, m'accrochant à mon vieux désir d'être libre, recherchant un horizon rempli de possibilités pour moi-même, réticent à admettre que ce stade de ma vie avait déjà glissé dans le passé.

— Laissons toujours pour demain, ai-je dit. J'avais reçu suffisamment d'enseignements pour la matinée, et j'avais besoin d'un peu de temps pour assimiler ce que le vieil homme venait de dire.

Le vieil Indien a tendu le bras vers la cafetière expresso, il a levé les yeux vers moi et a souri.

— Toujours peut attendre, a-t-il conclu.

REMERCIEMENTS

Beaucoup de gens ont contribué à la création de ce livre. D'abord et avant tout, je veux exprimer ma gratitude à mes éditeurs, Patty Gift, Nancy Peske et Sally Mason, qui ont formé et sculpté le manuscrit pour lui donner vie. J'aimerais remercier Linda Fitch et tout le personnel enseignant de la Four Winds Society d'avoir maintenu la vision de l'illumination pour tous nos étudiants et de s'être dévoués de tout cœur aux grandes initiations. Ceci est notre livre.

À PROPOS DE L'AUTEUR

Alberto Villoldo, Ph.D. psychologue et anthropologue médical, a étudié les pratiques de guérison des chamans de l'Amazonie et des Andes pendant plus de vingt-cinq ans. Lorsqu'il se trouvait à l'Université de San Francisco, il a fondé le Biological Self-Regulation Laboratory dans le but d'étudier de quelle façon l'esprit crée la santé et la maladie psychosomatique. Dr Villoldo dirige The Four Winds Society, où il forme des individus aux États-Unis et en Europe à la pratique de la guérison chamanique. Il dirige le Center for Energy Medicine à Los Lobos, au Chili, où il effectue des recherches en neuroscience de l'illumination qu'il met aussi en pratique.

Site Web : www.thefourwinds.com

Du même auteur

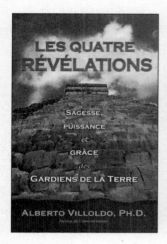

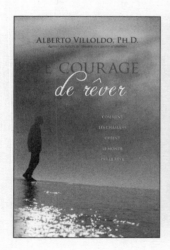

éditions

AdA éditions

www.AdA-inc.com
info@AdA-inc.com